Rolf Friedrich Schuett

Wer gut abschneidet, kastriert

Zurück zur frühromantischen Magie?

ROLF FRIEDRICH SCHUETT

Wer gut abschneidet, kastriert

Zurück zur frühromantischen Magie ?

Books on Demand

Bibliographische Information Der Deutschen Bibliothek:
Die Deutsche Bibliothek verzeichnet diese Publikation in der Deutschen Nationalbibliographie; detaillierte bibliographische Daten sind im Internet abrufbar über http://dnb.ddb.de

Copyright © 2015 Rolf Friedrich Schuett

Herstellung und Verlag :

BoD – Books on Demand, Norderstedt

Gedruckt auf alterungsbeständigem Papier
(holz- und säurefrei)

Umschlaggestaltung : E. L. Schmidt

Printed in Germany

ISBN 978-3-7386-4819-5

INHALT

7	Aphorismen zur Volksweisheit
	Schräge Fehlzündungen
43	Rätselhafte Zwerg-Satiren
86	Spätlese der Frühromantik : *Wittgenstein*
98	Religiöse Spruchweisheit
102	Nachwort zum Gesamtwerk
104	Ein Elektronengehirn philosophiert
106	Roman(t)ische Etyme und Ungetüme
110	Surrealistische Romantik
113	Frühe Sozialromantik?
115	Theolog(ist)ische Ästhetik
118	Parergon : Wunschbilder, Zerrbilder
125	Aphoristik zwischen
	Wissenschaft und Philosophie
147	Mm-oral oder Amor-Aal?
154	Jaspers auf Freuds Filosofa
165	Gnomologion, Florilegium, Satzgeflügel
195	*Anhang 1* : Moralistische Breviers
238	*Anhang 2* : Große Denker, große Liebe

Für meine Familie

Aphorismen zur Volksweisheit
Schräge Fehlzündungen

„Priester, der jedes Paar kopuliert" *(Jean Paul)*

Man macht *geistige Arbeiten* nicht, weil man zufällig Talent hat. Eher umgekehrt. Wer damit anfängt, weiß in aller Regel nicht, ob sein Talent dafür ausreicht. Er weiß es auch am Ende nicht. Er weiß nur eins: Wenn etwas Brauchbares herauskommt, wird er ausreichend Begabung dafür gehabt haben. Er arbeitet weder für die unbekannte Nachwelt noch für die liebe Mitwelt, und würde auch durchhalten, wenn er die Garantie hätte (die es zum Glück nie gibt), dass niemand sich je für die Ergebnisse seiner Bemühungen interessieren wird. Ein bisschen Abwechslung in Spiel und Spaß, Konsum und Komfort nimmt so einer gern mit, wenn sie sich zufällig bieten, aber das genügt ihm nicht, und er würde nie sehr viel dafür tun. Wenn zu entscheiden wäre, fiele ihm die Wahl gar nicht schwer. Und diese Arbeiten haben entweder gar keinen Sinn oder ihren Sinn in sich selber und nicht in einem zweifelhaften und unerlebbaren Nachruhm oder praktischen Nutzen. Die Frage ist : Hat einer umsonst gelebt? Ein Leben ohne solches Arbeiten kommt dem, der es mit diesem Arbeiten versucht hat, eher fade, albern und sinnlos vor. Kurzum : Am Anfang steht gar kein mysteriöses Naturtalent, sondern immer neue Verwunderung, bohrendes Wissenwollen und ausdauernde Besessenheit (die Platon eine *mania* nannte). Das ist alles, und man macht das, wenn man nichts Besseres kann. Der Sinn des Lebens ist geistige Durchdringung der Welt, nicht sinnlicher Drang, und dann Rechenschaft und Zeugnis abzulegen von dem, was man gesehen hat oder eben gesehen haben will.

Die Seele ist nicht der Innenarchitekt der Gedankengebäude.

Der Unfreie schmeichelt sich damit, was er in Freiheit alles könnte. Der Freie hat diese Ausrede nicht.

Fahr ins Blaue, triff ins Schwarze. Talentlosigkeit ist die Gabe, sich trotzdem für fähiger zu halten.

Genies genieren sich vor dem Genius und den Genien.

Wie, wenn mehr physikalische als logische Gesetze die gleichen wären *in allen möglichen Welten*?

Der Nimmerhungrige ist der wahre Nimmersatt.

Wer mehr erlebt, stirbt eher : Wer sein kurzes Leben länger erleben will, muss sich mehr langweilen.

Um Geldtöpfe an seinen Enden zu finden, darf man auch den Regenbogen nicht überspannen.

Innen- und Außenwelt verändern sich, ihre Logik nie?

Mancher gibt sich schneller zufrieden,
um seine Gefühle und Gedanken loszuwerden.

Der Aphorismus ist ein unübersetzbarer Satz, der uns entsetzt und zusetzt und sich nicht durchsetzt, ganze Aufsätze ersetzt und Unwahrheiten vor- und nachsetzt

Die Realität der Welt ist so unabhängig von uns wie ihre logische Form im Kopf.

Ein Erzähler ist umso besser, je stärker und vitaler er Gegenspieler wider die Hauptfigur macht, ihn selbst.

Wenn der Wille von Widerstandskämpfern unfrei ist, ist ihr Kampf von vornherein vergeblich.

Homo-Hype schafft die Homophobie, die er anklagt.

Wer den Ellbogen überspannt, bricht das Recht, nicht das Faustrecht.

Das Ziel der Geschichte : zu begreifen, dass sie keins braucht. Das Schicksal ist der Zufall, mit der Mittelmaß sich durchsetzt, als wäre es höchste Absicht.

Wachstum wurde Verwesung alles Wesentlichen.

Ein Generaldirektor ist kein Leitungs- und Weisungsspezialist.

Die Ahnen hatten keine Ahnung, sie wussten alles.

Ich hasse Fehler und liebe Tugenden, ich liebe dich trotz deiner Stärken und wegen deiner Schwächen.

Zieh *deine* Ökobilanz ! Ich bin in der Praxis weitaus „grüner" als die Berufsumweltler in der Theorie.

Menschen schaffen Worte, um die Welt zu erfassen; der Ewige erschafft Welten, die Sein Wort erfassen.

Der Angsthase flieht so weit, bis er sich einen Löwen dünkt.

Liebt die Wirklichkeit schon, wer wirklich liebt?

Ein Leben verläuft so planlos, als wäre das geplant.

Die Sprache naht und weicht und wehrt der Sache.

Mir zu geben, sollte dir mehr geben als nehmen.

Wer Geld erhält, erhält das Finanzsystem.

Die beste Stütze des Wahren, Guten und Schönen ist das Falsche, Schlimme und Hässliche bei anderen.

Hübsches Bild aus hässlichen Details oder ekler Harem aus schönsten Frauen: Immer eine andere Einheit, doch immer derselbe Unterschied voneinander, unbegreiflich griffig und doch ungreifbar fasslich …

Schwankst du zwischen Angst, die nicht spannend ist, und Langeweile, die nicht sicherer macht?

„Die kurzen Wörter sind die schwierigsten."
(Gilbert Keith Chesterton)

Flieht die Bibel aus ewigem Naturkreislauf von Fressen und Gefressenwerden zu unplatonischen Ideen?

Alles Schöne muss, alles Schlimme soll vergehen.

Was einst die Zeit tat, tut nun der Mensch :
sich und alles verändern.

Zusammenarbeit in einem Werk ersetzt keine Arbeit an einem Werk.

Sich aus Köpfen nichts zu machen,
macht noch keinen besonders guten Kopf.

Ist es ein Abgrund, dass es für alles Gründe gibt?

In der Masse geht man nicht auf wie die Sonne,
eine Blume, Rechnung oder Tür.

Wem du nicht traust, dem traust du alles zu,
und dir nicht zu, dich ihm anzutrauen.

Menschenspringfluten in den Hütten :
Menschensintfluten gegen Paläste.

Ist es dumm, sich für klug zu halten, oder intelligent,
unter der eigenen Dummheit zu leiden?

Im Allgemeinen stimmt fast alles,
im Einzelfall fast gar nichts.

Macht der Mache. Händler wurden Handelsobjekte.

Heute wirken Gene veränderbarer als Gesellschaften.

Es gibt Sinfonien aus Disharmonien
und Missklang diverser Symmetrien.

Seit Platon bewies die Vernunft einen Gott, der sich widerlegen lässt. Seit Kant macht sie uns erfahrener, bis uns Erfahrung unvernünftiger macht.

Was ich will, muss ich wollen, und nur was ich soll,
kann ich selber wollen.

Einst war Handeln brauchbar und Grübeln unnütz.
Nun werden die Theorien praktikabel und große Taten
immer theoretischer.

Ein vernünftig gewordener Gott vergöttert
und vergötzt meine Vernunft.

Welches Gewissen fordert, dass das Gewissen uns
mehr abfordert als Gewissheit?

Sperrt alle ein, die euch ausschließen wollen,
und sperrt aus, die euch einschließen können.

Die Hymen und Hoden steigen zu Haupte, das Hirn
rutscht in die Hose, wenn kein Herz vermittelt.

Das beste Geburtstagsgeschenk ist die Erinnerung, das
Licht der Welt zu erblicken, ohne jährlich neu geboren
zu werden.

Gottes Gaben sind oft Gifte oder Strafen und Gerichte oft Geschenke.

Vulgär ist nur eines nicht, das gemeine Volk.

Die Erde ist nie von Menschen übervölkert, sondern immer von Bakterien, Unmenschen und Undingen.

Unglück liegt eher in Armweite als in Reichweite.

Man sieht alles im blendenden *Licht der Welt*, das man erblickt, ohne ihm ins Auge sehen zu können.

Wissenschaftler sind hohe Tiere, die in Zoogehegen besser gedeihen als in freier Wildbahn.

Wer mit der Welt fertig ist, wird nicht mit ihr fertig.

Dein Innerstes, gleicht es wirklich dem innersten Kern der Dinge hinter ihren Fassaden, oder bist du dir selbst der Fernste?

Götzendiener vergessen das Wesen über seinen Erscheinungen, doch die Objekte über ihrem Begriff.

Kann man willenlos oder unwillig sein wollen?

Als Natriumchlorid ist Salz noch nicht verschwunden.

Kunst erinnert dich, dass du seit dem 3. Lebensjahr alles und dich vergessen hast.

Wer die Bibel für ein Märchenbuch hält, sollte mal ein Sagenbuch zu seiner Bibel gemacht haben.

Die wichtigsten Dinge auf der Welt sind die idealen, die es dort nicht gibt.

Kommt einer zu Bewusstsein, ist das Sein das Seine?

Der Idealist scheut des Leibes Leid, nicht dessen Lust. Auch der Christ hofft auf unsterbliche Seele in einem „neuen Leib" *(Paulus)*.

Revolution eilte von Unterschicht über Unterbewusstsein zu Unterleib und endete in Unterwelt & Überbau.

Ich kann nicht wollen, was ich weiß,
aber wissen, was ich wollen muss.

Nur der Kopf ist allgemeiner Geist im einzelnen Leib.

Dien keinem Dienst und Verdienst,
hab ausgedient und sei bedient!

Bräuche werden unbrauchbar,
und wozu ist Nützlichkeit gut?

Kunst informiert durch Form darüber,
dass sie über nichts informiert.

Auch die subjektive Wahrheit kommt als Versuch des
Kopfes daher, dem Wahnsinn zu entkommen.

Wer überall auf meisten Nutzen sieht und setzt, nützt
allen am wenigsten.

Heidegger war der größte Philosoph des 20. Jahrhunderts, weil er sich denken musste, dass er nachdenken kann, was ist, und an nichts dachte als ans Nichts.

Je besser Eva verdient, desto höher will sie heiraten, und liebt nur den Millionär, der die Teller wäscht.

Das Credo gibt Kredit und glaubt an höhere Zinsen.

Recht erlaubt, was es nicht verbietet;
Moral verbietet, was sie nicht fordert.

Ich kann nicht tun, was ich will,
aber nur wollen, was ich bin.

Kants *Ding an sich* ist nicht Wissen oder Willen, sondern das Gewissen als Ungewissheit.

Nur Freiheit, die du hast, fordert Freiheiten.

Die Natur sagt nicht „Ich", sie hat mit uns nur eins gemeinsam : sie sagt „ $E=m*c^2$ ".

Ich weiß nicht, was ich will, ich will nicht, was ich weiß, aber weiß bald, was ich gewollt haben werde.

Eher wird Realismus zum Ideal als ein Ideal realisiert.

Der Sachzwang spricht dich frei,
die Gewissensfreiheit nicht.

Lass dich frei, ohne frei zu wählen und zu handeln!

Höhlenmalerei war schon die dekadente Verfeinerung unserer Primitiven heute.

Freiheiten entstehen unfreiwillig,
wo Gesellschaften schlecht funktionieren.

Manche halten das Gewissen für modische Gewißheit der Unwissenden.

Geschichte, Politik und Gesellschaft zeigen, was man hassen und fürchten müßte; Literatur, Philosophie und Religion sollten zeigen, was man pflegen und hoffen könnte.

Der Verstand sieht die Bestandteile, der Sentimentale den ganzen Zustand.

Ich verstehe mich mit dem, der mich schlecht versteht, nie schlechter als mit dem, der mich nur zu gut versteht.

Das Ewige ist immer ein Anachronismus,
der *uchronisch* wurde oder urkomisch.

Lifting ist Dummheit, nur Klugheit ist *Anti-Aging*,
das dich überleben kann.

Ein sinnlicher Mensch fühlt Grenzen seiner fünf Sinne mit und läßt sich nie dort ergreifen, wo er begreifen soll

Die *Physik* könnte den Wert haben, ein Leben zu erleichtern, das sich der *Metaphysik* widmet, die dem Leben wieder Gewicht gibt.

Christen waren Sklaven, die Sklaven befreiten.
Nur Sklavenhalter sprechen Abtreiber frei.

Warum heißt es Konsum- und nie Industrieterror?

Zur Allgemeinheit taugt panische Gemeinplatzangst.

Wer sich Stärken einbildet,
lässt sich Schwächen durchgehen.

Amoral, die so viel Mühe macht wie Moral,
wird genauso umgangen.

Jeder wird ein Gefangener seiner uneinnehmbarsten Festung.

Der Fromme weiß Gott in der Geschichte,
die sich aber in Gott weiß.

Ein schmaler Abgrund lässt sich überbrücken
oder überspringen, aber kein endloser Abstand.

Kunst ist, was teurer ist als Kunstgewerbe, das teurer ist als Industrieprodukte, aber nicht immer mehr wert.

Der Zeitgeist langweilt sich schnell, da mit dem lieben Gott auch der Teufel entschwand.

Man muß sich dumm genug fühlen, um lernen zu wollen, und zugleich klug genug, um lernen zu können.

Objektivität und Ignoranz verdanken sich derselben Distanz zur Welt.

Man *selektiert und mutiert* ganz natürlich drauflos, doch Bestangepasste entwickeln sich nicht weiter und höher.

Wahrheit ist keine misslungene Lüge und Güte keine missglückte Bosheit.

In öffentlichen Bibliotheken landen oft die Bücher, die man im häuslichen Bücherschrank nie duldet u. u.

Die Welt rennt vor Religion weg, die ihr hinterher rennt.

Zu wenig Philosophie verwirrt, zu viel betäubt.

Wer sich von Zielen, Normen oder Eseln ziehen lässt, ist ebenso frei wie der, der sich von Genen, Trieben oder Menschen schieben lässt.

Wir halten uns für gleich, um uns nicht zu beneiden, und für ungleich, um uns nicht überflügeln zu müssen.

Integration bedeutet auch Verstrickung in Vernetzung.

Zu viel Literatur wird von ihren Gegnern geschrieben.

Zum Ursprung zurück kann unser Leben nur,
wo es Ursprung neuen Lebens wird.

Die zweite Schandtat fällt leicht, die zweite Wohltat schon schwerer.

Begründen und ableiten lässt sich allein, was für das Leben ohne Bedeutung ist, wie logisch-mathematische Urteile.

Mächtige, nicht Ohnmächtige, hassen die Mächtigeren.

Wir schwächen unsere Stärken, die von Gott sind,
wo wir Schwächen verstärken, die von uns sind.

Wer keinen Geist hat, hat zur Strafe wenigstens Geld.

Die Welträtsel löst nur, wer sie gar nicht kennt.

Ob man einen Menschen liebt oder hasst,
man liebt seine Schwächen.

Wer nicht mit beiden Beinen auf der Erde steht,
kann sie nun auch umkreisen.

Ewiges gibt es, weil die Weltgeschichte nur von außen
zu bewegen ist.

Jeder versteht Mutter Natur, bevor Physiker sie ihm
erklären.

Sinnliche und Besonnene einigen sich nie: der eine
kennt nur Einzelheiten, der andere gar keine Einzelheit

Wer mein Über-Ich weniger *rigide* macht, löst meine Neurose nur auf, um mich in eine Psychose zu stürzen.

Man will sich Zusammenhängen einordnen, nicht Abhängigen unterordnen, aber ist das nicht das gleiche?

Wer sich nicht hinrichten lässt, lässt sich abrichten.

Das Universum kennt keine Universalien,
die Gesellschaft keine Individuen.

Wahr ist nur die Generalisierung, daß keine wahr ist?

Glauben wir Gott so sehr, daß wir Seine heilige Schrift gar nicht mehr nachdenken zu müssen glauben?

Die Industrie liefert immer kurzlebigere Dinge
für immer langlebigere Leute.

So tief Ängste vor dem Unterbewußten auch sind, sie besänftigen noch tiefere Ängste vorm Übernatürlichen.

Materielle Sucht kompensiert oft religiöse Sehnsucht.

Meine Freiheit ist der Zwang,
sie durch deine zu begrenzen.

Hirngespinste mögen nackte Realität ebenso verfehlen
wie wahre Werke von Hoden und Hintern übertreffen.

Der Reiche denkt nicht an das Gute, das er tun könnte,
der Arme aber an das viele Böse, das er nicht tun kann.

Welcher Mensch ist nur ein arithmetisches Mittel aus
Übermensch und Untermensch?

Klio, die Muse der Geschichtsschreiber, würde nie
auf das kommen, was Menschen so planen — u. u.

Wichtiges darf nur geringschätzen,
wer dafür nichts Nichtiges hochschätzt.

Der Christ liebt Nächstbessere wie Nächstniedere.

Wissenschaft kennt nicht Philosophie, die sie selber enthält, und Philosophie nicht die Wissenschaft, für die sie sich selber hält.

Mancher Satz (über)trifft die ganze Welt,
manches Buch verfehlt wichtige Details.

Fast alles endet mit seinem Ursprung und beginnt mit seiner Vollendung.

Deine Vernunft ist die Tochter deiner Feinde, doch dein Verstand nicht die Mutter deiner Freunde.

Christentum ist keine Autoimmunkrankheit,
Christen können mein und dein gut unterscheiden.

Man kann praktisch keine Werte realisieren, sondern nur hoffen, daß seine Praxis einmal einen Wert bekommt.

Nicht einmal wahres Genie entschädigt für falsche Gesinnung, doch rechte Gesinnung für ein schlichtes Gemüt.

Was determiniert (oder befreit) jemanden dazu,
Determinismus oder Willensfreiheit anzunehmen?

Aus Philosophie entstand Soziologie, als die Einzelnen vergingen, und Psychologie, als deren Einheit zerging.

Geistliche leben in einem Orden,
Zeitgeister für einen Orden.

An Hildegard von Bingen interessiert gerade noch ihr Kräuterbuch.

Man hört vor allem dem zu,
den man gleich in Grund und Boden reden will.

Haben Bessere und Größere ein Recht auf Gleichheit?

Hättest du nicht so viel Genie, dächtest du wie Kant.

Wer macht die Natur nicht kulturgetreu nach?

Der Mensch ist mehr als das Tier durch die Erkenntnis, nicht viel mehr zu sein.

Wer gesellschaftliche Verschleierungen hasst, hat zufällig einen schönen Körper oder das nicht nötig.

Der Sklave kann das Licht anknipsen, ohne etwas von Elektronen zu verstehen.

Nicht ewige Religion macht den nackten Körper fix und fertig, sondern ewiger Fitness-Sex.

Unteres und Niederes, das allem Hohen und Hehren zu Grunde liegt, kommt auch vom Allerhöchsten.

Philosophie blüht unter Desinteressierten und welkt unter Aktivisten.

Erkenntnis lässt die Theorie einer Erfahrung durch die Erfahrung einer Theorie bestätigen / widerlegen.

Dass Vernunft mal Triebe steuert, gilt als triebgesteuert.

Nicht mehr Verpöntes wird gleich bei Strafe befohlen.

Wer hat ein persönliches Interesse daran, hinter edlen Absichten lediglich persönliche Interessen zu entdecken?

Reiche lieben Kunst engagiert, Arme *l'art pour l'art*.

Philosophen denken und Dirnen lieben um Geld.

Der Praktiker macht sich zum Opfer der Theorien, die er nicht kennt.

Wer eine jede Voraussetzung als Schlussfolgerung und jede Konsequenz als Prämisse nimmt, will sein Denken in keinem Gedanken zu Ende bringen.

Gegensätze ziehen sich an.
Nach der Vereinigung stoßen sie sich ab.

Wer alles sagt über alles, was selber gar nichts sagt, ist noch kein Philosoph.

Das Patriarchat bekämpft nur Mamakinder.

Mancher fühlt sich den Großen schon verwandt, weil er nur ihre kleinen Schwächen teilt.

Seit Karl Marx sind Proletariermassen zu Kleinbürgerschichten glänzend verelendet.

Außenwelt und Innenleben unterscheidet man erst, seit Natur- und Kulturwissenschaften sich getrennt haben.

Der Kluge weiß, wer der Dumme ist; der Dumme weiß nicht, wer nicht dumm ist.

Bevor Industrie demokratisiert wird, ist die Demokratie längst automatisiert.

Heutige Feinde befreien uns von gestrigen Gegnern.

Um nicht mehr von Schuld und Sühne sprechen zu müssen, reden wir gern nur noch von Ursache und Wirkung.

Ist ein Christ gedemütigt durch seine und stolz auf deine Erfolge?

Wirkt strafmindernd, wenn Untäter unschuldige Kinder zeugen?

Das Buch führt auf Papier seine Selbstgespräche so, daß wir eigene Selbstgespräche zu lesen glauben.

Man erinnert sich nicht an seine schöne Jugend, sondern an ihre erfolglosen Sehnsüchte.

Erbaut Gott durch Vernichten oder vernichtet Satan durch Bauwerke?

Demokratie ist umso hochwertiger, je minderwertiger ihre Wähler und Gewählten wirken.

Abstrakte Kunst ist mir zu privat, nicht zu hoch.

"Gott ist tot, und den Teufel gibt es nicht", sagt dieser.

Nicht jeder kann sich einsperren in die Befreiung von seinen Launen.

Mich zu überzeugen heißt, mir meine eigenen Ansichten zu beweisen.

Wir beweisen heute nicht mehr, daß Gott existiert, sondern daß dieser Begriff einen Sinn macht.

Dogmen sind toleranter gegen abweichende Gedanken als gegen windelweiche Gedankenlosigkeit.

Religion heißt heute nicht viel mehr,
als daß Sündigen sich auszahlt.

Dem Mächtigen neidet man die Schandtaten, die er begeht, und nicht die Wohltaten, die er vollbringen könnte.

Menschenfischer fangen nun mit sozialen Netzen (auf).

Tiere will frei sehen, wer von Menschen nicht frei ist.

Wer Menschen erbauen will, muss zuweilen eine Welt zerstören — und umgekehrt.

Am leichtgläubigsten ist stets der ungläubige Thomas.

Ideen müssen sich vor keinem Menschen verantworten, der sich vor ihnen zu verantworten hat.

Der Avantgardist sieht die heutige Kultur schon als künftigen Kitsch.

Industrialismus gilt als technische Imitation der Zukunft und fortschrittlichste Erfindung der Tradition.

Todsünden geben sich als Heldentaten aus
und Kerkerstrafen für Luxusreisen.

Damit deine Siege etwas wert sind,
musst du deine Gegner mehr als respektabel finden.

Gemeinschaft wird meistens von wenigen Einzelnen gebührenpflichtig veranstaltet.

Früh krümmt sich, was kein Rückgrat werden will.

Wahre Liebe : Mein gesunder Geist
in deinem gesunden Körper – und umgekehrt.

Freiheit tut nicht, was sie will, sondern findet,
was sie guten Gewissens ungestraft wollen kann.

Die Früchte der Arbeit sind ein Segen von oben.
Zum Warten auf Eingebung genügt schon Selbstbewusstsein.

Die *Entropie* der Natur begünstigt göttliche Vorsehung
und menschliche Subjektivität zugleich.

Naturwissenschaft gilt als Theologie der Industrie.

Im Materialismus wirken unsere Klamotten freier und
beseelter als wir selber im Idealismus.

.
Wer die Ausnahme von der Regel sein möchte, darf
kein Individualist sein.

Ein Aphorismus kann mangelhafter als jedes Buch seine Mängel kaschieren.

Wer das Böse bekämpft, wird zum Teufel.
Wer es nicht bekämpft, geht zum Teufel.

Durch welche und gegen welche Normen wird man normal?

Älter werden heißt,
immer mehr Sprichwörter bestätigt zu finden.

Ewigkeit besteht nicht aus unendlich vielen Zeitpunkten, die Zeit aber aus endlich vielen Ewigkeiten.

Die Kosten des Kapitalismus hindern, jene Kosten des Industrialismus zu sehen, die er mit Sozialismus teilt.

Ändere stets deine transzendentale Welt und nie die transzendente.

Machen Besserungsanstalten Anstalten,
sich mal zu bessern?

Die Gemeinschaft lebt in ihrer Gemeinde,
der Eigenbrötler in der Welt.

Was ist leichter beim Lieben, Sexualhemmungen abzubauen oder Aggressionshemmungen aufzubauen?

Der Zeitgeist tut ganz so, als sei es viel schwerer, seine Triebe ganz auszuleben als sie nur etwas aufzuschieben.

Riesenkatastrophen sind für so manche Zwerge auch Genugtuungen.

Liebe deine Feinde – aber erst nach deiner (oder ihrer) Niederlage.

Welche Zwänge muss ein jeder erdulden, um seine Freiheiten genießen zu können, doch wie frei darf er sein, um sich in die Schranken seines Schicksals weisen zu lassen?

Man verachtet, wen man belügt, und betrügt,
wen man verachtet.

Zivilisation ist voller Chaos und Chaoten, die Wildnis voller *law and order*.

Wer nicht den gläsernen Bürger will, fordere nicht den gläsernen Staat.

Kinder wollen groß werden, so groß wie Alte,
die wieder kindisch werden.

Das Genie erreicht als erster ein Ziel, das später mal alle hinter sich lassen werden.

Alle Revolutionen wollten Befreiung
von unrentableren Formen der Ausbeutung.

Als der mittelalterliche Mensch noch im Mittelpunkt des Alls stand, sah er sich als ein Nichts vor seinem Schöpfer. Seit er sich nur noch als Staubkorn im Unendlichen weiß, fühlt er sich aber als Herr der Natur.

Etwas wird so oft widerlegt,
bis seine Wahrheit bewiesen scheint.

Gutes gibt es auf der Welt, damit Böses sich nicht dafür hält oder ausgibt.

Liebe stürzt die Selbständigen und stützt die Unselbständigen.

Das Leben hat den Sinn, den man ihm nimmt.

Der bittersten Medizin wird ein schmerzloser Krebs leicht vorgezogen.

Der Schöpfer denkt, was er nicht ist, sein Geschöpf aber ist, was es nicht denkt.

Jede gute Theorie befördert einen Fortschritt
und behindert den folgenden.

Für Kultur war man einst zu arm und ist man nun zu reich.

Wer seine Ziele erreicht hat, hat gewöhnlich noch ein Ziel : den Ursprung. Aber nicht mehr im Rücken.

Wenn wir etwas feststellen oder entscheiden, ist die Welt längst weiter und vorbei.

Wieviel Originalität ist nur misslungene Imitation?

Man will für das Gemeinwohl mehr wirken als für den Willen der Mehrheit.

Am lautesten lachen stets die Lächerlichsten.

Lerne Judo, um im Notfall deine Leere verteidigen zu können.

Roman: Kunst gleichstarker Gegenspieler des Helden.

Die Reichen lassen den Armen nicht so reich werden, dass er nicht mehr arbeiten will und muss, aber auch nicht so arm, dass er nicht mehr arbeiten kann für sie.

Ist das Weltall ein Ganzes,
oder hat ein einziges Elektron eine Individualität?

Werden Delikte von Reichen legalisiert, um mit den Steuern die Gefängnisse für Arme zu finanzieren?

Ordnung in Wildnisse bringen nur die Allerwildesten.

Arme flüchten vorm Krieg der Reichen, Reiche vorm Krieg mit Kinderreichen, Geistreiche vor Geschlechterkriegen.

Entscheide dich, was du alles nicht selbst entscheiden kannst und willst. Sartre konnte nicht entscheiden, ob er alles selbst entscheiden wollte.

Arme Kinderreiche flüchten vorm Krieg, um uns reiche Kinderlose zu *bereichern*. Wir exportieren dazu das Kriegsgerät.

Komiker als Gnomiker? Wer nicht nachdenkt, denkt an nichts, doch noch nicht ans Nichts, und wer dir nachdenkt, macht dir keine Gedanken.

Alle Religion lebt vom Tod aller und stirbt nicht an deren Leben(digkeit).

Alle, die täglich im All leben, leben nicht alltäglich.

Arme und Schwache haben nichts miteinander gemein als die an ihnen verübten Verbrechen.

Theorie soll heute der Erfahrung helfen,
Praxis ihr widerstreiten.

Füll ein ganzes Meer in die Weinflasche und wirf die Flaschenpost ins Meer.

Kapitalismus. Ich bekämpfe ihn nicht.
Ich kaufe nur nichts.

Wir sterben aus. Wir exportieren Kriegszeug.
Wir kriegen Flüchtlingsfluten.

Reiche sind sicher vor Kriegsterror,
Arme vor *Konsumterror*.

Rätselhafte Zwerg-Satiren

Der Philosoph will meine falschen Klarheiten verwirren, um begründetere Klarheit zu gewinnen. Er ist bedeutend, wenn er nur dadurch deutbar ist, daß er undeutlich macht, was eindeutig schien, indem er etwas mehrdeutig macht, damit es nicht zweideutig bleibt. Für den Bruchteil einer Sekunde wenigstens raubt er, wenn er etwas kann, dem Leser die Fassung, überrascht ihn mit einer Abweichung vom Geltenden, die sich so schnell nicht abweisen läßt, macht ihn schwankend, ob das Rätsel zu lösen sei, und der Coup gelingt, wenn die Irritation permanent und ein Pfahl im Fleisch des Lesers bleibt, der nur noch Gründe für die Unlösbarkeit des Rätsels suchen kann. Diese »Unstimmigkeiten« sind nicht nur subjektive, sondern auch objektive.

Nach Franz Mautner besteht der Aphorismus aus »Einfall und Klärung«, also zweistufig aus intuitiver Eingebung und späterer intellektueller Verarbeitung. Freud sprach einige Jahrzehnte früher von vorbewußtem Material, das für einen Augenblick der Überarbeitung durch das Unbewußte überlassen werde, bevor das Resultat sich in eine Form bringe, die der Realitätsprüfung wie der Gewissenszensur genügt. Die pointierte Fassade solle dem unbewußten Tabubruch das Anstößige nehmen, ohne ihn rückgängig zu machen, und uns mit ihm versöhnen. Das sei keine hinter unserem Rücken ablaufende Kompromißbildung zwischen Es und Über-Ich wie im Traum, sondern eine elegante und soziale Befriedigung beider divergenten Ansprüche zugleich. Wenn diese »Witzlust« nicht gleich »abgelacht« wird, bleibt sie als Lust zum philosophischen Weiterdenken noch verfügbar. So etwas wie eine Psychoanalyse des philosophischen Aphorismus wäre dort anzusiedeln, wo Freud zwischen leichtverständlichem Witz und kopfzerbrechendem Rätsel unterscheidet. Der Aphorismus, der die vorbewußte Sprachpointe und unbewußte Sachpointe sinnig verknüpft, verschafft Lust und fordert dennoch zum Nachdenken heraus, weil er Denkarbeit verlangt und trotzdem Vergnügen macht an der Düpierung der Zensurinstanz, die über die Einhaltung der Denk- und Sittenschablonen, der Gefühlsstereotype und Vorurteile wacht. Der Aphorismus unterscheidet sich vom Witz durch den größeren Denkaufwand, den er dem Leser zumutet, und vom Rätsel durch die Auflösung, die er versteckt mitliefert und die sich dann doch regelmäßig als ganz ungenügend erweist. Hermann Schmitz hat die Struktur des Unbewußten als zahlunfähig »chaotische Mannigfaltigkeit«, die Struktur des Bewußtseins aber als »instabile« zwischen mehrdeutig chaotischer und numerisch eindeutiger Mannigfaltigkeit analysiert. Darauf läßt sich zurückgreifen, um das im *Metaphorismus* geistreich werdende Verhältnis zwischen *unbewußt* und *vorbewußt* begrifflich strenger zu fassen. Wenn der Traum ein (für andere witzloser) Witz im Schlaf ist, dann der Witz ein weitererzählbarer Wachtraum. Er entbindet nicht nur den Sinn im Unsinn der frühkindlichen Wortlust, sondern auch Lust an infantilen erotischen wie aggressiven Affekten, die sich hier Luft verschaffen und doch das soziale Gewissen zufriedenstellen oder elegant austricksen.

Adorno verteidigt im schneidenden Aphorismus ein Kastrationsmesser und kein Beschneidungsmesser. Der Spruch wird zum Ein-Spruch gegen Hegels postödipale Versöhnung von Vater und Sohn, die die fruchtbare eheliche Vereinigung von männlichem

Begriff und weiblichem Liebesobjekt ermöglicht. Adornos *schneidender* Aphorismus will die (bürgerlich ausphantasierten) Väter kastrieren, um zu den Müttern heimzukehren. Er kündigt die Kumpanei des Geistes mit dem vermeintlichen »Machtwillen« der Väter auf und bekämpft dann geistreich einen patriarchalischen Zeitgeist, den es gar nicht gibt. Vielleicht ist es kein Zufall, daß er sich lieber nach seiner korsischen Mutter Adorno als nach seinem askenasischen Vater Wiesengrund benannte. Seine Affirmation der »bestimmten Negation« bewaffnet das Bündnis des Einzelkindes mit seiner Mutter (Natur) gegen das Prinzip Vater, aber bekämpft den vermeintlich väterlichen Machtwillen nicht durch Willenlosigkeit, sondern durch mächtigen Unwillen.

Den Machtwillen der Zwangssysteme bekämpft ein aphoristischer Machtwille, der geistreiche Ohnmachthaber attackiert die Macht der Dummheit. Der Aphoristiker akzeptiert, was jeder an seiner Stelle ebenso gut sagen könnte, aber er leugnet, daß es wichtiger als das ist, was nur er sagen kann. Jeder ist dazu bestimmt, sich selbst zu bestimmen, und bestimmt sich dann meist nur dazu, über sich selbst bestimmen zu lassen. Die Gesellschaft bewegt mich zur Selbstverantwortung, und dann bin ich so frei, mich zum Produkt der Gesellschaft zu machen. Jeder Aphorismus registriert auf engstem Raum den plötzlichen Zusammenprall zwischen Einbildungskraft und Urteilskraft, zwischen dem Geschöpf und seiner Selbstschöpfung, zwischen dem, was ich selber gebe, und dem, was sich daraus anderes ergibt, zwischen dem, was ich wohl will, und dem, was die Welt aus dem macht, was ich aus mir selber mache. Den Aphoristiker trennen vom Existenzialisten die objektiven Befunde und vom Positivisten die subjektiven Selbsterfindungen. Kants dritte kosmologische Antinomie über die „*dynamische Causalität* der Natur und aus Freiheit" wird bei Fichte zum sukzessiven Wechsel von Abhängigkeit und Unabhängigkeit des Ich, von Endlichkeit und approximativer Unendlichkeit, von aktiver Tathandlung und passiver Leidenschaft. Jedes frühromantische Fragment ist ein zündender Witz aus der auf jeder Ebene sich erneuernden Ambivalenz von Bestimmtheit und Selbstbestimmung, ein Potenzgrad der Reflexion.

Durch die Art ihrer Aussage gibt die Ironie immer das Gegenteil zu verstehen, jeder Satz meint seinen Gegensatz mit und parodiert ihn zugleich. Fichtes endlose Reflexion zerbricht an ihrem ewigen Widerspruch von Ich und Nicht-Ich in unendlich viele Fragmente. Das Ich ist ein synthetisches Vorurteil apriori, das sich zu beweisen sucht und dabei nur reproduziert. Jeder Spruch ist eschatologischer Einspruch gegen den abschließenden Schiedsspruch des Jüngsten Gerichts.

Hegels »übergreifendes Allgemeines«, die Idee als dialektische Identität von Begriff und Realität, ist die Einheit von romantischer Ironie und naturwissenschaftlicher Empirie, also die (transzendentale) Subjektivität als Einheit von (empirischem) Subjekt und (empirischem) Objekt. Dadurch ist der aphoristische Teufel von der *List der Vernunft* in göttlichen Dienst genommen und die destruktive Ironie der Romantiker in der List der Vernunft gut aufgehoben, d. h. dekonstruiert, funktionalisiert und sublimiert zugleich. In Hegels »Phänomenologie des Geistes« werden die Frühromantiker moralisch schon so verdächtigt wie später im § 140 der Rechtsphilosophie, aber ihr »reines Gewissen der schönen Seele« bei aller vermeintlichen »Heuchelei« doch als epochale Schwelle zum »absoluten Wissen« gewürdigt. Der »verrückte« Novalis und der böse Tatmensch Napoleon verzeihen einander gut christlich, und die Romantik hebt sich auf in der griechischen Kunst, die dann ihrerseits über den gemeinen Menschen hinter erhabenen Theaterrollen überleite zum Menschen Jesus hinter dem göttlichen Christus, also zu Religion und Philosophie. Daß die romantischen Gnomiker alles frech verlachen, was ihm und seiner Zeit heilig ist, erregt Hegels lebenslangen Zorn, und er sucht die geistreichen Spötter mit ihren eigenen Waffen zu schlagen, doch dabei treibt er seine eigene moralische Heuchelei so weit, sie moralische Heuchler zu schimpfen.

Schlegels ironisch selbstentfremdete Subjektivität soll ihre Einseitigkeit verlieren, indem sie mit der positivistisch entfremdeten Objektivität in einer dialektisch »übergreifenden« Subjektivität versöhnt wird, durch beide Extreme hindurch. Beide sind Idealisten, aber Hegels Subjekt weiß sein Objekt in sich, Schlegel aber ewig unerschöpflich außer sich, als Ideal. Hegel reserviert für sich die Einheit der Vernunft und weist Schlegel die »bloßen Reflexionsbestimmungen« des Verstandes zu, die dieser stolz annimmt. Adorno und nach ihm Manfred Frank haben darauf hingewiesen, daß das romantische Fragment durch die reflexive »Unerschöpflichkeit des Gegenstandes« das »antiidealistische Motiv inmitten des Idealismus« vertrete und nicht die davon selbstironisch »entfremdete Subjektivität«, wie es Hermann Schmitz behauptet. Gegen Schlegels vermeintlich egoistisch frivolen Narzissmus setzte Hegel erst die sinnliche Gattenliebe und später den sittlichen Rechtsstaat.

Um die philosophische Vernunft nicht in beliebige einzelne Witze zerfallen zu lassen, ist Hegels Systematik als Universalwitz von Witzen ein Prinzip, aphoristisch zündende Witze methodisch *aufzuheben*, d. h. weiterzuerzählen, ihren ernsten Kern aus der witzigen Verkleidung zu schälen und auf die witzlose Moral von der Geschichte abzuheben. Mit jeder Gnome wird etwas gesetzt und damit von anderen Gnomen abgesetzt. Jedes Fragment kann immer auch ganz anders, wie Musils Mann ohne Eigenschaften, und ist über seine eigenen Festlegungen auch immer wieder ganz leicht und flexibel hinaus. Die »Stellung des Menschen im Kosmos« *(Max Scheler)* ist ihm objektiv zugewiesen und zugleich subjektiv von ihm selber gewählt : Die unauflösliche Spannung dazwischen entlädt sich in immer neuen witzigen Einfällen. Der Aphorismus ist die paradoxe Einheit von produktiver Setzung und distanzierender Absetzung, bis zu Schlegels identifizierender »Selbstschöpfung«, die Hegel zum *Außersichsein* des Geistes macht, und Schlegels »Selbstvernichtung«, die Hegel zur Rückkehr der einseitigen Subjektivität in substantielle Allgemeinheit veredeln will. Schlegels »Selbstschöpfung und Selbstvernichtung« lebt wieder auf in Sartres Wesensbestimmung der Existenz, die sich durch Selbstüberschreitung selber erschafft und durch Selbsterfindung hinter sich läßt. »Ich bin nicht, was ich bin, und bin, was ich nicht bin«: Das wäre eine Definition des Witzes und ist doch ganz witzlos gemeint, obgleich Sartre den Geist der Seriosität hasst und den Menschen für das Wesen hält, das einen Menschen einfach nur spielt. Sartre ist so witzlos pedantisch wie die postmodernen Differentialphilosophen, die heteronome, heterologische und heterogene Abweichungen von allem Homophilosophischen ganz homophilosophisch kultivieren. Gnomische Sprüche sind »jemeinige« Meinungen, ohne allgemeingültige Ansprüche deshalb preiszugeben, und umgekehrt platonische Ideen, ohne deshalb die widersprüchlichen Doxai aufzugeben.

Der Adressat darf und muß selbst entscheiden, wieweit er sich getroffen fühlen will und wie unverbindlich die unverbundenen Urteile über ihn sind.

Phänomenologen sind inzwischen auch nur noch Experten für Nichtexpertenfragen und ergänzen den Dilettantismus der Spezialisten. Sie normieren den Otto Normalverbraucher und sehen nicht die manipulierte Befangenheit gerade ihrer »unbefangenen Lebenserfahrung«. Das »Erstgegebene und Letztbegründende« (Waldenfels) der heutigen Phänomenologie ist weder die Gottesidee noch die proletarische Hundelebenswelt und das physikalische Weltall, sondern der spätbürgerliche Alltag der Klassengesellschaft. Der heute fundierende »Weltglaube« ist ideologisch durch und durch und kein Boden für ein Wahrheitskriterium. Die unmittelbare Lebenserfahrung des phänomenologischen Lebensweltbürgertums ist gesellschaftlich vermittelter, als sie wahrhaben will. »In den Netzen der Lebenswelt«, die heute alternative Netzwerke heißen, hängen die kleinen Fische, und die Phänomenologie-Beamten als demokratische Edelleute reflektieren nur noch (auf) ihre eigenen privilegierten Alltagssorgen.

Bei Hippokrates wird die Medizin zum Aphorismus, bei Kant der Witz zur Medizin. Lachen trage zum körperlichen Wohlbefinden bei und findet auch Platz in Wittgensteins Idee eines »therapeutischen Philosophierens«. Sind Aphorismen nach dem pragmatistischen Kriterium von William James *sinnvolle Sätze*, bei denen es »für das konkrete Leben nützlich ist, sie zu glauben«, und einen Unterschied macht, ob sie wahr sind oder nicht? Hans Blumenberg sagt in seinen »Höhlenausgängen«: „Die Weisheit von Sprüchen entwöhnt schnell vom Umgang mit Kontexten" – der Konsenskonformisten.

Jede witzig paradoxe »Vereinigung des Unvereinbaren« als Kehrseite von Adornos Selbstverschiedenheit des Identifizierten hebt Hegels schlußdialektische »Identität von Identität und Nichtidentität« wieder auf. Das Ich kommt bei Novalis nicht ins Schweben, sondern ist nichts als dieses Schweben zwischen Selbstbindung und Selbstauflösung. Fichtes Ich-Substanz brauchte noch einen äußeren Anstoß, den sie dann nie wieder ganz in sich aufheben konnte; die Einbildungskraft des Novalis dagegen hat das Prinzip des Selbstgegensatzes in sich und ist aphoristisch witzige Identität von Homogenität und Heterogenität zwischen Individuen und ihren Begriffen.

Kurz: Das multivalente Ich des Frühromantikers zwischen zählbar eindeutigen und chaotisch verschwommenen Bestimmungen ist der geborene Aphoristiker. Bei ihm erhält die von objektiven Tatsachen »entfremdete Subjektivität« (H. Schmitz) der unendlichen Reflexion gleich eine aphoristische Binnenstruktur. Und Hegel holte nicht Schellings Objektivismus, sondern Friedrich Schlegels Subjektivismus dialektisch zurück in seinen eigenen *objektiven Geist*.

»Progressive Universalpoesie« als Universalphilosophie war der unendliche Progressus von Fichtes transzendentalem Zirkel, die Schraube endloser Reflexionen der investierenden und dann distanzierenden Einbildungskraft. Jede Schraubendrehung der potenzierten Reflexion war ein eigenes Fragment. Die bei Novalis ambivalent »geraffte Ironie« (H. Schmitz) ist eben aphoristisch gerafft zu einer schwebenden Irritation in Permanenz, einer objektiven Unstimmigkeit, die sich nicht auflösen läßt wie bei einem Witz oder einer optischen Täuschung. (Edmund Husserl nannte die Schaufensterpuppe, die für einen Moment wie ein

Mensch aussieht.) »Witzverhalte könnten auch Tatsachen sein, und die Welt könnte von unauflöslichen Unstimmigkeiten nach Art der Husserlschen Puppe durchzogen werden ... Wenn das Flackern des Charakterwechsels ... zur simultanen, nicht weichenden gegenseitigen Überschiebung zusammenrückte, müßte die Husserlsche Puppe auch als Ding an sich, als nicht auflösbarer Weltbestand ernst genommen werden ...« (Schmitz: „Neue Grundlagen der Erkenntnistheorie", Bonn 1994, S. 142 ff.) Diese *Dinge an sich* mit instabilen Wesenszügen sind bevorzugte Objekte des Aphorismus, der paradox klingt, weil er Objekte beschreibt, die von sich selbst verschieden sind, ohne sich deshalb zu vernichten oder in mehrere Objekte zu zerfallen.

Marx, Schopenhauer, Nietzsche, Wittgenstein, Heidegger, Sartre, Bloch, Adorno, Habermas, Foucault, Derrida ... haben wenigstens eins gemeinsam, außer daß sie die international renommiertesten Philosophen der Neuzeit darstellen: Es sind Denker, für die der Ewige so tot ist, daß sie ihn längst nicht mehr vermissen oder bekämpfen. So revolutionär sie sich auch sonst gerieren, darin sind sie unkritische Nachbeter des Zeitgeistes, der nun schon zwei Jahrhunderte lang unangefochten herrscht. Der »Herr der Geschichte« läßt sie machen und überlebt den »Gott der Philosophen« ganz mühelos. Er macht sich rar nicht in der Wirklichkeit, sondern im akademischen Überbau, und seine lange Abwesenheit nährt die Gegenkräfte, die ihn zurückerwarten.

Gott ist ein Naturgesetzgeber und milder Anwalt von Naturgesetzbrechern nur nebenbei. Christen brechen Gottes Gesetz und plädieren für mildernde Umstände und auf Unzurechnungsfähigkeit, aber kein Christ sollte die Absurdität »glauben«, daß Gott ihm zuliebe dauernd seine Spielregeln suspendiert. Für Gott ist das Absolute der Begriff, der das All umfasst und deshalb in allen Details aus sich entlassen kann. Nichts anderes sprengt diesen Begriff von allem als das »Nichtige«, das Hegel »faule Existenz« nannte, und das »absolut Böse« der »wahnsinnig gewordenen Subjektivität«, die er in den Frühromantikern sah. Die göttliche Idee, wie Hegel sie kannte, läßt auch unzählige Aphorismen frei, die sie allerdings nicht wieder in sich selbst zurücknehmen kann. Das Absolute sei immer schon bei uns Menschen, aber nicht beim Aphoristiker vom Schlage eines Novalis oder Schlegel. Aphorismen sind Individuen, die gleichsam keinen übergeordneten Allgemeinbegriff kennen und dulden, sondern ihren systematischen göttlichen Inbegriff permanent sprengend erfüllen und erfüllend sprengen.

Frege und Husserl verbannten die Psychologie aus der Philosophie, aber die Psychoanalyse war da noch nicht mitgemeint, und Freud psychoanalysiert die Motive dieser philosophischen Psychologismuskritik.

Hegel ließ die philosophische Eule der Minerva erst in der Dämmerung ihren Flug beginnen, sobald eine Kultur sich längst ausgestaltet hat, und diese Dämmerung ist keine Morgendämmerung. Mit der Philosophie hat die Aphoristik gemeinsam, daß beide die ausdifferenzierten Wissenssysteme voraussetzen, die sie abschließend beurteilen. Die philosophische Funktion des Aphorismus liegt darin, die Synthesen zusammenzuziehen in Einzelthesen, die ihre Antithesen in sich haben. Vorsokratische Fragmente begannen vorwissenschaftlich, wurden bei Bacon bis Lichtenberg innerwissenschaftlich als heuristisch positivistische Arbeitshypothesen, ehe sie von Novalis bis Nietzsche nachwissenschaftlich wurden.

Der Aphorismus : die Schlußsynthese als Einzelthese, die ihre Antithese in sich hat, das größtmögliche Ganze im kleinstmöglichen Urteil, das selber kein Teil des Ganzen mehr ist, sondern es ergänzt um seinen Inbegriff, die Einheit von Gegensätzen in *einem* Satz.

Aphorismen sind keine Grundsätze, sondern Sätze, die das Mißverhältnis unseres Verhaltens zu ihnen festhalten. Sie sind logisch nicht auseinander zu schließen, sondern schließen einander nur aus, weil jeder schon ein »impliziter Schluß« *(Welser)* ist, oft auch ein gewagter Analogieschluß. Der Einzelaphorismus schließt (ana)logisch, aber nicht auf einen anderen, und ist selber der logische Schluß, der nicht mit einem anderen Urteil verbindet. Er sagt in einem Satz mehr, als in ihm Platz findet. Im einzelnen Urteil ist ein Ganzes (ganz oder nur in einem Aspekt) enthalten, das macht ihn zu einer literarischen Form. Ein Ganzes spiegelt sich in einem seiner Teile oder in einem Teil eines anderen Ganzen. In der Einzigkeit jedes Einzelsatzes will eine Einheit des Wissens sich ausdrücken durch Einzigartigkeit des Verfassers hindurch. Ein Satz will in einem geistreichen Satz über den Zeitgeist hinaus sein und setzt sich in Gegen-Satz zu üblichen Satzungen und Voraussetzungen. Er ist eine Synthese heterogener Vorstellungen, aber die Synthese dieser aphoristischen Teilsynthesen ist nur eine Idee aus der Einheit des Verfassers. Es gibt keinen kausalen Weg von Einzelsynthese zu Einzelsynthese, und wenn es eine Kausalkette von A nach B und eine von C nach D gibt, dann muß es deshalb noch keine von AB nach CD geben – oder auch nur von AB nach AC.

Nach der 1. kopernikanischen Wende traten die ersten französischen Moralisten auf, nach Kants 2. kopernikanischer Wende traten die nachsokratischen Fragmente der Frühromantiker auf. Aphorismen verlieren nicht viele Worte, weil sie das letzte Wort behalten wollen. Sind sie die erste Sprache im Paradies, wie Aphoristiker Canetti vermutete, oder die letzte Sprache nach aller Wissenschaft?

Auch der Aphorismus kann eine paradox formulierte religiöse Spruchweisheit sein, sofern er die Selbstaufhebung innerweltlicher Positionen mit philosophisch-rhetorischen Mitteln vorführt : Etwas fällt aus einem konsistenten menschlichen Sinnsystem heraus – eine Kontingenz wird erfahren und dann zugleich in ein ganz anderes Bezugssystem eingefügt – diese Kontingenz wird wieder transzendiert und renormiert. Existenziell bedeutsame Kontingenzerfahrungen und auch transzendente Kontingenzbewältigungsformen sind auch und gerade in der Aphoristik möglich und besonders sinnvoll, ohne ihre theologische Dienstverpflichtung zu betreiben. Hegels Dialektik sollte den Subjektivismus von Schlegels Aphorismen aufheben, doch Adornos Verteidigung des Aphorismus sollte den Subjektivismus von Hegels Dialektik aufheben. Die Aphorismen kritisieren irreführende Denkkonventionen und werden von analytischen Philosophen selber als »irreführende Redewendungen« kritisiert und mit »Sinnlosigkeitsverdacht« belegt.

Die aphoristische Formel ist ein Satz, der einen GegenSatz formuliert zwischen jeweiligen Grundantagonismen eines Bezugssystems. Wo Ideologien die vermeintlich bereits gelungene Aufhebung von schmerzlichen Dualismen postulieren, betonen Aphorismen aufreizend die fortdauernden Widersprüche innerhalb der propagierten Versöhnungen. Wo etwa der soziale Konsens sich für längst geglückt ausgibt, verweist der Aphoristiker – auch und gerade nach dem verdienten Ende des Sozialismus – auf den ungelösten Konflikt zwischen Kapital und Arbeit. Er greift den Chorismus zwischen Idee und Erscheinung dort auf, wo er ihn historisch vorfindet. Die Kluft zwischen Wirklichkeit und Möglichkeit wird plötzlich wirksam, die Differenz zwischen Sosein, Bewußtsein und Dasein ist mit einem Mal da und wird bewußt, die Existenz ist »noch nicht« *(Bloch)* die Existenz ihrer Essenz, die Realität realisiert immer »noch nicht« ihren Begriff, der Verstand steht vor seinem Gegenstand dumm da, der Intellekt hat den Affekt nicht intelligibel gemacht, der Abgrund zwischen Gefühlen und Gedanken wird entweder nur gefühlt oder gedacht, Utopie und Entropie verdrängen einander, Denken und Handeln sprechen grundverschiedene Sprachen, die Neigungen verneigen sich nicht vor den Pflichten, Menschensatzungen widersetzen sich dem ewigen Gesetz des Ewigen, die Quantitäten disqualifizieren ihre Qualität, outrierte Mittel werden zum Selbstzweck und desavouieren die Zweckmäßigkeiten, Akzidentelles erklärt sich selber für substantiell, abstrakte Systeme grenzen konkrete Lebenswelten systematisch aus, Phänomenales fragt nicht mehr nach Dingen an sich, Subjekte und Objekte, obwohl unvereinbar wie eh, geben sich füreinander aus; nur der Zufall selber ist noch notwendig und die Notwendigkeit nur zufällig, der Graben zwischen Sinn und Sinnlichkeit wird im Aphorismus unüberbrückbar sinnfällig etc. etc.

Aphorismen sind Urteilssprüche, die lange Ermittlungen und Plädoyers enthalten. Die geistige Welt zerfällt in gesetzmäßige Gesetzesverstöße und einzelne Zusammenhänge ohne erkennbaren Zusammenhang.

Da Bacons Aphorismen Hegels holistische Geistessynthese nicht mitmachen, bleiben ihre Antithesen zur Logik stehen auf dem Boden der physikalischen Naturgesetze, des »unglücklichen Bewußtseins« der Skeptiker und im »geistigen Tierreich« der frühromantischen Bildungsfragmente. Nach Rickert und Adorno gehen Naturwissenschaften auf das nomothetisch Allgemeingültige und Geisteswissenschaften auf das idiographisch Besondere. Bei Hegel steht umgekehrt die Natur für das ganz Besondere und der Geist für das Allgem-Eine. Der Aphorismus, ein Vernunftschluß aus Verstandesurteilen über sinnliche Mannigfaltigkeiten, vereint Verschiedenes neu zu einem Torso, der instabil mehrdeutig wieder auf Verschiedenes verweist. Selbstbestimmung des Daseins erreicht er auf dem Boden von phänomenologischen Wesensbestimmungen des Soseins. Etwas hat wesentlich mit etwas anderem weit davon Entlegenen zu tun, und die »Verbindung des Heterogenen« wird erreicht durch analogische Mehrdeutigkeit des Kunsttorsos. Vereint der Allgemeinbegriff, was die fünf Sinne trennen, und/oder unterscheiden die Gedanken, was die Gefühle verschmelzen? Aphoristik ist eine philosophische Methode, die für unkonventionelle oder verborgene Zusammenhänge *und* Unterscheidungen eine besondere Sprache schafft. Im Übrigen gibt es keine hegelsche Schlußsynthese der antithetisch aphoristischen Einzelsynthesen: Jeder der Aphorismen ist ein besonderer Aspekt des Ganzen, das sie zusammen nie bilden. Gnome bilden zusammen nicht das Ganze, das jeder schon für sich allein ist.

Karl Popper läßt Erkenntnis entstehen durch aphoristische Falsifikation von Gesetzeshypothesen, nicht durch induktive Kumulation von Aphorismen. Noch so viele Aphorismen können nicht eine einzige Hypothese beweisen, aber ein einziger Aphorismus kann sie zurückweisen. Dieser antiautoritäre Anti-Holistiker widerlegt fremde Vermutungen durch widerlegbare eigene Vermutungen. Er übt Sachkritik an Werturteilen ebenso wie Normkritik an vollendeten Tatsachen. Die isolierte Singularität der Aphorismen ist wissenschaftstheoretisch bedeutsamer als ihre induktive Kumulation. Die Prinzipien des *Kritischen Rationalisten,* Fallibilismus, *piecemeal engineering* und methodische Selbstkritik, werden gerade vom prinzipienlos unmethodischen Aphoristiker so gut erfüllt, daß er von Popper und Albert gar nicht erwähnt wird.

Vielleicht ist er oft nicht nur der bessere kritische Rationalist, sondern auch der bessere *Hermeneutiker,* da er sogar heterogenste »Sinnhorizonte verschmelzen« kann. Er lebt vom unschlichtbaren Konflikt zwischen dem naturwissenschaftlichen Sachverstand und dem geisteswissenschaftlichen Sinnverständnis. Seine zusammenhanglosen Verstandesurteile verstehen sich auf das Verständnis für unselbstverständlichste Sinnzusammenhänge ohne Einverständnis mit ihnen. Isolierte Aphorismen erfassen historisch idiographische Sinngehalte gerade durch »Reflexion auf umfassende Vorverständnisse« von »vorwissenschaftlicher Lebenspraxis« *(Dilthey).* Auch für Aphorismen sind historische Situationsanlässe und die Lebensgeschichte des Autors »unhintergehbar«. Die Anthropologie des Neo-Phänomenologen Hermann Schmitz exemplifizierte das Wesen menschlicher Biographie am »instabilen Mannigfaltigen« jenes »Witzverhalts«, der als Witz an der Sache gerade der Gegenstand des Aphorismus ist, die gleichzeitige rationale Unterscheidung und affektive Verschmelzung verschiedenster Vorstellungen.

Der Aphorismus zwischen Andeutungen und Bedeutungen ist jener Teil des Ganzen, der das Ganze ganz enthält. Wenn der »hermeneutische Zirkel«, alle Teile aus dem Ganzen und das Ganze aus seinen Teilen zu verstehen, nach Heidegger zum Wesen des menschlichen Daseins gehört, dann ist jedes Dasein gerade aphoristisch besonders verständlich. Stimmungen entsprechen nicht, sondern widersprechen meist den Selbst- und Wesensbestimmungen, die sie ermöglichen. Der rationale Hintergrund irrationaler Abgründe und der dunkle Untergrund rationaler Begründungen verbinden sich nicht so harmonisch, wie der Hermeneutiker gemeinhin wahr haben möchte. Erst opponierte der Aphorismus naturwissenschaftlich den scholastischen Systemen und dann geisteswissenschaftlich den naturwissenschaftlichen Deutungsmonopolen. Er versteht die Unerklärlichkeiten und erklärt die Mißverständnisse seiner Gegner. Er rekonstruiert Weltbilder nicht, ohne sie gründlich zu kritisieren, und rekonstruiert dann die Geschichte der Kritik selber. Auch der aphoristische Mut zu Vermutungen ist als vorwitziges Vor-Urteil ein begrifflicher Vorgriff, den schon Kant zu würdigen wußte: »Baco von Verulam hat an seiner eigenen Person von dieser Kunst vorläufig zu urteilen (iudicii praevii) ein glänzendes Beispiel in seinem Organon gegeben, wodurch die Methode der Naturwissenschaft in ihr eigentliches Gleis gebracht wurde.« (»Anthropologie in pragmatischer Hinsicht«, Werke XII, Frankfurt 1982, S. 538)

Für *Diderot* ist der Geist die Fähigkeit, an einem Gegenstand Beziehungen wahrzunehmen, die vorher noch von niemandem wahrgenommen wurden. Geist ist für *Fichte* das, „was man sonst auch produktive Einbildungskraft nennt" („Eigne Meditationen über Elementar-Philosophie", *1793/94,* II/3). „Der Mensch ist nur in sofern Mensch und in dem Grade Mensch, als er Geist hat." Dieser menschliche Geist sei aber „nichts als Tathandlung".

„Die Philosophie des Geistes ist eine ästhetische Philosophie. Man kann in nichts geistreich sein, selbst über Geschichte kann man nicht geistreich räsonnieren – ohne ästhetischen Sinn." *(Schelling:* „Das älteste Systemprogramm des deutschen Idealismus", 1796) „Geist heiße mir, was für sich selbst ist." Geist liege „in der Tendenz, sich selbst anzuschauen." „Der Geist ist alles nur durch sich selbst" und „führt in einen ewigen Selbstbeweis." – „Philosophie ist nichts als eine Naturlehre unseres Geistes." „Geist, als Prinzip des Lebens gedacht, heißt Seele." – „Alle Handlungen des Geistes also gehen darauf, das Unendliche im Endlichen darzustellen. Das Ziel aller dieser Handlungen ist das Selbstbewußtsein .. Die äußere Welt liegt vor uns aufgeschlagen, um in ihr die Geschichte unseres Geistes wiederzufinden."

Die Romantiker schrieben nicht nur über, sondern auch mit Geist. *Novalis:* „Der Geist soll – total Genie werden." „Witz ist unbedingt geselliger Geist, oder fragmentarische Genialität." „Der Geist ist der Künstler ... Die Natur zeugt, der Geist macht." „Die höhere Philosophie behandelt die Ehe von Natur und Geist." („Das allgemeine Brouillon", 1798/9)

Für *Hegel* war Geist „das absolute Sichselbstbestimmen" und nicht mehr mir ästhetisch; die Kunst war kein ‚Organon der Philosophie' mehr wie für Schelling. Geist sei „das Ich, das Wir, und Wir, das Ich ist." Er ist nicht mehr Fichtes intellektuale Selbstanschauung, sondern „Wissen seiner selbst in seiner Entäußerung; das Wesen, das die Bewegung ist, in seinem An-

derssein die Gleichheit mit sich selbst zu behalten."
(„Phänomenologie des Geistes") „Der Geist ist belebendes Gesetz in Vereinigung mit dem Mannigfaltigen, das alsdann ein Belebtes ist", heißt es in den „Theologischen Jugendschriften". „Der Geist, der sich als frei weiß und sich als diesen seinen Gegenstand will, d.i. sein Wesen zur Bestimmung und zum Zweck hat", hebt alle geistreichen Sprüche von Heraklit über Montesquieu bis Schlegel in sein System auf. Hegels Geist objektiviert sich in Reflexionsbestimmungen subjektiver Sprüche, durch die er immer durch muß. Er ist nur bei sich, wo er fragmentierend außer sich gerät, aber auch nur aphoristisch selbstentäußert, wo er systematisch neu zu sich kommt. In der „schlechten Unendlichkeit" der Reflexionsbegriffe wehrt Hegel die unabschließbare Endlosigkeit immer neuer in sich vollendeter Sprüche ab und damit Fichtes und Schlegels infinite Reflexionsspirale zwischen dem Ich und Nicht-Ich. Anders als sein Freund Schlegel kennt Novalis wie Hegel auch den Spruch, der alle dialektische Bewegtheit in sich enthält und zur Ruhe bringt. Anders als Hegel verstößt Novalis aber nicht gegen seine Prinzipien, wenn sein Aphorismus allen Gegensatz und alles Für und Wider implizit schon enthält: Hegels Metasätze *über* Dialektik kommen erst am Systemschluß selber ganz undialektisch zur Ruhe, was Hermann Schmitz als Selbstwiderspruch monierte.

Aphoristik erfüllt Fichtes Programm einer sukzessiv endlosen Annäherung an ein unerreichbares Ziel, das sie mit jeder Gnome weiter vor sich herschiebt wie ein moralisches Plansoll, aber man könnte mit Novalis sagen, daß Aphorismen das Erreichen des Ziels verzögern wollen, indem sie jeden geistigen Weg zerlegen in eine potentiell unendliche Zahl von potentiell immer kürzeren Sätzen, um Kants Idee der unendlichen Ergänzbarkeit und Teilbarkeit von Raum und Zeit zu realisieren. Der Geist als Nicht-Ich von Affekten und Objekten überwältigt das Ich, der Geist als Ich überwältigt das Nicht-Ich, und die Unbesiegbarkeit von beiden garantiert die systematisch freigegebene Zukunftsfähigkeit des aphoristischen Fragments.

Engländer und Franzosen haben für Geist und Witz das gleiche Wort. Im Deutschen ist der Erfahrene nicht der Gewitz(ig)te, sondern ein Greis, und wer im Geiste die Zukunft vorwegnimmt, gilt als so vorwitzig, daß ein Heidegger ihm „ekstatisches Sich-vorwegsein" bescheinigte. Gemeinhin ist die Wissenschaft so witzlos, daß fast alles Witzlose schon als wissenschaftlich passieren darf, und Geist ist nur eine Abart von Unwissenschaftlichkeit. Über Paradoxe lassen sich wissenschaftliche Wahrheiten sagen, nicht aber wissenschaftliche Wahrheiten in Paradoxen ausdrücken, ohne wissenschaftliche Unwahrheit oder unwissenschaftliche Wahrheit zu werden.

Was uns so durch den Kopf geht, nennen wir Gedanken, und was wir lesen, nennen wir Bücher, auch wenn es nur Scheckbücher sind. In einer Welt der Comic-Blasenentzündungen ist es schon anspruchsvoll, eine kritische Arbeit über Comics zu lesen, aber Schreib- und Leseschwäche sollte sich nicht mit tatkräftig praktischem Sinn verwechseln. Wer nicht lesen will, muß fühlen, und „deutsche Männer lesen nicht" *(Stefan Andres)*. Jeder ist stolz darauf, nicht nur den Fernseher abzuschalten, sondern dafür Schundromane zu verschlingen. Entweder werden da schöne Gefühle in schlechten Gedichten gesucht oder gute Poesie in bösen Emotionen. Einen Umwelt-Report liest man, weil man sowieso alternativ wählt, aber denkt nicht alternativ, weil man Untersuchungen studiert hätte, die diesen Namen verdienen. Niemand findet es mehr merkwürdig, daß niemand mehr an der Öko-Apokalypse zweifelt.

Früher waren die Linken Leute, die Dialektik priesen, um nicht dialektisch denken zu müssen. Die meisten Bücher über Dialektik sind undialektisch. Nicht jeder Witz ist Dialektik, aber jede Dialektik ist ein gebildeter Witz an der Sache. Besondere Befähigung zum analytischen Denken der Franzosen schließt die zum dialektischen Denken der Deutschen so wenig ein, wie eine analytische Denkschwäche noch keine dialektische Kompetenz garantiert.

Adorno kritisierte an Hegel jenen wahnhaften Subjektivismus, den Hegel an Schlegel und Novalis kritisiert hatte, aber verteidigte deshalb nicht die frühen Romantiker von 1800 gegen Hegel, sondern den vermeintlichen Realismus Schopenhauers und Nietzsches gegen Hegel und die Romantiker zugleich. Vor Marx und Adorno waren Hegel und Schlegel Brüder im romantischen Geiste. Die Mängel von Hegels Naturphilosophie waren nicht nur Mängel der Naturwissenschaft seiner Zeit. Antinomische Widersprüche liegen nicht in der Vernunft selbst, sondern in der vom Romantikerphilosophen Fichte zur Vernunft erhobenen „poetischen Einbildungskraft" *(Maimon),* die sich das immer abwesende Ganze möglicher Objekte als ein eigenes Objekt unter anderen vorstellt. Hölderlin und Novalis waren vom „batavischen Plato" Hemsterhuis beeinflußt, Valéry-Vorbild Joubert von Plato selbst.

Maimon war über Fichte, Leibniz war über Maimon der Ahnherr Hegels und Schlegels, und auf diesen infinitesimalen Leibniz berief sich auch noch Lichtenberg. „Poetische Einbildungskraft", die Fähigkeit, sich geistig vorzustellen, was nicht leibhaftig da ist, war für Kant die Wurzel von Verstand und Sinnlichkeit. Die frühromantischen Selbstparodien und Nietzsches sprachtrunkene Sprachparodien *(Heinz Krüger)* unterscheiden sich wie Poesie und Prosa. Prosaist Nietzsche spricht über die Welt, indem er über die Sprache spricht, und Poet Novalis spricht über die Sprache, indem er über die Weil spricht. Aphorismen bestätigen auch durch sich selbst, was sie an der Welt entlarven : Tugend verbirgt lächerliche Anmaßung (Lichtenberg), Eigenliebe (Rochefoucauld), Liebeshunger (Schopenhauer) oder Machthunger (Nietzsche). Der Aphoristiker demütigt seine Leser, indem er sie entlarvt oder gestehen läßt, daß er es viel besser kann als sie. Metaphysisches wird metaphorisch durch Physisches vertreten und widerlegt. Jeder fällt unter seinen gleichschaltenden Allgemeinbegriff gerade durch seine lächerliche Prätention, etwas ganz anderes und Besonderes zu sein.

„Vita longa, ars brevis" : Erasmus suchte den „sensus non vulgaris". Perez und Gracian trennten die Regel vom Anwendungskommentar, Larochefoucauld provozierte durch Überverallgemeinerung seiner Beobachtungen den Leser ironisch dazu, sich als Ausnahme zu fühlen, welche die Regel bestätigt. „Paradoxes, mélés de Réflexions et de Maximes" (Ersttitel von Vauvenargues). Lichtenberg suchte Erkenntnis als Wechselkorrektur von logischen und ästhetischen Irrtümern zu begründen. Das eine Auge sollte ein Fernrohr, das andere ein Mikroskop benutzen. Geist und Sinnlichkeit : Witz integriert, Scharfsinn differenziert. Geist und Esprit : Französisches Distanzpathos und erzdeutsche *unio mystica*. Der Aphorismus ist zu scharfsinnig, um irrational zu sein, aber auch zu ästhetisch, um wissenschaftlich beweisbar zu sein. Im

Aphorismus gibt sich ein Gefühl die Logik des Gedankens und der Gedanke die Tiefe des Gefühls. *Vor* Kant richtete der kluge Weltmann sich stoisch ein in einer fix und fertigen Gesellschaft, *seit* Kant entwarf der Moralist seine eigene Welt. Die kopernikanische Wende : Erst richtete er sich nach dem richtigen Bild von ihr, dann richtete er sich eine richtigere Welt (wenigstens auf dem Papier) ein. Der reale Sozialismus war wahrer Staatskapitalismus, und die soziale Marktwirtschaft ist der wahre Sozialismus? „Traumarbeit": Der Mensch träumt bei der Arbeit und arbeitet im Traum. Arbeit ist die häufigste Form der Bewußtlosigkeit, und wer einen Platz an der Sonne will, geht mit ihr unter.

A.W. Schlegels Chamfort-Rezension 1796 blieb skeptisch: „Ein allgemeiner Satz, in welchem unzählige Erfahrungen zusammengedrängt werden, ist immer in einem gewissen Sinne unwahr", aber der „verständige Leser" werde es schon richtig aufnehmen. Sein Bruder Friedrich schrieb dann „kritische Chamfortaden". Jean Pauls „Ideenwürfel" erinnern an Mallarmés Würfel, der „nie den Zufall besiegen wird". „Von jeher sucht die Wissenschaft nach dem Punkt, wo das Seyn das Erkennen, das Erkennen das Seyn umschließt." (*F. W. Schelling*: „Aphorismen zur Naturphilosophie", 1806) Bacons aphorism suchte translatio, variatio, inversio et sortes experimenti.

Hofmannthals „Lord Chandos", der in seinem berühmten fiktiven Brief an Francis Bacon, den Autor einer Sammlung „Apophthegmata New and Old" (1625), die Realitätsinsuffizienz jeder Sprache beklagte, plante nach dem Vorbild der (verlorenen) Sammlung Cäsars eine eigene Aphorismensammlung – die

Hofmannsthal mit dem „Buch der Freunde" (1922) dann vorlegte.

Die Systematiker sind zusammen mit ihren aphoristischen Gegnern ausgestorben. In Deutschland ist der Aphorismus heute nicht tot, aber zur zweitklassigen Subkultur abgesunken. Er überlebt nur um den Preis, von seriösen Dichtern, Wissenschaftlern und Kritikern nicht ganz ernst genommen zu werden, wie Nietzsche schon im letzten Jahrhundert wortreich klagte. Auf Französisch überwintert er im Bonmot, auf Deutsch in Sprühwandgraffiti. Der klassische Gnomiker ist zum billigen „Sprücheklopfer" heruntergekommen, aber Weniges inspiriert den Aphoristiker mehr als die Aphorismen seiner Vorgänger und Konkurrenten; sie lassen sich weiterentwickeln, wenn sie als bloße Rohstoffe genommen werden.

Ein fester Forschungstopos ist der Vorwurf, dieses *jeu des maximes* sei in ständiger Gefahr, leere Mechanik, eitler Spieltrieb und virtuose Effekthascherei zu werden. Diese Gefahr ist viel geringer als die, vor dieser kleinen Gefahr dauernd auszuweichen und die schönsten Effekte daran zu hindern, daß sie das Licht der Welt erblicken. Entweder ist ein Aphorismus formvollendet brillant oder er ist schlecht, das ist alles. Ist er misslungen, dann nicht deshalb, weil er zu viel, sondern zu wenig in Form ist. Formalistisch wirkt er nur, wenn er einfach nicht originell, sondern ein Plagiat ist. Oft werden die gelungensten mechanisch genannt, weil sie gelungen sind, und ein schlecht konstruierter ‚Saillie' wird nicht dadurch besser, daß er „existenziell ernst macht". Dort tobt sich nur wieder der tiefe deutsche Sinnspruch am leeren welschen Bonmot aus, der schwerfällige Geist wütet gegen den leichtsinnigen Esprit, innere Formen gegen äußerliche

Formeln und das unvermeidliche Ganzheitsdenken, um in seinen Ressentiments nie durchschaut zu werden, gegen analytisches Räsonnieren.

Harald Frickes sonst ausgezeichnete Monographie „Aphorismus" (1984) leidet nur an dem Fehler, die vom Aphoristiker selbst verantwortete „kotextuelle Isolation" zu überschätzen bei der Frage, was zum authentischen Aphorismus gehört. Es mag bedenklich sein, Jean Pauls Romane als apokryphe Aphorismensammlungen zu mißbrauchen, aber warum soll der Leser, wenn er die penetrante Aufforderung zum Mitmachen einmal ernst nimmt, daraus keine glänzenden Bonmots ziehen dürfen? Die witzigen Einfälle lassen sich aus Jean Pauls „assoziativer Verknüpfungstechnik" leicht re-emanzipieren. Gängige „Blütenlesen" und „Chrestomathien" sind ja nicht deshalb bedenklich, weil sie an Sentenzen roh herausbrechen, was „kotextuell integriert" war, sondern weil das Spruchgut oft so witzlos ist. Dem „Büchmann" und „Zoozmann" ist gar nicht vorzurechnen, daß sie Rosinen barbarisch aus dem weggeworfenen Teig klauben, sondern daß die Rosinen zu selten Rosinen und die Sentenzen zu oft nicht wert sind, zitiert zu werden.

Fricke zählt die konzise Originalität der Pointe, das Hauptqualitätskriterium dieser Gattung, nicht zu den Essentials, sondern nur zu den wahlweise „alternativen Merkmalen", nicht zum Muss, sondern zum Nice-to-have. Ob ein Aphorismus schon als solcher konzipiert oder einer Dramenfigur von Schnitzler aus dem Mund genommen wurde, ist für seine Qualität belanglos. Warum soll der Leser, der sonst so großzügig beschworene aphoristische Co-Autor, sich keine Aphorismensammlung aus den Romanen und Theaterstücken der Weltliteratur selbst zusammenpulen? Und wenn das Dramenzitat noch kein gattungstheoretisch sauberer Aphorismus ist, läßt es sich vom Leser oft spielend leicht dazu machen. Ein Aphorismus ist etwas, was seine Leser in Gesellschaft und Reden manchmal zitieren, um zu glänzen, und ein gutes Zitat ist etwas, das sie manchmal zur blendenden Gnome machen können.

Die meisten Verfertiger von ‚Reflexionen und Maximen' sind nicht Metaphysiker genug, um philosophische Fragen aphoristisch zu stellen und zu lösen. Die Philosophen aber müssen nicht Könige, sondern Aphoristiker werden, und Aphoristiker sind jene Dichter, die Denker sind, ohne aufzuhören, Künstler zu sein. Wenn sie Künstler sind, dann müssen sie keine Lebenskünstler sein. Die eingeforderte „existenzielle Verbindlichkeit" ist häufig nur ein Spitzname für Qualitätsdefizite und umgekehrt. Allein im Aphoristiker ist der Dichter Denker und der Denker Dichter geworden.

Vielleicht ist die Interdisziplin der Kulturformen, die Antizipation künftiger Einheit von Kunst, Religion, Wissenschaft und Philosophie, heute nur aphoristisch möglich, aber wahrscheinlicher bricht der Aphorismus unter solchen romantischen Missionsaufgaben zusammen. Er ist ja gar keine poetische Knospe, sondern philosophische Frucht und Same zugleich. Gewöhnlich faßt der Denker nicht in feste Begriffe, was der Dichter vorher schon in schönen Bildern gesagt hat, sondern umgekehrt bringt der Künstler in glänzende Form, was der Philosoph an unerhörten Neuigkeiten ihm vorstammelt.

Nicht bei jedem Wort läßt sich auch etwas denken. Die Sprache legt Möglichkeiten nahe, denen in der

Sache nicht immer etwas entspricht. Dinge gibt es in der Welt, die nicht in Worte zu fassen sind, aber noch mehr Worte gibt es, denen keine Wirklichkeit korrespondiert. Manche Sprachschöpfungen hören sich aber noch heute ganz so an, als könnten sie schon morgen mehr bedeuten. Wort- und Sprachspiele können eine fruchtbare *ars inveniendi* sein, eine *Lullische* Kunst der Kombinatorik : Worte werden so lange gegen alle semantische Wahrscheinlichkeit mechanisch verdreht, bis sie etwas bedeuten, worauf der übliche Sprachgebrauch nie gekommen wäre. Aphoristik ist die Kunst sprachlicher Sollbruchstellen, und jede geistreiche Bemerkung zu jedem Sujet ist aphorismusfähig.

Aphoristiker müssen sich wieder an wissenschaftliche und philosophische Themen herantrauen, wenn sie nicht vom Witz der Sprühwandmaler weggelacht werden wollen. Sie sind zu wenig Wissenschaftler, um denen den Rang abzulaufen, und Philosophen sind selbst längst keine Systematiker mehr. Die frischen Wandgraffiti und frechflotten „Sponti-Zaubersprüche" könnten heilsame Vitaminspritzen gegen die betulich gewordene Sentenzenschmiede werden, aber die seriöse Zunft hat die literarische Herausforderung von den Häuserwänden noch gar nicht an- und wahrgenommen.

Fricke hat völlig Recht, Schopenhauer nicht Aphoristiker zu nennen, aber schüttet das Kind mit dem Bad aus, wenn er auch Nietzsche fast davon ausnimmt. Adornos Plädoyer für den philosophischen Wert des Aphorismus ist das gleiche wie für den Essay, und Heinz Krügers „Studien über den Aphorismus als philosophische Form" (1957) sind durch Adornos Vorwort zurecht bekannt geworden. Es gibt viel zu wenige philosophische Aphoristiker und aphoristische

Philosophen. Der philosophische Aphorismus ist die Krone der Aphorismen, und das aphoristische Philosophieren ist ein Königsweg der Philosophie. Nietzsche kommt bei Fricke mit ebenso wenig Recht zu kurz wie Jean Paul. Daß die Aphorismen in Richters „Titan" wie im „Zarathustra" Nietzsches oder in Schnitzlers Komödien nicht frei flottieren, ändert nichts an ihrer Qualität. Die von Fricke verspotteten „Metaphysischen Grundlagen des aphoristischen Denkens" (Fußhoeller, 1953) liegen einfach darin, daß das metaphysische Denken auch paradoxale Grundlagen haben kann und haben sollte, ohne aufzuhören, ein „Gesellschaftsspiel für Einzelgänger" zu sein. G. Neumann hatte 1976 in seinen sehr verdienstvollen „Ideenparadiesen" Franz Mautners aphoristische „Polarität zwischen rationalem und mystisch emotionalem Denken" zur „Dialektik des Einzelnen und der Allgemeinheit" gemacht, und genau das dürfte denn auch Adornos philosophische Ehrenrettung des Aphorismus gemeint haben : das Absonderliche von heute als Binsenweisheit von übermorgen zu verstehen.

Auch *aphorismoi* entstehen selten im luftleeren Kinderspielraum. Am besten wachsen sie in gedankenexperimentellen Essays und lassen sich dann als reife Früchte abpflücken vom Baum der Erkenntnis, wenn sie nicht von selbst aus dem Text fallen. Falls nicht der Autor sie erntet, sollte das der Leser tun. Jede geistreich geschliffene Bemerkung, die auf eigenen Füßen stehen kann, ist aphorismusverdächtig genug, und wer genug beisammen hat, kann versuchen, eine alphabetische Ordnung nach Hauptbegriffen zu so etwas wie einer gnomischen Enzyklopädie zu machen. Jeder Aphorismus fängt neu bei Adam und Eva an, und die thematische Komposition innerhalb einer Sammlung ist meistens für Autoren reizvoller als für

Leser. In der neuen Umgebung einer Aphorismenkollekte haben auch manche Schillerzitate alle Merkmale „verweisungsfähiger Isolation", „kotextueller Unabhängigkeit" und „freier Kommutierbarkeit", die Fricke fordert, der besser daran getan hätte, das Bedingungsverhältnis von Sach- und Sprachpointen genauer zu erforschen. Die legendäre Einheit von Form und Inhalt nimmt hier nämlich die schöne Form an, daß Sprachpointen gerade die Sachpointen selbst sind und umgekehrt. Die originelle Abweichung von der linguistischen Norm und die innovative Abweichung von der ideologischen Norm gehen oft eine Ehe ein, deren Frucht der Aphorismus ist. Beides dient einander, beides ist Mittel für das andere. Das sprachlich Wesentliche wird weggelassen und das Unwesentliche rhetorisch ausgeschmückt, bis das Fragment etwas mehr als ein- oder zweideutig wird.

Aber wo sprachliche Redundanzen zu Essentials werden und das Minimal Must zum Nice-to-have-not, haben wir noch keine *aphorismi*. Das Ingenium liegt dabei in der künstlich erzeugten sprachlichen Bruchstelle, die auf sehr verschiedene Weise ergänzbar gemacht ist. Eisgraue Trivialitäten klingen dann plötzlich wie unerhörte Entdeckungen, und letzte Schreie entpuppen sich als Schnee von vorgestern bei diesem *concisum genus humile dicendi*. Im Aphorismus ist die Prosa von der Poesie ganz emanzipiert, der Baustein vom Gedankengebäude und die Form von der Norm wie die Invention von der Konvention. Er schafft sich seine eigenen Zusammenhänge, aus denen er nicht erst zu reißen ist, und im Glücksfall liegt Logik in der Emanzipation der Erfahrung von der Logik, also größere Vernunft. Durch Sprachpointen wird Sachinnovation erzeugt oder etwas Trivialgewordenes renoviert. Ein neuer Gedanke nimmt nur Form an, wenn sich bei der neuen Form etwas Neues denken läßt, und der Produktionsweg geht seltener von der Idee zur Formel als von der schönen Gestalt zum tiefen Gehalt – oder wenigstens zur tieferen Wirkung auf Leser.

Ein Aphorismus ist kein Witz, aber ein witzloser ist ein schlechter, also gar keiner. Das Qualitätsmerkmal ist fast sein Gattungsmerkmal. In einem einzigen Satz enthält er so viele Sätze und Gegensätze, wie sich in ihn hineinlesen lassen. Aus manchen Witzen, Bonmots und Anekdoten lassen sich brauchbare Aphorismen machen und umgekehrt. Der gute Aphorismus hat den Witz, der er nicht ist, und der König der Aphorismen ist das ebenso originelle wie brillante Mini-Paradox. Auch im Aphorismus arbeitet der Witz als „ersparter Hemmungsaufwand" (Freud), als „Inkongruenz von anschaulichem Individuum und seinem abstrakten Begriff (Schopenhauer), wo das Individuum sich vor seinem Inbegriff nicht weniger blamiert als umgekehrt der Allgemeinbegriff vor seinen diversen Einzelobjekten.

Der französische Dekonstruktivist Le Man hat zu zeigen versucht, wie sehr die Philosophie Nietzsches Rhetorik ist, und diese Sprache ist selbst die Philosophie, die sie nicht nur gut ausdrückt. Die Grundlage dieses *Philosophorismus* ist die Allgemeingültigkeit individueller Abweichungen von der Allgemeinheit oder eine persönliche Abweichung vom Konformismus individueller Abweichungen. Was gestern allgemeingültig war, ist nun eine Skurrilität, und was heute idiotisch klingt, mag morgen sprichwörtlich sein.

Gerhard Neumanns „Ideenparadiese" (München 1976) wollen weismachen, daß literarische Aphoristik etwas zu habe mit Kants „kopernikanischer Wende" vom Objekt zum Subjekt, vom Wissen zur Gewißheitsvergewisserung, also mit der Verallgemeinerungsfähigkeit von Individualität, mit angewandter Vernunftkritik, die sich um selbstbewußte Subjektivität dreht und nicht um systematische Objektivität. Das mag für Kants Zeitgenossen Lichtenberg, Goethe und Novalis gelten, wie Neumann zeigt, aber was ist mit einem vorkritischen Aphoristiker wie Larochefoucauld, der gegen das zentralistische Frankreich von Richelieu und Descartes schrieb, aber die kopernikanischen Wendehälse doch nicht vorwegnehmen konnte?

Frickes Invektiven gegen Neumann und gegen philosophische Aphoristik sind unverständlich, wenn Frickes Philosophieverständnis verstanden wird. „Denn die Philosophie behandelt Probleme zweiter Stufe: sie gibt keine Theorie der Welt, sondern eine *Metatheorie* des sprechenden, erkennenden, handelnden, moralisch und ästhetisch urteilenden Verhaltens zur Welt." (a.a.O., S. 40) Sie spricht über die Welt, indem sie über die Art spricht, wie man über die Welt spricht, und genau das tut nach Neumann auch der vernunftkritische Aphorismus, wenn er seit Kant von der Verallgemeinerungsfähigkeit aller Einzelfälle lebt. In der Metaphoristik und Metaphysik wird der *linguistic turn* vorausgesetzt, und im Aphorismus wird der philosophische Begriff von einer Sache durch linguistische Kunstgriffe gewonnen. Jeder Aphorismus ist schon ein *Metaphorismus (Bert Berksträter)*. Harald Fricke scheint den Ansatz zu unterschätzen, den Gerhard Neumann überdehnt, und erkennt seine Metatheorie der Mctaphysik in Neumanns kopernikanischer Wende nicht wieder.

„Die durch Adornos Vorwort einflussreichen, aber überschätzten" Studien von Heinz Krüger über den „Aphorismus als philosophische Form" (1957) arbeiten mit der Dialektik von Verallgemeinerung und Vereinzelung, von Gesellschaft und Individuum, am Beispiel von Nietzsches Werk. Natürlich hat Nietzsche nicht nur Aphorismen geschrieben, auch nicht immer dort, wo er es getan haben soll, aber seine in Essays eingearbeiteten Aphorismen gehören zum Besten, was er geschrieben hat.

Nach Fricke haben Kierkegaard und Adorno dort, wo sie philosophieren, nicht aphorismiert, und wo sie Aphorismen geschrieben, nicht Philosophie getrieben. Vielleicht ist Frickes Philosophie- und Literaturverständnis hier zu eng. Sein Schüler Habermas sagte über Adornos „Minima moralia" großzügiger, sein Hauptwerk sei eine Sammlung von Aphorismen. Krausverehrer Wittgenstein sagte von seinem „Tractatus": „Die Arbeit ist streng philosophisch und zugleich literarisch, es wird aber doch nicht darin geschwefelt." Valéry lehnte Philosophie in Aphorismen ab, um „nicht einen Maler von Seestücken mit dem Schiffskapitän zu verwechseln".

Man kann dichten, bevor man denkt und statt zu denken, Aphoristik aber kann man nur schreiben *nach* dem Nachdenken und nicht anstelle des Denkens. Sie greift Angriffe an, ohne das Angegriffene zu verteidigen, lehnt sich gegen Ablehnungen auf, ohne sich an das Abgelehnte anzulehnen, und wenn sie Negationen negiert, dann nicht, um die Negation zurückzunehmen und zum Negierten zurückzukehren, sondern sich von These und Synthese noch weiter zu entfernen als die Antithese selbst. Der Aphorismus ist nicht nur pars pro toto et contra totum et contra Totem, sondern

Bruchstück vieler Ganzheiten, zu denen er ergänzbar ist. Dieses Fragment transzendiert sich durch sein *metonymisches Potential* auf komplette Denkfiguren hin, die einander widersprechen und zerstören können. Durch thematische Verkettung hören Sätze nicht auf, mögliche Aphorismen zu sein, wenn ihr Sinn nicht aufgeht in ihrem Stellenwert zwischen Folgesätzen und Satzvorgängern, sondern wenigstens zum Teil auch dazu quer steht. Das ist bei dem Dichter Jean Paul nicht anders der Fall als beim Denker Wittgenstein. Viele Thesen haben einen Sinn im Zusammenhang mit anderen Thesen und zugleich unabhängig von ihnen. – „Die Bedeutung eines Wortes ist sein Gebrauch": das ist ein Aphorismus unabhängig davon, daß er inmitten anderer Sätze noch andere Bedeutungsvaleurs entfaltet.

Es gibt viel mehr Gedichtbände, Romane und philosophische Werke als Aphorismensammlungen. Es gibt sogar noch viel mehr gute Lyrikbände als schlechte Sentenzenbände auf der Welt. Auch und gerade die Großen der Gattung wie Lichtenberg und Lec haben es lebenslang auf nur etwa 3000 Gedanken gebracht. Wer unter seinen 2222 „Saillis" wenigstens 222 gute Gedanken oder auch nur 22 oftzitierte Ideen hätte, dürfte zufrieden die weiterblickenden Nachweltzwerge auf seine Riesenschulter setzen.

Nur wenige Gedankensplitter stoßen auf ungeteilten Beifall oder auf ungeteilte Gleichgültigkeit. Der eine honoriert Sprachwitz schon allein, ein anderer kann die Form gerade noch ertragen im strengen Dienst eines Inhalts. Dem einen genügt alter Wein in neuen Schläuchen, anderen genügt die bewährte Gestalt für einen taufrischen Gehalt. Für Berufsdenker sind Aphorismen gemeinhin zu literarisch und für Schriftsteller zu theoretisch. Wenn Hegels Definition der Kunst als „sinnlicher Schein der Idee" einen Sinn hat, dann auch und gerade für den Aphorismus, der einen abstrakten Gedanken anschaulich vorführt und gleichzeitig ein handgreifliches Bild auf allgemeine Begriffe bringt. Hier ist eine „Wahrheit ins Werk gesetzt" (Heidegger) durch „winzige Abweichung von ihr" (Lichtenberg). Daß diese Wahrheit leicht ein Opfer von wortverspieltem Pointenzwang werden kann, ist allerdings immer noch besser, als wenn der Witz an der Sache einer Pedanterie geopfert wird, die sich mit Seriosität verwechselt.

Daß mehr Objektivität aus mehr Subjektivität zu gewinnen ist, verbindet einen Lichtenberg und Kant. Neumanns These von der Geburt des europäischen Aphorismus aus dem Geist der kopernikanischen Wendehälse krankt nur daran, daß die neuentdeckte Subjektivität keine Individualität hat, sondern ein Kollektiv ist, während Aphoristiker doch keinen Verein von Einzelgängern gründen. Der Aphorismus sagt nichts Neues, er sagt alles neu.

Wilhelm Dilthey wollte in den französischen Moralisten jene *philosophes* wiederentdeckt wissen, die den Menschen verstehen und nicht nur naturwissenschaftlich erklären. Von alttestamentarischen Spruchweisheiten ging es über die scholastische Theologie zurück zu empirisch säkularisierten Widersinnsprüchen. Das Latein des heidnischen Roms wurde gegen das Latein des christlichen Roms ausgespielt, aber Pascal wollte wie Erasmus antike Rhetorik an den Theologen vorbei in den Dienst biblischer Wahrheit zurückstellen. Von Doderer hat erinnert an den *apperzeptiven* und nicht-rezeptiven Aphorismus. Das „Ich denke selbst weiter" muß alle meine Vorstellungen begleiten können. Unter deutschen Aphoristikern gibt es so auffällig viele Pastorensöhne wie unter deutschen Philosophen : Lichtenberg, Schlegel, Jean Paul, Nietzsche .... Das Jenaer *Symphilosophieren* war eine andere Antwort auf Kant als der spekulative deutsche Idealismus. Entdeckt wurde der Witz als das „Prinzip und Organ der Universalphilosophie". „Hier erscheint in Deutlichkeit die Vermittlungsfunktion des Witzes im Erkenntnisprozeß ... seine zugleich synthetische und analytische Kraft ... des Zentrifugalen und Zentripetalen, des Potenzierens und Radizierens." *(Friedrich Schlegel, 1798)*. Die Natur macht keine Sprünge, also ist der Aphorismus keine Naturform? Ein Aphorismenband ist ein Spiegelkabinett, in dem jeder autarke Solitär vor dem Hintergrund der übrigen Solitäre leuchtet, Licht auf sie wirft und Licht von ihnen empfängt. Jeder Diamant verdrängt eifersüchtig alle anderen Edelsteine und wird von ihnen verdrängt. Selig scheint er in sich selbst wie Mörikes berühmte Gedichtlampe, Heidegger hin, Staiger her. Sie werden selbständig : Der Aphoristiker grenzt sich vom Aphoristiker (und Nichtaphoristiker) so ab wie der Aphorismus vom Aphorismus. Mit Sartre zu sprechen, läßt sich der Aphorismus wie der Mensch als nie ganz gelingende Synthese von *Ansichsein* und *Fürsichsein* verstehen, ohne nur für andere da zu sein.

Reine Aphoristiker sind definitiv nicht anonym, aber meist Unbekannte. Wenn ihr Leben nicht unbekannt bleibt, dann nur deshalb, weil sie auch noch anderes geschrieben haben als Biographorismen. Über Sartre wissen wir alles, über Lec so gut wie gar nichts, obwohl beide Autoren nicht anonym blieben, aber die „unfrisierten Gedanken" haben wir gelesen, „Das Sein und das Nichts" aber nicht. Wenn also wirklich, wie Literaturwissenschaftler Fricke höhnt, Zunftkollegen wie Wehe, Fieguth und Requadt immer wieder das aphoristische Existieren und Denken auseinander abzuleiten unternehmen, dann sind solche Versuche noch sinnloser, solange wir das Leben der passionierten Aphoristiker gar nicht kennen. Wie lebte Lec, wie liebte Kraus, warum haßte Lichtenberg, wovon lebte Seume, hatte Jean Paul Depressionen und Canetti einen Ödipuskomplex? Pascal, Voltaire, Vauvenargues hatten schwache Konstitutionen und kränkelten zeitlebens, Novalis und Morgenstern starben an der Schwindsucht, Lichtenberg, Kierkegaard und Kraus waren verwachsene Hypochonder, Heine lebte ein Jahrzehnt lang in seiner „Matrazengruft", Nietzsche wurde mit 44 Jahren wahnsinnig, und der ehemalige KZ-Häftling St. J. Lec starb schon 1966 an Krebs.

Viele starben auffällig früh : Pascal mit 39 Jahren, Vauvenargues mit 30, Seume mit 47, Novalis mit 29, Feuchtersleben mit 43, Platen mit 39, Börne mit 51, Hebbel mit 50, Hofmannsthal mit 55, Morgenstern an Tb mit 33, Hille mit 48, Leisegang mit 31 an Suizid. Von den Deutschen starben durch Selbstmord Friedell mit 60 Jahren, Benjamin mit 48 und Tucholsky mit 45. Junggesellen blieben Pascal, Novalis, Kierkegaard, Nietzsche, W. Busch, Altenberg, Kraus, Wilde.

Der Stilwille ist aristokratisch, die ersten Aphoristiker waren Adlige, die autoritäre Kommandokürze gibt sich liebenswürdig. Die erzfranzösischen Moralisten suchten eine Bildungsaristokratie quer durch alle Stände, Nietzsche nahm das später auf. Larochefoucauld wollte den Schwertadel nicht zum Hofadel, sondern zum Geistesadel entmachten. Die ersten nichtadligen und ungelehrten Aphoristiker waren Chamfort und Jean-Paul. Proletarische Aphoristiker gab es bisher noch nicht. Die Bürger Chamfort, Seume, Benjamin und Hohl starben verarmt. Vom Familienvermögen lebten Heine, Kierkegaard, von Ebner-Eschenbach, Wilde, von Hofmannsthal, Benjamin, Kraus. Als Schriftsteller und Journalisten verdienten ihren Lebensunterhalt z.B. Jean Paul, Canetti, Chesterton, Doderer, Jünger, Shaw, Tucholsky, Morgenstern, Brudzinsky, Lec, Goetz, Valéry, Laub, Günther, Bierce ...

Hippokrates, Feuchtersleben, Schnitzler und Jörgensen waren Mediziner, Novalis Ingenieur, Lichtenberg Physiker, Goethe Naturforscher, Canetti Chemiker, Schröder Architekt, Gürster Diplomat, Radbruch und Bittner waren Juristen, Pascal und Kästner Mathematiker gewesen. Universitätsbeamte waren Lichtenberg, Friedrich Schlegel, Nietzsche und Schweppenhäuser. Politisch eher links standen Chamfort, Lichtenberg, Seume, Jochmann, Jean Paul, Heine, Börne, Bierce, Petan, Lec, Brudzinski, Crnevic, Altenberg, Adorno, Benjamin, Tucholsky, Shaw, Kraus, Marcuse, Gustav Radbruch, Laub, Kasper, Finck, Deschner, Gerhard Schweppenhäuser ...

Der griechische *Apo-horismus* ist die lateinische *Definition*: Abgrenzung, Absonderung, Bestimmung. Der Aphorismus ist jener Teil des Ganzen, der das Ganze ganz enthält und als Ganzes damit hinter sich läßt; er ist die Grenze, die etwas Bekanntes ganz abschließt und für Neues aufschließt. Er ist ein einzelnes Urteil über das Ganze, über einzelne Sachverhalte aber nur, soweit sie ein Ganzes repräsentieren. Er antwortet auf den Anspruch eines Systems, ein Urteil über jedes seiner Teile zu fällen, mit dem Anspruch, über diesen systematischen Anspruch des Systems seinerseits ein Ur-Urteil zu fällen. Aphorismen sind logische Schlüsse, die heterogenste Vorstellungen zusammenschließen, in Form von Urteilen, also Bestandteile, die als „implizite Schlüsse" *(K. von Welser)* Aufschlüsse über Abschlüsse geben. Die einzelne Idee, die ein Ganzes ganz darstellt, hat dessen Ganzheit damit auch schon aufgebrochen und herabgestimmt zu einem relativen Ganzen in nur bestimmter Hinsicht. Das Ganze fällt unter ein Ur-Teil, das über das Ganze gefällt wird. Wer ein Ganzes noch einmal ganz zusammenfaßt in charakteristischen Details, hat es von außen betrachtet und damit schon um seine Beurteilung ergänzt.

Aphorismen machen aber auch das System erst ganz sichtbar mit seinem Anspruch, das Ganze zu sein, und systemsprengend wirken sie gerade durch Fakten, die das System überhaupt erst als solches komplettieren. Das System muß nach Russell schon abgeschlossen vorliegen, bevor sich sein Inbegriff davon bilden kann, und darf nicht durch diesen Inbegriff mitdefiniert sein. Der Aphorismus ist ein Inbegriff und kein Bestandteil einer systematischen Ganzheit, eine in Kants Sinne *regulative Idee* jedes „kleinstmöglichen Ganzen" *(R. Musil)*. In einem einzigen Satz (aus ihm heraus) ist das Ganze ganz da, als seine Pointe, die es relativiert und die seinen Anspruch zerstört, schon das Ganze zu sein. Er faßt sich kurz, indem er ein ganzes System in einer Pointe zusammenfaßt, in einen einzigen Satz – aus dem System heraus. Der Grund-Satz, der ein System von Sätzen prägnant zusammenfaßt, ist nach Russell kein Teil des Systems, sondern ein Meta-Satz, der über ein System Aufschluß gibt, das er abschließt und für Neues dadurch aufschließt.

Gott und die Welt und die Seele : Die Welt ist weder endlich noch unendlich groß und weder unendlich teilbar noch aus letzten Atomen zusammengesetzt, sondern nur für den Verstand potentiell unendlich teilbar und erweiterbar. Der Mensch ist sowohl ganz frei als auch völlig determiniert, aber in verschiedener Hinsicht, also als Naturwesen bestimmt und frei als Ding an sich. Und die Welt ist sowohl aus sich selbst heraus verständlich wie auch als Schöpfung eines notwendigen Wesens. Anders als Kant sah Hegel nicht nur erst in der vollständigen Reihe möglicher Erscheinungen, nicht erst im Ganzen aller Gegenstände eine Idee, sondern schon in jedem Gegenstand die Idee seiner selbst, sofern er ein Ganzes seiner möglichen Aspekte ist. Das Ganze aller möglichen Gegenstände ist nicht selbst ein Gegenstand u.a., aber umgekehrt ist jeder einzelne Gegenstand selbst ein Ganzes seiner potentiell unendlich vielen Aspekte.

Adorno rechtfertigte den Aphorismus als Idee, die jede Idee eines vollendeten Ganzen aufhebe. Wie Hegel schon in jedem Einzelobjekt die antinomischen Selbstwidersprüche sah, die Kant nur im Ganzen aller möglichen Gegenstände sah, so sehe ich in jedem Sachverhalt den „Witzverhalt", den der Neophänomenologe Hermann Schmitz nur in Bewußtsein und Biographie eines Menschen sieht.

Die „progressive Universalpoesie" der Jenaer Frühromantiker war fragmentiert, weil sie nach Fichte wie jeder Aphorismus eine „Simultankonkurrenz" von Identität und Selbstwiderspruch ist. Jedes Objekt fällt aus dem aphoristischen Begriff, unter den es gleichzeitig doch auch fällt, und Novalis sah in dieser Identität und Differenz, Immanenz und Transzendenz, Selbstbegrenzung und Selbstentgrenzung, in dieser Selbstschöpfung und Selbstaufhebung nur die zwei ironischen Kehrseiten derselben romantischen Goldmedaille, aber nicht in unendlicher Sukzession von Fichtes und Fr. Schlegels „transzendentalem Zirkel", sondern in schwebender Ambivalenz des verewigten Augenblicks.

„Systemfeindschaft der Aphoristik ... beruht nämlich nicht, wie Kritiker immer wieder unterstellt haben, auf einer gleichsam angeborenen Unfähigkeit zu intellektueller Kohärenz und folgerichtigem Denken, auf einem Defizit oder Defekt also, der es dem Aphoristiker unmöglich macht, mit dem Systematiker zu konkurrieren. Im Gegenteil beginnt „das aphoristische Denken offenbar genau dort, wo *gelehrtes* Denken aufhört" *(Heinz Krüger)*, weil es überempfindlich ist für die Folgen der Kategorisierung und Funktionalisierung von Lebenszusammenhängen. „Geistesgeschichtlich älter als alle naturphilosophischen und naturwissenschaftlichen Weltmodelle reagiert es auf sie nicht mit dem ohnmächtigen Trotz des Anachronistischen und an den Rand Gedrängten, sondern mit der Offenäugigkeit des Zeitgenossen – und mit seinem Erfahrungsschatz. Spätestens seit Bacon kann nur der Aphorismen schreiben, der selbst im Räderwerk der Systeme steckt und es durchschaut hat, also Sachverstand besitzt. Der Systematiker mag glauben, sich der Aphoristik gegenüber eine abschätzige Ahnungslosigkeit leisten zu können, sein Gegenspieler ist klüger und hat seine vorsokratischen Tugenden nachsokratisch kultiviert." „Vielleicht mit Ausnahme der französischen Moralisten fällt die abendländische Aphoristik nicht auf und schon gar nicht ins Gewicht. Die Gattung ist an Unscheinbarkeit, Verkanntheitsgrad und Unverkäuflichkeitsgrad nicht zu überbieten – und eben deshalb das Mekka des wahren Freigeistes", dem es „darauf ankommt, in äußerster Konzentration ständig unerhörte Sätze zu formen... Im Mikrokosmos des Aphorismus gehen die Gesetze des Makrokosmos nicht mehr." (*Ulrich Horstmann* : „English Aphorisms", Stuttgart 1993, Vorwort)

„Ich stelle mir vor, daß die Menschheit einmal dazu kommen wird, alles in Aphoristischer Weise auszudrücken, ausgenommen im Erzählbereich." (Dr. Samuel *Johnson*). „Der Aphorismus ist die Zukunft der Literatur." *(Gabriel Laub)* Fink sah „natürliche Erotik der Gegensätze, um Gedanken zu erzeugen."

„Im Aphorismus hält die Wahrheit mit dem Allgemeinen den Fall fest, in ihm ist die Wahrheit des Falls. Sie ist nicht fatalistisch, nicht widerlegbar auch. Es sei denn durch einen besseren, stärkeren, treffenderen Aphorismus. Das ist die Wahrheit der Stärke, die Nietzsche suchte und fand – in Form seiner Aphorismen! Hier war ihm Klarheit und Leidenschaft vereinbar ... Abbild seiner Existenz! In der Objektivität der naturwissenschaftlichen Fakten erweist sich alle Besonderheit nivelliert und allemal als regelrecht. Sie ist fatalistisch." *(Günter Schulte:* „Nietzsches Philosophie der verdrängten Weiblichkeit des Mannes", Köln 1989, Seite 86) Nietzsche „eskamotiert mögliche Gründe durch die aphoristische Verkürzung", meint Schulte: „Seine Gründe aber mußte er im Dunkeln lassen". „Was sich erst beweisen lassen muß, ist wenig werth." – „Man geht zu Grunde, wenn man immer zu den Gründen geht." – Dann würde die aphoristische Verkürzung bei Nietzsche im Dienste von Verdrängung und Abwehr der „dionysischen Tunte" stehen, also im Dienste eines wilhelminischen Machokultes, der die eigene Effeminiertheit des Philosophen abwehrte?

„Vielleicht ist die Wahrheit ein Weib, das Gründe hat, ihre Gründe nicht sehen zu lassen? Vielleicht ist ihr Name, griechisch zu reden, Baubo?" *(Nietzsche,* Vorrede zu „Fröhliche Wissenschaft"). Siehe auch: „Baubo, die mythische Vulva" von George Devereux. „Noch nie fand ich ein Weib, von dem ich Kinder mochte, es sei denn dieses Weib, das ich liebe: denn ich liebe dich, oh Ewigkeit!" Unsterblich werden wollte Nietzsche jedoch durch diese geistigen Kleinkinder, die aphoristisch „kleinen Formen der Ewigkeit", nicht durch leibliche Kinder von einer leibhaftigen Frau.

„Geschichten müßten aus Einfällen erwachsen und nicht die Einfälle aus der Geschichte."
(Lewis *Carroll:* „Sylvie and Bruno", 1889)

In den „Disputationes metaphysicae" definierte Franz *Suarez* die ‚perfecta substantia' als „natura sua nullo subjecto indigens ad existendum", und das ähnelt weniger Gott als einem Aphorismus. „All events seem entirely loose and separate. One event follows another; but we never can observe any tie between them." *(David Hume:* „Enquiry concerning human understanding", dt. Hamburg 1973, S. 90) Aphorismen „bedürfen keines Anderen, das den Träger der Existenz abgäbe. Sie sind also Substanzen (ut nulla alia re indigeat ad existendum)." Tangiert die „äußere Relation" der Aphorismen eines Bandes oder Autors deren „Substanz" und „Qualität" als Inbegriff der inneren Eigenschaften? Jeder Aphorismus, der nach außen geschlossen auftritt als einfache spröde Substanz, hat aber eine innere Qualitätsstruktur von Modi, Eigenschaften und Eignungen. Ist der Aphorismus die letzte ‚forma substantialis'? „All relative ideas are comparisons made only by mens thought and are ideas only in mens mind" *(Leibniz).* „Und so entstehet der Begriff einer Substanz, indem ich an mir selbst wahrnehme, daß ich kein Prädikat an einem anderen Dinge sei." *(„*Vorlesung über philosophische Religionslehre") „Denn wie will man sich die Möglichkeit denken, daß, wenn mehrere Substanzen existieren, aus der Existenz der einen auf die Existenz der anderen wechselseitig etwas (als Wirkung) folgen könne... Denn dieses wird zur Gemeinschaft erfordert, ist aber unter Dingen, die sich ein jedes durch seine Subsistenz völlig isolieren, gar nicht begreiflich." *(Kant,* Kritik der reinen Vernunft, B 292 f.) „Es versteht sich nicht schon von selbst, daß Substanzen in commercio sind; denn Substanzen sind gerade das, was allein für sich existiert, ohne von einem anderen abzuhängen." „Das Wesen der Dinge" und der isolierten Aphorismen, die sie reflektieren, „ändert sich durch ihre äußeren Verhältnisse nicht." *(Kant,* Grundlegung zur Metaphysik der Sitten). „Intime präsent ist keine Substanz der anderen; denn jede kann ohne die andere existieren; aber äußerlich gegenwärtig." *(Kant, „*Danziger Rationaltheologie", Vorlesung 1783/4).

Kurz und bündig. Der *Aphorismus* sucht einen Sinn in möglichst wenig Worte zu pressen; er wirkt anregend wie ein Destillat oder ein Gewürz ... In unserer Welt spielt das Momentane eine große Rolle – so in den Explosionen, Motoren, Spaltungen und Blitzlichtern. Die hohen Geschwindigkeiten erfordern schnelle und präzise Reaktion ... Das schafft Voraussetzungen, die der knappen Formulierung günstig sind. Daher hat in der Literatur der Aphorismus einen besonderen Rang gewonnen, auch wenn sonst wenig gedeiht. Beispiele geben Stanislaw Lec und Erwin Chargaff. Im politischen und sozialen Raum kommen Wegstrecken, in denen, außer vom klassischen Erbe, der Geist nur noch aphoristisch Nahrung erhält. Ihn dürstet wie den Reichen im Gleichnis vom Armen Lazarus. Der A. ist atomistischer Natur. Daher läßt sich aus einer großen Zahl von A. wie aus kleinen Steinen ein Haus bauen oder ein Mosaik auslegen – nicht nur eines, sondern ... beliebig viele, eine ganze Stadt ... Vielleicht werden sich damit dereinst Philologen befassen wie die heutigen mit den Vorsokratikern". (*Ernst Jünger*: „Autor und Autorschaft", Stuttgart 1984)

Ein Gedanke ist schlecht formuliert, wenn er in anderer Formulierung kein schlechterer Gedanke ist. Fehlt ein Wort, ist alles verfehlt; ein Wort zu viel: vorbei am Ziel. „Je größer die fragmentarische Zersplitterung, desto größer die Annäherung an Totalität." *(P. H. Neumann)*

Dietrich Simon bescheinigte 1974 der aphoristischen „Randerscheinung der Literaturgeschichte" gar eine „außerordentliche Affinität zum Philosophischen." Erwin Chargaff schrieb 1992: „Was der Laie an der Philosophie wichtig findet, ist fast immer aphoristisch. – Tatsächlich sind Aphoristiker eine seltene Spezies, seltener noch als gute Dichter." Der Aphorismus „kommt aus einer Folge und bringt Folge. Er ist ein Mittelglied einer großen, produktiv aufsteigenden Kette." *(J. W. Goethe)*

„Er erscheint als literarische Anthropologie im 17. und 18. Jahrhundert, als lebendigster Ausdruck des Konflikts von logisch-mathematischer und ästhetischer Wahrheit (Neumann) um die Wende zum 19. Jh. in Deutschland, als Integration von Poesie und Philosophie im romantischen Fragment, als Einheit von Erleben und Denken... bei Nietzsche, als Synthese von Wissenschaft und Literatur bei Valéry ... "
(*Friedemann Spicker* (Hgb.) : „Aphorismen der Weltliteratur", Stuttgart 1999, Nachwort)

„Der Aphorismus ist nur aus seiner Stellung zwischen Philosophie und Poesie beschreibbar." *(Stefan Fedler)*

„Toute écriture est aphoristique." (*Jacques Derrida:* „L´Ecriture et la différence", Paris 1979, S. 207)

„Ein Haufen aufs Geratewohl hingeschütteter Dinge ist die schönste Weltordnung." *(Heraklit, 500 v. Chr.)*

Spätlese der Frühromantik : *Wittgenstein*

„Das Unaussprechliche (das, was mir geheimnisvoll erscheint, und ich nicht auszusprechen vermag) gibt vielleicht den Hintergrund, auf dem das, was ich aussprechen konnte, Bedeutung bekommt." (*Ludwig Wittgenstein*: Werkausgabe, Frankfurt 1984, Band 8, S. 472). „Und es ist so : Wenn man sich nicht bemüht, das Unaussprechliche auszusprechen, so geht *nichts* verloren. Sondern das Unaussprechliche ist – unaussprechlich – in dem Ausgesprochenen *enthalten.*" (Brief an Paul Engelmann vom 9. 4 .1917) Muttersprachen implizieren ihre Metasprachen.

Wittgensteins überfragmentierte Individualität zeigte sich im fragmentarischen Stil. „Was ich auch immer schreibe, es sind Fragmente, aber der Verstehende wird daraus ein geschlossenes Weltbild entnehmen." (Nachlaß-Ms., Nr. 108). W. meint, „daß ein Buch über Philosophie, das Anfang und Ende hat, eine Art Selbstwiderspruch darstellt ... wie wir in der Philosophie ein Problem nach dem anderen aufgreifen müssen, obwohl eigentlich jedes Problem zu einer Vielheit von Problemen hinführt."
(„Vorlesungen 1930/1935", S. 199)

Um sich ein Bild vom Ganzen der Welt machen zu können, müsse das Ich ganz außerhalb dieses Ganzen stehen und dürfe selbst kein Bestandteil dessen sein, von dem es sich ein Bild machen wolle. Der Berührungspunkt zwischen Sein und Bewußtsein erfüllt beides, weil er an beiden teilhat, ohne darin ganz aufzugehen : Nähe und Distanz zugleich. Ich kann Dinge beurteilen, aber gar nicht, *wie* ich sie beurteile: Reflexive Selbsterkenntnis ist für W. ganz unmöglich.

Mich selbst erkennen heißt mich erkennen, sofern ich Teil des Ganzen bin, aber zugleich auch den erkennen, der das Ganze erkennt und wie er es erkennt.

Sein Entdecker Bertrand Russell entdeckte, daß eine Klasse von Elementen gar kein Element ihrer selbst sei, daß das Bewußtsein niemals zu dem Sein gehöre, dessen es sich bewußt sei, und das Bild eines Gegenstandes gar kein Gegenstand dieses Bildes sein könne. Das Urteil über Objekte kann durch sie nicht verurteilt werden, und die transzendentale Bedingung der Möglichkeit von transzendenten Dingen ist nicht durch diese Dinge bedingt. Transzendentale Linguistik bedeutet, daß die Dinge niemals die Bedingungen ihrer (sprachlichen) Bedingungen sind. „Der Philosoph behandelt eine Frage; wie eine Krankheit."

„Das Wesen des Satzes angeben heißt, das Wesen aller Beschreibung angeben, also das Wesen der Welt" : Wittgenstein gibt das Wesen des Satzes und damit der beschriebenen Welt nicht in einem Aufsatz wieder, sondern in einem Satz. Diese selbstreflexiven Sätze bleiben Fragmente, weil er nur über den Satz nachdenkt und nicht über ganze Abhandlungen, die mehr sind als Sätze. Beeindruckt vom Aphoristiker Karl Kraus, wollte Ludwig Wittgenstein seinen „Tractatus" ursprünglich „Der Satz" nennen.

(Als europäischer Ur-Aphoristiker gilt der sophistische Arzt Hippokrates, ein Gorgiasschüler.)

„Die Philosophie ist ein Kampf gegen die Verhexung unseres Verstandes durch die Mittel unserer Sprache", schreibt W. in seinen „Philosophischen Untersuchungen", aber dieser philosophische Kampf zuerst gegen alle verhexenden Kunstsprachen und dann gegen die alles verhexende Muttersprache ist ein Kampf mit dem Mittel der Sprache selbst. Das philosophische Fragment ist der Kampf gegen Worte – mit den Waffen des Wortes. Es erzeugt Schweigen durch

Worte und ist kein beredtes Schweigen. Welche schizoide „Lebensform" entsprach seinem fragmentierten „Sprachspiel"? „Ich bin zwar kein religiöser Mensch, aber ich kann nicht anders : Ich sehe jedes Problem von einem religiösen Standpunkt." Rudolf Carnap sagte von ihm: „Sein Standpunkt glich eher dem eines kreativen Künstlers als dem eines Wissenschaftlers, um nicht zu sagen eines biblischen Propheten oder Sehers". War W. der einzige monotheistische Euro-Philosoph von Rang im 20. Jahrhundert, wenn auch nur im protestantischen Sinne Kierkegaards?

„Was ich entdeckte, sind neue Gleichnisse." (WA 8, Seite 483). Wir erinnern uns : „Die Grenzen meiner Sprache sind die Grenzen meiner Welt". In den „Philosophischen Untersuchungen" heißt es: „Die Ergebnisse der Philosophie sind die Entdeckung irgendeines schlichten Unsinns und Beulen, die sich der Verstand beim Anrennen an die Grenzen der Sprache geholt hat. Sie, die Beulen, lassen uns den Wert jener Entdeckung erkennen." Das Bild stammt aus einem Aphorismus des „heimlichen „Tractatus"-Adressaten Karl Kraus" *(Harald Fricke)* : „Wenn ich nicht weiter komme, bin ich an die Sprachwand gestoßen. Dann ziehe ich mich mit blutigem Kopf zurück. Und möchte weiter." Dieser Weg vom philosophischen Dichter Kraus zum poetischen Denker Wittgenstein ist der Weg vom blutigen zum verbeulten Kopf.

„Aber es sind nur Luftgebäude, die wir zerstören, und wir legen den Grund der Sprache frei, auf dem sie standen", die philosophischen Gedankengebäude. „Ich bin auf dem Boden meiner Überzeugungen angelangt. Und von dieser Grundmauer könnte man beinahe sagen, sie werde vom ganzen Haus getragen" (1951). Wer nur Luftschlösser baut, wohnt selbst in Hundehütten, sagte Kierkegaard von Hegel.

„Was ist dein Ziel in der Philosophie ? – Der Fliege den Ausweg aus dem Fliegenglas zeigen." Wir erinnern uns : Der Satz „zeigt" seinen Sinn nur, den er nicht sagen kann. Der Sinn ist der Ausweg aus der Bedeutung wie die Metaphysik aus der Physis. Die Fliege sieht die Welt draußen, die sie nicht erreichen kann. Ist sie frei, erreicht sie die Welt, die sie dann aber nicht mehr sehen und übersehen kann.

Das „Fragment" ist ein Sprachspiel, das gewöhnliche Sprachspiele beschreibt, ohne sie aufzuheben. Die Elementarsätze spiegeln „logische Formen", Sprachspiele spiegeln „Lebensformen", beide sind sie Welt-Bilder. Fragmente „zeigen", *wie* Worte auf die Welt zeigen, also was sich nicht sagen läßt. Bei Friedrich Schlegel waren sie ironische Allegorien des Unaussprechlichen. Wittgensteins wie Schlegels Fragmente erfüllen alle Anforderungen, die Hegel in der Vorrede zur „Phänomenologie" (1807) an den „philosophischen Satz" stellte. Im Fragment spricht der gewöhnliche Satz einmal über sich selbst, also über die Art, wie er über die Welt spricht und sich dabei widerspricht, ohne aufzuhören, ein alltäglicher Satz zu sein. Das Fragment leiht sich nur die Form des gewöhnlichen Satzes, um über sein eigenes Weltverhältnis zu reflektieren. Im *Spruch* ist das Sprechen über die Sprache versteckt. Watzlawick dagegen *spricht* die Metasprache, die Wittgenstein in der Muttersprache nur impliziert sieht. Wittgensteins „Beschreibung des Satzes" wäre einmal mit Hegels „Logik des Urteils" zu vergleichen: Begriff-Urteil-Schluß oder Name-Satz-Sprachspiel? Wittgensteins Paradox liegt ja darin, daß seine Fragmente genau die Metasprache sprechen, deren logische Unmöglichkeit zu beweisen sie nicht müde werden. Seine Spätphilosophie der demokratisch gleichberechtigten *Sprachspiele* bestand ja selbst aus kontextfreier Koexistenz pluralistischer

Sprachspiele. Seine antimetaphysische Metaphysik zerfiel in Fragmente wie die ganze Welt in Tatsachen: *metaphysics to end all metaphysics*. Daß das „jeu de maximes" der französischen Moralisten „Sprachspiel" par excellence war, sah er am verehrten Karl Kraus. Die Sprache kann nicht sprechen über die Art, *wie* sie über die Welt spricht, weil das Bewußtsein vom Sein kein Selbstbewußtsein hat. Worüber man nicht reden kann, das muß sich zeigen, aber was muß der Fall sein, damit Sätze nur über das sprechen, was der Fall ist? – „Das Höchste kann man, eben weil es unaussprechlich ist, nur allegorisch sagen" : Fr. Schlegel war über Fichtes Tat-Subjektivismus hinausgekommen, und Manfred Frank macht zurecht einen scharfen Unterschied zwischen Idealismus und Frühromantik. „Man meint das Absolute und sagt das Relative. Darum, so lautet die frühromantische Demarche, gilt es, das Relative so zu sagen, daß im Gestus des Sagens das Gesagte zugleich vernichtet wird als das nicht Vermeinte. Das geschieht durch die Ironie. Sie ist kein Thema des Sagens, sondern ein Stil-Zug der Rede." (*Manfred Frank*: „Stil in der Philosophie", Stuttgart 1992, S. 62 f.) „Im und als Stil ... reflektiert die Sprache auf sich selbst ... Stil ist die selbstbezüglich gewordene Zeichenverwendung, wie sie Roman Jacobsen auch der poetischen Sprache zuerkannte." (a.a.O., S. 98) Fragmentarische Sprachspiele sind „bedeutende Anspielungen" auf Unaussprechliches. „Ironisch lasse ich fühlen, daß ich etwas anderes sagen will, als was ich sage." (a.a.O., S. 99).

M. Frank erwähnt Schlegels Ironie, aber nicht seine paradoxen Selbstparodien. „Wittgensteins Texte sind aber keine Aphorismen, sondern gehören zur Gattung des Fragments ... Friedrich Schlegel hat die Undarstellbarkeit des Unendlichen im Endlichen aller Rede nicht nur durch den Stilzug der Ironie, sondern auch durch die Wahl des fragmentarischen Genres zu kompensieren versucht. Ihm war wesentlich, daß man das Fragment nicht mit einem Aphorismus verwechsle ... Fragmente sind dagegen nicht selbstgenügsam." (a.a.O., S. 101). „Notwendig wäre es, alles – oder besser: das Absolute – zu sagen ... Aber indem ein Fragment das andere in seiner Geltung durch Widerspruch und Ausschluß relativiert, wird ... indirekt – über die Selbstvernichtung der Reihe – das undarstellbare Ganze angedeutet ... und das Fragmentarische macht sich ex negativo zum Repräsentanten des systematisch nicht Leistbaren." (a.a.O., S. 102). „ ... ohne den Bezug auf einen gemeinsamen Referenten (wären) die Fragmente gleichmögliche Aussagen, die sich nicht wechselseitig relativierten oder gar ... zur Aufhebung trieben. Fragmente sind Bruchstücke eines (verfehlten) Ganzen" (a.a.O., Seite 102), doch jedes Fragment ist das Ganze selbst. „Aber was *philosophisch* scheitert, kann immer noch *ästhetisch* gelingen." „Nur eine Botschaft, die von keiner denkbaren Interpretation ... je ausgeschöpft zu werden in Gefahr steht, könnte ja als Allegorie des Absoluten sich anbieten." (a.a.O., S. 103). Gilt diese Unausschöpflichkeit nun schon für jedes Einzelfragment oder erst für ganz durchkomponierte Fragment-Sammlungen? „Je genauer man also hinsieht, desto mehr erweisen sich die frühen wie die späten Werke Wittgensteins als eine bloß aphorismenähnlich verkleidete Theorie." Viele Einfälle lassen sich da zitieren wie „kotextfreie Aphorismen (und zwar solche erster Güte)", im „Tractatus" aber herrsche gerade „keine aphoristische Isolation, sondern das Nonplusultra textlinguistischer Integration", schreibt H. Fricke („Aphorismus", Stuttgart 1984, S. 45). M. Frank sieht das anders: „Der Mythos von Wittgenstein als dem strengen Gliederer ist inzwischen durchschaut ... Zum Unvermögen, die faktisch vorliegende oder vermutete Kohärenz der Fragmente als solche darzutun, tritt bei Wittgenstein wie bei Schlegel und Novalis der Zweifel an der *systematischen* Beherrschbarkeit der Einzeleinsichten und der irreduzibel plural auftretenden Sprachspiele hinzu." (a.a.O., S. 105). „Das am Einfall Orientierte und Sprunghafte" sei Zweck : „Wittgensteins philosophischer Stil ist nicht kontingenterweise, sondern von Natur fragmentarisch-aperçuhaft. Zwei Stimmen, ein ‚ich' und ein ‚Du'-Sprecher, teilen sich die Rolle, den Anderen von seinem ‚Freudschen Widerstand gegens Auffinden der Wahrheit' abzubringen." (a.a.O., S. 109). Sind diese Bruchstücke einer großen Konfession dem Unbewussten abgerungene psychoanalytische Selbstdeutungen oder nur einsame Selbstgespräche? Nach Heidegger ist ein Phänomen das, „was sich von ihm selbst her zeigt." Logik, Grammatik, Ethik, Ästhetik und Theologie : Das Wahre, Gute, Schöne und Heilige ‚zeige' sich nur im Fragment, das, „selbst insignifikant, Räume von Verständnis öffne", und „das alle Universalitäts-Ansprüche an ihre individuelle Mitgift verweist und jenseits aller Intention singularisiert." (a.a.O., S. 115). „Wittgensteins ‚Gedankenbewegung' orientiert sich an Metaphern ... und Analogien..." Jedes System wird systematisch zerstört von diesem potentiell unendlichen work-in-progress.

Metaphoristische Fragmente „sind aber keineswegs unverständlich, sondern schaffen, wenn sie erfolgreich sind, neue Sprachspiele und mit ihnen neue Möglichkeiten des Sinnmachens und der Weltsicht." (a.a.O., S. 94).

Wittgenstein sah sich selbst in der Nähe von Karl Kraus, ein Finne sah ihn in der Nähe Lichtenbergs, Erich Heller verglich ihn mit Nietzsche, und Manfred Frank verglich ihn wie Hermann Schmitz mit Schlegel und Novalis. Alle diese Denker haben gemeinsam, Aphoristiker zu sein, d.h. Sprachpointen als Sachpointen auszuwerten.

Ein Allgemeinbegriff identifiziere nicht mehr seine Objekte, sondern begründe ihre *Familienähnlichkeit*. Ein Wort aus einem gegebenen Kontext herauszulösen und in einen neuen Kontext hineinzustellen, verändere seine Bedeutung. Beide Bedeutungen seien dann nur noch verwandt und nicht mehr *Ein* Leib. Diese „Familienähnlichkeit" der Sprachspiele bedeutet gerade nicht, daß sie sich verbinden lassen, um Kinder zu haben, sondern daß Verwandte einander nicht heiraten dürfen, daß das Inzesttabu sie als Fragmente systematisch voneinander isoliert und sie also nicht voneinander abstammen können. Handelt es sich bei Fragmenten um philosophische und/oder poetische „Singles" und Solitäre?

Seinen eigenen *logischen Atomismus* glaubte Lord Russell im „Tractatus" als den der Elementarsätze wiederzuerkennen, aber in den „Philosophischen Untersuchungen" nicht als den der Sprachspiele. Mit der Welt habe der Satz noch die logische Form, habe das Sprachspiel aber gar nichts mehr gemeinsam. Ist der Mensch nur da ganz Mensch, wo er sprachspielt, oder sprachspielen Leute einander nur etwas vor? Gibt Wittgenstein Brot und Sprachspiele, die den Ernst des Lebens nicht begreifen?

Nach W. ist Philosophie ja nur ein „Mißverständnis der Logik unserer Sprache". Jeder wohlgebaute Satz (well-formed formula) *bedeute* einen Sachverhalt und *zeige* einen Sinn, den W. auch Gott oder Welt oder Leben nennt. Die *logische Form des Satzes* humanisiert sich später zur *Lebensform des Sprachspiels*. „An einen Gott glauben heißt, die Frage nach dem Sinn des Lebens verstehen. An einen Gott glauben heißt sehen, daß es mit den Tatsachen der Welt noch nicht abgetan ist", mit den Tatsachen, in welche die Welt für L. W. „zerfällt" : Der Eine Gott und die potentiell unendlich vielen Elementarsätze als Spiegel der Einen Welt. „Das, wovon wir abhängen, können wir Gott nennen ... die – von unserem Willen unabhängige – Welt." Ist das nun Pantheismus oder biblisch gedacht? Grammatik, Ethik, Ästhetik und Religion haben ‚wertvollen Unsinn' gemeinsam. „So wird die ... Dichtkunst zur Erbin und Nachlaßverwalterin der Metaphysik ..." Überlebt theologische Metaphysik in poetologischer Metaphorik? Frank sieht fälschlich auch bei Friedrich Schlegel Philosophie und Religion in Poesie aufgelöst, aber die frühromantische Mystik, Kunst, Metaphysik und Alchemie sind gleichberechtigte „Andeutungen des Absoluten" aus verschiedenen Richtungen. Was Frank an Wittgenstein und Schlegel beschreibt, gälte eher für Adornos Transformation von Philosophie in Kunst : Schlegel und W. glauben an Gott, Adorno aber nicht. „Opfer des Endlichen" : Was beim Aphoristiker Schlegel wie bei W. noch religiösen Sinn hat, säkularisiert sich bei Adorno zu einem fragmentierten Atheismus, zu progressiven Bruchstücken einer großen Konfessionslosigkeit. *Daß* Wortbedeutungen vom Gebrauchskontext abhängen, stellt ja die Fragmente noch nicht in diesen Kontext zurück. Fragmente über die Kontextabhängigkeit der Sprache stehen kontextuell isoliert: Nur jenseits systematischer Kontexte kann über sie sinnvoll gesprochen werden. Was die Fragmente eines Autors verbindet, ist seine Individualität – und die seines jeweiligen Lesers. Frank schreibt mit Sartre, das Lesen von Fragmenten sei ein vom Aphoristiker gesteuertes Schreiben von Fragmenten. Das wäre aber nur wahr, wenn Schreiben umgekehrt auch ein von Musen gelenktes Ablesen von Leserwünschen würde. Das ist Unsinn. In Wirklichkeit hat der Autor natürlich alles schon getan, obwohl er, wenn er gut ist, mehr und anderes getan hat, als er selbst glaubt und beabsichtigt. Daß Leser mehr und anderes im Text entdecken können, als der Autor sich dabei gedacht hat, heißt nicht, daß der Leser den Text im Lesen mitschreibt, sondern daß es im Text etwas zu entdecken gibt für Autoren wie für Leser. Kurzum : Wäre der Leser ein Co-Autor, sollte er das Buch nicht kaufen müssen, sondern umgekehrt für das Lesen auch noch bezahlt werden. M. Frank wundert sich, daß gerade Sartre die Philosophie zur „Prosa der Welt" und gar nicht zur narzisstischen „Poesie des Herzens" *(Hegel)* gezählt wissen wollte.

Nach Sartre betrachtet der Prosaist die reale Welt durch die Worte hindurch, und der Poet betrachtet umgekehrt die Worte, als seien sie eine Welt für sich, durch die reale Welt hindurch. Prosa beschreibe die reale Welt mit eben den Worten, aus denen Poesie eine eigene imaginäre Welt schaffe. Sagen wir lieber, daß die prosaische Weltreferenz und die poetische Selbstreferenz einer jeden Sprache bevorzugt in einem aphoristischen Fragment zusammenfinden.

Geschlossene Aphorismen und *offene* Fragmente sind „Sprachspiele", die nicht nur spezifische Differenzen, sondern auch „Familienähnlichkeiten" aufweisen, z.B. punktuelle Selbstreflexivität von neuen Welt-Bildern. Wittgensteins Fragmente beschreiben alte, Friedrich Schlegels Sprachspiele erfinden neue Sprachspiele. Schlegel lobte Dante, Calderon und Goethe, Wittgenstein unterstützte Kraus, Trakl und Rilke, aber beide rechtfertigten philosophisch die Poesie, ohne sie selbst auszuüben. Poesie macht eine imaginäre Welt aus jenen Worten, durch die hindurch jede Prosa die Welt sieht. Es ist ein Unterschied, ob Prosa auf die Sprache reflektiert, sofern diese Teil der realen Welt ist, oder ob Poesie auf die Sprache reflektiert, sofern sie gerade eine eigene Welt produziert.

Fragmente *zeigen* auf Worte in dem Augenblick, wo sie eine Welt erschließen und zugleich Teile der Welt sind, auf die sie zeigen. Sie versuchen die ebenso notwendige wie notwendig mißlingende Synthese aus der „Poesie des Herzens" und der „Prosa der Welt" (Hegel). Gott und die Welt und die Seele seien nur fragmentarisch zu „zeigen" (was ja etymologisch mit „(ver)zeihen" und „zeugen" zusammenhängt). Jeder Satz ist für W. ein elementarer *Satz* von der Art eines Sprunges über sich hinaus bis hin zum biblischen Gott. Philosophie deute fälschlich explizit aus, was das Fragment nur andeute. Der Schöpfer ist keines seiner Geschöpfe, wie die unbedingte Bedingung aller Dinge kein Ding u.a. ist. W. hält Metaphysik für „unsinnig", weil er keine Metasprache anerkennt, sondern nur Objektsprachen *erster* Ordnung. Metaphysisches, Ethisches und Ästhetisches zeige sich nur beiläufig an alltäglichen Sätzen, ohne von ihnen ausgesprochen werden zu können. Es ist, als sei das Physische seine eigene Metaphysik, weil kein Satz einen Sprung aus sich heraus machen könne. Fragmente sind besondere Sprachspiele, welche die Funktion ungenauer alltäglicher Sprachspiele, die ihren Zweck aber exakt erfüllen, nur exakt beschreiben. In gewöhnlichen Sprachspielen „feiert" die Sprache, aber nicht krank.

W. würde Paul Watzlawicks metakommunizierende „Lösungen zweiter Ordnung" eine unsinnige Metaphysik nennen, da er nur *Objektsprachen* kennt, in denen logisch gar keine Double-bind-Widersprüche auftauchen können. In Wahrheit ist seine metaphysische Antimetaphysik selbst so etwas wie eine Lösung *dritter* Ordnung, deren Möglichkeit er widerlegt, indem er Lösungen *erster* Ordnung gegen Unlösbarkeiten *zweiter* Ordnung ausspielt. Watzlawicks und Batesons „zweite Ordnung" ist für ihn jenes Rätsel selbst, dessen Lösung sie sein will. Die Lösung des Rätsels erster Ordnung *zeigt* für W. nur das Rätsel jeder Lösung zweiter oder dritter Ordnung. Die Stereotypie seiner Beispiele für Lösungen zweiter Ordnung ist so groß wie die Monotonie der Widersprüche auf der Ebene zweiter Ordnung : Watzlawick kennt nur „paradoxe Symptomverschreibungen" wie „Sei selbständig und spontan!", aber warum benutzt er als geistige Diät für Geisteskranke keine buddhistischen „ZEN-Koans" und keine Aphorismen wie der antike Sophist und Arzt Hippokrates?

Metaphysische „Verhexung des Verstandes durch die Sprache" wird von philosophischen Fragmenten durch überbietenden Gegenzauber *behandelt.*

W. radikalisiert Kants Kritik der reinen Vernunft zu einer Kritik der reinen Sprachformen, indem er gegen *überschwänglichen Gebrauch* der Sprache über alle Grenzen alltäglicher Sprachspiele hinaus einen positivistischen Sinnlosigkeitsverdacht äußert. Seine eigenen Ideen hat er nun von diesem Generalverdacht nicht ausgenommen. Man solle seine Gedankenleiter nach Gebrauch umstoßen, denn die metaphysische Scheinlösung von Problemen sei eine bloße Lösung von Scheinproblemen.

Den Weg von Fichte über die Frühromantiker bis zu Schopenhauer, Nietzsche und Wittgenstein hat der Phänomenologe Hermann Schmitz nachgezeichnet in seiner feinen „Selbstdarstellung als Philosophie – Metamorphosen der entfremdeten Subjektivität". Hier wird Wittgensteins formale Logik als „Gegengewicht" gegen den entfremdeten Subjektivismus der solipsistischen *Privatsprachen* gedeutet (Bonn 1995, Kap. 6).

+ + +

Religiöse Spruchweisheit

Der Herrgott spricht: "Mein Wort erkennt man daran, daß es wie Feuer brennt. *Es* ist wie ein Hammer, der Felsen zerschlägt!" (Jeremia 23,29)
"Sei kurz im Wort und ausführlich im Denken." (Sprüche der Ssoferim)
"Es ist alles ganz eitel, sprach der Philosoph, ganz eitel. Der Philosoph war ein erfahrener Lehrer, der ständig sein Wissen an das Volk weitergab. Er untersuchte viele Sprüche und prüfte sie auf ihren Wahrheitsgehalt. Er verfaßte auch selbst viele Sprüche. Er mühte sich, seinen Worten eine schöne Form zu geben, dabei aber ehrlich zu bleiben und die Wahrheit zu schreiben. Die Worte erfahrener Lehrer wirken wie der spitze Stock, mit dem der Bauer seine Ochsen antreibt. Sprüche gleichen eingeschlagenen Nägeln; sie bleiben fest sitzen. Sie sind eine Gabe Gottes, des großen Hirten. Hüte dich, mein Sohn, vor anderem mehr; denn viel Büchermachen ist kein Ende, und viel Studieren macht den Leib müde." (Koh. 12, 8-12)
"Wie kann einer Weisheit erlangen, ... dessen ganzer Stolz der Stock ist, mit dem er seine Ochsen antreibt ... " (Sirach 38,25)

Lichtenberg klagte, sein Aphorismus habe oft nur mit dem Stock gezeigt, wo er mit der Nadelspitze hätte zeigen müssen.

Europäische Aphoristik seit Pascal läßt sich auch begreifen als literarisches Säkularisat religiöser Spruchweisheit. Alle großen Weltreligionen bevorzugten die prägnante Überlieferungsform der geistlichen Spruchgutsammlung. Koptische Christen des

4./5. Jahrhunderts sammelten auffällige "Aussprüche der Kirchenväter" *(Apophthegmata Patrum)* als einprägsame Maximen der Frömmigkeit. Seit 1591 wurden "Apophthegmata Ebraeorum ac Arabum" in Europa übersetzt. Beispiel : "Er ist wie ein Kamel auf der Pilgerfahrt, es stirbt vor Durst, während es das Wasser auf seinem Rücken trägt."

Beispiel für einen antithetischen Parallelismus im AT : "Mancher gibt viel und wird doch noch reicher, mancher kargt über Gebühr und wird nur ärmer." (Sprüche 11,24).

Beispiel für ein chiastisch antithetisches Paradox im NT :

"Wer sein Leben retten will, der wird es verlieren; wer aber sein Leben verliert um meinetwillen, der wird es finden." (Mt. 16,24)

Das Alte Testament enthält "Proverbien", die "Aphorisms of Solomon" *(Francis Bacon)* :

"Der Reiche kann sein Leben freikaufen; den Armen kann man nicht erpressen."

"Ein guter Mensch kann seinen Besitz auf Kinder und Enkel vererben; der Sünder sammelt Reichtümer für andere, die Gott gehorchen."

"Wer sich erhitzt, macht Dummheiten;
wer kalt berechnet, macht sich verhaßt."

"Gott wird geehrt für das, was er verborgen hält; Könige werden geehrt für das, was sie aufdecken."

"Wer mit Lügen verletzt, muß sich hassen;
Verleumdung führt zu Vernichtung."

"Ein ruhiger Winkel unterm Dach ist besser als ein ganzes Haus mit einer zänkischen Frau."

"Mancher ist arm an großem Gut,
mancher ist reich bei seiner Armut."

"Einen Armen hassen auch seine Nächsten,
aber Reiche haben viele Freunde."

"Des Vaters Segen bauet den Kindern Häuser, aber der Mutter Fluch reißet sie nieder." (Sirach 3,11)

"Die Narren haben ihr Herz im Maul, aber die Weisen haben ihren Mund im Herzen." (Sirach 21,28)

"Halt den Knecht zur Arbeit, so hast du Ruhe vor ihm; lassest du ihn müßig gehen, so will er Junker sein." (Sirach 33,26)

"Es kommt einer aus dem Gefängnis zum Königreiche, und einer, der in seinem Königreiche geboren ist, verarmet." (Prediger 4,14)

"Die Weisheit des Armen wird mißachtet, und auf seine Worte lauscht keiner." (Pred. 9,16).

"Der Narr glaubt, daß alle Narren sind." (Midrasch zu Sprüche 10)

"Was dir verhaßt ist, das tue deinem Nächsten nicht an. Das ist das ganze Gesetz, alles andere ist Auslegung. Geh und lerne!" (Bab.Talm., Schabbat 31)

Die "Sprüche der Väter" ("Mischna Awot") ähneln Aphorismen:

"Tue Seinen Willen wie deinen Willen, damit Er deinen Willen tue wie Seinen Willen."

"Richte deinen Gefährten nicht, ehe du nicht in seine Lage gekomken bist."

"Wo kein Mehl ist, da ist kein Gesetz; wo kein Gesetz ist, da ist kein Mehl."

"Nicht liegt es auf dir, das Werk zu vollenden, aber du bist auch nicht frei, von ihm abzulassen."

"An jedem, der das Joch des Gesetzes auf sich nimmt, geht das Joch der Regierung und des Existenzkampfes vorüber. Wer aber das Joch des Gesetzes von sich lädt, dem gibt man das Joch der Regierung und der täglichen Sorgen."

"Alles ist vorgesehen, aber freier Wille ist gegeben."

"Der Lohn für eine Gebetserfüllung ist eine Gebotserfüllung, und der Lohn für eine Übertretung ist eine Übertretung."

"Jeder, der das Gesetz aus Armut erfüllt, wird schließlich dazu kommen, es aus Reichtum zu erfüllen, und jeder, der das Gesetz aus Reichtum auflöst, wird schließlich dahin kommen, es aus Armut aufzulösen."

"Sei ein Schwanz bei den Löwen, aber kein Haupt bei den Füchsen."

"Schöner ist eine einzige Stunde der Umkehr und guten Taten in dieser Welt als das ganze Leben der kommenden Welt, und schöner ist eine einzige Stunde der Erquickung in der kommenden Welt als das ganze Leben in dieser Welt."

Auch das Neue Testament enthält viele aphoristisch zugespitzte Sprüche Jesu. "Selig sind, die da geistlich arm sind, denn das Himmelreich ist ihr." (Mt.5,3) Die Bergpredigt ist reich an Umdeutungen und Kontrafakturen: "Ihr habt gehört, daß da gesagt ist: Auge um Auge, Zahn um Zahn. Ich aber sage euch, daß ihr nicht widerstehen sollt dem Übel; sondern, so dir jemand einen Streich gibt auf deinen rechten Backen, dem biete den anderen auch dar." (Mt. 5,38-39) "Ihr habt gehört, daß gesagt ist: Du sollst deinen Nächsten lieben und deinen Feind hassen. Ich aber sage euch : Liebet eure Feinde; segnet, die euch fluchen; tut wohl denen, die euch hassen; bittet für die, so euch beleidigen und verfolgen" (Mt. 5,43-44). Aber auch hier bezieht Jesus sich nur auf einen Spruch des AT : "Hungert deinen Feind, so speise ihn mit Brot; dürstet ihn, so tränke ihn mit Wasser. Denn du wirst feurige Kohlen auf sein Haupt häufen, und der Herr wird dir's vergelten."
(Spr. Sal. 25,21-22)

Was Jesus mit dem Alten machte, machen moderne Aphoristiker oft mit beiden biblischen Testamenten. Nicht mehr die Bibelfestigkeit schafft hier den fraglosen Hintergrundskonsens, von dem die spielerische Umdeutung sich oft ketzerisch abhebt, sondern das trivial gewordene Sprichwort, dessen biblische Herkunft gar nicht mehr bekannt ist. Die sentenziöse Kontrafaktur sprichwörtlich gewordener Bibelzitate ist einer der Ursprünge moderner literarischer Aphoristik überhaupt – auch und gerade dort, wo das Christentum nicht mehr die Profankultur beherrscht. Ein abgenutzt überliefertes Wort wird aufgegriffen, in einen veränderten Zusammenhang gestellt und mit einem neuen Sinn versehen. Die desakralisierten Trümmer christlicher Kultur sind nur noch zitierbare Bildungsrudimente und Rohstoffe für metaphoristisches Weiterdenken.

Nachwort zum Gesamtwerk

Von einem Intellektuellen wird keine Aussage darüber erwartet, wie seine Schriften zu verstehen sind. Mein schriftstellerisches Werk als Ganzes ist gleichsam in Klammern gesetzt zu denken – als ein bloßer Versuchsballon auch in dem Sinne, daß es die Leser nur in Versuchung führen will, um sie ihrer eigenen Wahrheiten sicherer zu machen. Nützlich sind diese Schriftstücke vielleicht gerade noch als abschreckende Beispiele, den Lebenden zur Warnung, wie man es eben nicht machen soll. Der Autor entschuldigt sich beim Leser dafür, daß er ihm die Zeit stiehlt.

Dieses Nachwort fällt über das Gesamtwerk ein Vor-Urteil und erübrigt es mir, die Manuskripte ins Feuer zu werfen. Was wäre, wenn ich wahr wäre, fragt jeder Satz. Den vielen Sätzen ist der Meta-Satz hinzuzufügen, daß sie alle nur mit Vorbehalt und mit Vorsicht zu genießen, daß sie gegen den Strich zu lesen sind, bestenfalls als Kopfübung und höherer Jux entschuldigt, schlimmstenfalls als lehrreiche Irrlehren, und oft nur als gedankenexperimentelles Verwirrspiel, als unverbindlicher Vorschlag zur Güte, der wohlwollenden Überprüfung unterbreitet. Diese Schriften wollen leider zu oft nicht die Verirrten zur Wahrheit führen, sondern nur jene in Verwirrung stürzen, die ihre Wahrheit gefunden zu haben glauben. Wenn das ganze Werk in Gänsefüßchen gesetzt und mit Fragezeichen versehen wird, muß kein Satz gestrichen werden. Um es verwerfen und verreißen zu können, sollte es nicht zerrissen und weggeworfen werden. Es kann nützlich sein, auch einmal Unnützes, Zweifelhaftes und Schädliches weiterzudenken. Ohne Koketterie sei mein Leser vor meinen Schriften gewarnt. Er kann nicht einmal sicher sein, daß jeder Satz dort falsch und eitler Unsinn ist, der ihn nur vom Denken abhält, *falsum index sui et veri.* Wer hier die viele Spreu vom wenigen Weizen zu trennen lernt, hat wenigstens seinen kritischen Sinn bewiesen oder geschärft. Kafkas Werk wurde zur Vernichtung bestimmt und trotzdem erhalten. Mein viel unbedeutenderes Gekritzel sollte zugleich erhalten und vernichtet werden. Wer sich bei der Lektüre fragt, was der Ewige dazu sagen würde, liest richtiger.

+ + +

Ein Elektronengehirn philosophiert

R A N F I L O (RANDOM PHILOSOPHY), im Rahmen eines Projektes mit Namen „C A P", ein Kürzel für „COMPUTER AIDED PHILOSOPHY". Diese Software soll nicht den Philosophen ersetzen oder lächerlich machen, sondern sein Ingenieursingenium ein wenig unterstützen durch eine Künstliche Metaphysik aus dem Zufallsgenerator des PC.

Was ist die Grundidee? Nimm eines der gängigen philosophischen Wörterbücher und übertrage eine genügend große Anzahl philosophischer Fachausdrücke und Grundbegriffe auf geeignete Datenträger. Sortiere sie vor in getrennten Wortklassen. Die Klasse der Substantive enthalte z.B. Begriffe wie Vernunft, Sinn, Subjekt etc. Unter den Adjektiven seien z.B.: absolut, finit, objektiv. Die Verben enthalten Termini wie: transzendieren, definieren, konstituieren etc. Es gibt auch Klassen mit grammatikalischen Füllseln und auch Deklinations- wie Konjugationsformen. Das alles werden Eingabedaten für das Computerprogramm CAP, das eine bestimmte Grammatik möglicher Satzformen festlegt, die durch Input aus den verschiedenen Wortklassen zu füllen sind.

Ein mathematischer „Zufallsgenerator" mit seinem algorithmischen Kalkül füllt die Leerformen der Satzstrukturen mit philosophischen Begriffen, die nach dem Zufallsprinzip, einer mathematischen Simulation der philosophischen Kategorie Zufall, aus dem Dictionnaire der Eingabe-Datei ausgewählt werden. Ergebnis : Gleiche Satzformen mit unterschiedlichen Ausfüllungen. Zwei Beispiele:

„Das Sein transzendiert apriori die sinnliche Anschauung, weil jedes Denken eine Finalität impliziert. Kant bestimmte eindeutig das Wesen des Willens, solange der Wille jeden Wert produziert."

Aber nicht nur die Begriffe bleiben variabel, sondern auch die Satzformen selbst. Beide werden bei jedem Durchlauf aus einem Eingabefundus nach dem mathematisch simulierten Zufall ausgewählt, und da selbst der Anfangswert jeder vom Computer produzierten Satzfolge ganz dem Zufall unterworfen wird, kommt bei jedem Computerlauf eine andere Urteilsserie heraus. Eine andere Satzstruktur, die jedes Mal anders durch Konstanten gefüllt wird, sah z. B. so aus: „Entweder wählte Hegel die Intuition, oder der zureichende Grund ist unbestimmt."

Der Programmierer sei nicht ein Technokrat, sondern Philosoph genug, diese Zufallstreffer nicht als Gottesurteile, als Deus ex machina, zu verehren, sondern nur als "philosophische Rohlinge", die zu überarbeiten, auszudeuten und zu veredeln sind. Immer wieder betone er, daß er nicht ganz dem Computer das Denken überlassen wolle und ihn nicht zum Superphilosophen mache. Aber der Datenprozessor produziert in wenigen Sekunden Abertausende von Begriffs- und Urteilskombinationen, indem er unvereinbare Termini zu Sätzen zusammenzwingt, welche die menschliche Assoziationsgewohnheit so kaum jemals miteinander verbunden hätte. Diese Maschine ist eben nicht gehemmt durch konventionelle Sinnvorgaben und Bedeutungsmuster. Der Programmierer legt vorweg nicht nur Wortschatz und Satzgrammatik fest, sondern trifft am Ende auch aus den Computerausdrucken seine Auswahl von Zufallskombinationen, die ihm ein neuartiges „semantisches Potential" zu enthalten scheinen. Durch diese Auswahl bewahrt er ein wenig seine Würde als Philosoph auf zwei Beinen.

Roman(t)ische Etyme und Ungetüme

Kein Karfreitag ohne Kartoffeln! Interniert die Internisten! Sie'ben b'lieben, au'ch Er'ben st'erben. Sie b'rüsten sich mOrden-tlich mit ei-nem schWall von p'rüden wOrten, wenn die Erb´leichen erbleichen. Sei ein Mamann und t'räum das weck von der stRasse. Nie'der mit schWer-mut! Der eine muß geröstet, der andere getröstet wer?denn. Ein anderer war der Wanderer, d'er t'olle H'echt, die all'te S'au. Streue die Treue über die Reue, denn List ist Mist, au'ch die L'ist der Fern'unft. Haut die Haut der Kur'tea'sahne, ihr Fernseemänner mit der schWindsucht! Schwimmer, wimmer du nicht immer ! K'reisen in guter K'luft, da Braut s'ich was? zuSamen. Umziehen oder Rumziehen: H'aus oder Hau's, du Viel'ist'er ? AllEs h'offen und frustikahl eingeriechtet? Leite uns nicht in die pLeite! Ich bin meine Feder, mein : Pen'sum. Po'in'tier das mal. Wie heiß't die LOOsung? Die Infant'ahh'sie an die Ma-macht! Der Pate und die Mate setzen Matina an und werden Matienten bei Dr. Mamabusen oder Patrosen auf hoher See'le. Sau'f oder s'auf, liebe FrAu, her mit deinen Himbären, mit deinem St'Allgeruch und Kladrei und Klavier und KannAal ! Haßt du die Hast beim JAgen und Neingen, du Pikanthr'opus erecktus? Hoffensiv ang'reifen ! Weck das B-Wustsein! Siegen oder versiegen, heiß't Es, verwinden oder verschwinden: Er'ben oder sie'ben auf ERden oder au'f SIEden, mit dem Stempel die'reckt in den Tempel! Ein sPaß ohne T'Adel, w'er lacht in der Sch'lacht? SchLeier über Eier und rein in den Schrei'n; Bill of Rights ? Unbill uff Reiz. Sie'h da's b'laue Pfeilchen au'f d'er Wie'se und das Spinn'abGörl des JA'hres, die StUte. d'Rücken? BettRügen? B-fangen? Reinfach umfangen und angefangen ! — In der Vieh-Trine geht der Veteran fetter ran ohne BescHuldigungen. Man ist ein Affe mit wAffe. AllEs nUrSachen & Wir'-kungeln und Hos-pi-talfahrten ins B'laue. Und was d'ihr eigen, willste nun z'eigen? Willkommen oder Willgehen? In'cock'-nie'to? AU'f den Heck-Tisch kommen ERbsen und SIEbsen mit auTomatensalat und Schicksalat, und die Alten h'alten auf EckleckTisch. Ohne Rang an den StRang! Ende oder Wende? Wen?den! Zirkusclown oder Zierkuß klaun. DU'DEN? Wie schrei'bt sich das, wie seh'reibt sich das? Nach dem Vers tauchen und die gLieder verstauchen mit Vers-Tand? Kein Griff am Riff, keine Alm ohne Halm, ihr Ursachverständigen auf diesen Recklahmephotos. Ich b'rauche einen Trick o'der STrick. St'reife mich, recke dich, seh'recke mich, befleck mich!

Er'st protzt er, er'st strotzt er, dann rotzt Es, das Es-Werkzeug des homme à dame, der gen Italien ins wEIbliche Genietal sieht und zieht. Darf ich Annie mal sehen als Animal und Rachitis an ihr nehmen? Cordhose oder Rekordhose, das ist die Frage. S'ich'er: Stop at the top, I'm sad but no sadiste. Und evick b'lockt das wEIb. Ich mach aus dir Aff'o'rißMus, und wir gehen ineinander über, d'ringend & b'ruchlos. Schone diese Schönen, du Schongeist ! Frauen können sich gut k'leiden, und der Weise heute hat Ab-weisheit und Ausweisheit. Sch'wär-me ohne BetRüben und hau sie zu Spas-Mus. Leiten oder gleiten, heißt Es, liegen und fliegen zuckgLeich. Herzlich BeilEid ! Er lökt wider, und sie lockt ihn wie-der, den St'ach'chel. Kann'die'dat? Soll'dat? Beneiden oder beschneiden! Bestandteil oder BestAnteil oder Anna log auf dem Rücken der PfERde, persöhnlich oder per Sohn und versöhnlich: Das ist ein nOvum. Oh, dein Becken'nen und GehWebe, Papanik und Mamanie in Schweingeweide, AllEs gerettet aus dem Mamatsch und der Papatsche und aus dem Hungersnotzuchthaus. KapitalisMus? Profitnesstraining. SozialisMus? Kontrafitgesellschaft. Und die Ehe ist Kontrastitution. Kann'i, Baal? Ernst bLochs Hoffenbarungen zahlen kein Offenbargeld und hauen die Mamassen zu AuTomaterialis-Mus. Komm, Miß Kopf und iß dein Fideikommißbrot und sei nicht so k'rachsüchtig.

§ 1: Neue **Straßenfestordnung.** Die Betroffenen haben sich in möglichst zahlreicher Erscheinung, spontaner Ausgelassenheit und geziemendem Frohsinn am Ort des Geschehens einzufinden und durch Vorlage eines Personalausweises von straßenfremden Spitzelschnorrern abzugrenzen.

§ 2: Gesundheitlich Verhinderte und andere Arten des Selbstausschlusses sind unstatthaft, haben ein ärztliches Attest drei Tage vor Festbeginn bei der Straßenfestspielleitung vorzulegen und sind in ihren Krankenbetten an die Straßenfenster zu schieben, um sie dem heilsamen Einfluß des Festverlaufs gutdosiert auszusetzen.

§ 3: Gemeinschaftserlebnis wird hergestellt durch allgemeinen dicken Kopf und verdorbenen Magen, den der freie Austausch von Selbstgebackenem, Selbstgekochtem, Selbstgebratenem und Selbstvergorenem bereiten werden.

§ 4: Leute, die einander sonst nicht einmal grüßen, werden angehalten, einander von der besten Seite kennen zu lernen, und zu einer Straßenschicksalsgemeinschaft zusammengeschlossen als kleinster Zelle eines beiwohnungsübergreifenden Stadtteil-Biotops, damit Nachbarn, die zehn Jahre lang keinen Grund sahen, miteinander ins Gespräch zu kommen, und aneinander vorbeizureden, endlich gezwungen werden zu entdecken, daß sie wirklich Recht daran taten, nicht mehr miteinander auszutauschen als den frohen Zuruf : " Guten Tag, guten Weg ! "

§ 5: Das Straßenfest ist tunlich als Kinderfest aufzuziehen, in das alle sich einbringen können zur gefälligen Selbstverwirklichung, aber auf dem den Erwachsenen die peinliche Entdeckung erspart werden soll, daß sie ohne ihre Kinder einander gar nichts zu sagen hätten. Die Großen stehen in zwangloser Gruppierung um das muntere Treiben ihrer lieben Kleinen herum, kommentierend und ermutigend, anfeuernd oder tröstend. Bevorzugt seien Kampfspiele, in denen es keine Sieger und auch keine Verlierer geben kann, keine Tränen der Wut und der Trauer und Schadenfreude. Ein permanenter Gesprächsaustausch über die Eltern-Kind-Beziehungskistenentwicklungen vergangener Jahre wird die unter Festerfolgszwang zu leicht sich verkrampfende Atmosphäre wohltuend auflockern.

§ 6: Jeder teilnehmende Straßenbewohner versucht, sich in einen beliebigen anderen Straßenbewohner zu verkleiden und von den anderen erraten zu lassen, ohne durch satirische Überzeichnung festfremde Verstimmung zu erzeugen.

§ 7: Erwünscht ist ein beherztes "Coming out" und Mitmachen statt eine hämische Zuschauerpose im kritischen Abseits. Als festunverträgliches Verhalten ist einzustufen eine Passivität ohne kreative Eigenbeiträge zum Festgelingen oder gar ein betont reserviertes Sichdraußenhalten zum Zwecke eines Urteils von außen und von oben.

§ 8: Wer sich nur beigesellt mit der stummen Bitte: „Nun macht mal was mit mir"!, wird bei der Hand genommen und einfach in den frohen Reigen hineingezogen, ohne sich beschweren und beklagen zu dürfen.

§ 9: Ein Straßenfest ist so gut, wie es jene behandelt, die daran gar nicht teilnehmen wollen. Die Weigerung teilzunehmen bleibt begründungspflichtig. Wer demonstrativ fernbleibt, weil das Fest in seinen Augen von vornherein ein Fiasko oder weil es nur allzu gelingen droht, ist jeweils nach Persönlichkeit des Betreffenden mit Zwangsausschluß oder Zwangsteilnahme zu bestrafen für die folgenden zehn Jahre, gleichgültig, wo der Festverweigerer sich dann gerade aufhält. Der Wohnsitz gilt als Vollstreckungsvollzugsermächtigung seiner Nachbarn.

§ 10: Frohes Straßenfest in verkehrsberuhigter Wohnlage wünscht das bedankenswerte Straßenfestvollzugskomitee !

Surrealistische Romantik

Gestern las ich Kafkas Erzählung "Auf der Galerie", eine halbe Buchseite lang, immer wieder. Im ersten Absatz stand : Wenn die Kunstreiterin das arme Opfer des bösen Zirkusdirektors wäre, könnte der Galeriebesucher sie retten. Im zweiten Absatz stand: Nun ist sie aber kein hinfälliges, schwindsüchtiges Opfer, sondern eher die geliebte Enkelin eines überfürsorglichen Großvaters. Ich schloss : Also ist sie nicht zu retten, und darüber weint der Besucher der Vorstellung. Er weint nicht, weil sie ein Opfer ist. Er weint, weil sie kein Opfer ist, das er retten könnte. Also ist ihm wichtiger, daß sie durch ihn gerettet wird, für ihn selbst, als daß sie überhaupt gerettet wird, dachte ich mir. Der Erzähler gibt vor, die Kunstreiterin sei in Wirklichkeit die Herrin ihres vermeintlichen

Herrn, läßt aber durchblicken, sie sei gerade darin das Opfer ihres vermeintlichen Opfers. Durch die Art, wie der Erzähler vorgibt, der zweite Teil, in dem der Direktor das Opfer ist, sei das Gegenteil des ersten Teils, in dem die Kunstreiterin sein Opfer ist, läßt er ironisch durchblicken, daß im Gegenteil der zweite Teil sich selbst aufhebt und dadurch dem ersten Teil doppelt recht gibt. Sie ist als Enkelin eines Großvaters mehr Opfer denn als bloß schwindsüchtige Kunstreiterin des Direktors. Vielleicht gibt der Direktor auch nur vor, zitterndes Opfer seines tyrannischen Opfers zu sein, damit sie sich als Herrin ihres Herrn fühlt. Selbst wenn er dem Mädchen wirklich zu Füßen liegt, ist er zwar abhängig, aber nur von ihrer Abhängigkeit von ihm. Nie ist sie abhängiger von ihm, als wenn er sich von ihr abhängig macht, von ihrem Erfolg als Kunstreiterin. Er liegt ihr zu Füßen, aber sie läuft im Manegenkreis um ihn herum, der die Zügel in der Hand behält. Er lebt von ihr, aber davon, daß *sie von ihm* lebt. Der Galeriebesucher weint, weil er sie vor dem Direktor nicht retten kann, und er kann sie nicht retten, weil sie gerade dadurch sein Opfer ist, daß sie scheinbar das Gegenteil davon ist, weil der Galeriebesucher entweder nicht sieht, daß die Kunstreiterin die Sklavin der Ergebenheit des Direktors ist, oder weil er sieht, daß sie das nicht sieht. Entweder sieht er in ihr nicht das rettbare Opfer, oder er sieht, daß sie selbst nicht das rettungsbedürftige Opfer in sich sieht. Im ersteren Fall hätte nicht er, sondern nur ich als Leser die Ironie des zweiten Teils erkannt.

Der Galeriebesucher weint, weil er das Mädchen nicht retten kann, und er kann sie nicht retten, weil er entweder nur in der hinfälligen Kunstreiterin das Opfer sehen kann und nicht in der Enkelin ihres Großvaters oder weil er ihr nicht klarmachen zu können fürchtet, daß sie gerade als falsche Enkelin des

Direktors das besondere Opfer des falschen Großvaters ist. So will sie doch eher *vor* ihrem Retter als *von* dem und *für* den verhinderten Retter gerettet werden.

Um das Mädchen nicht an den Direktor oder an ihren Wahn verloren zu haben, er sei ihr Opfer, macht er sich vor, sie nie gerettet haben zu wollen oder in der geliebten Enkelin nicht das Opfer des Direktors sehen zu können oder sie nicht dazu bringen zu können, sich als das Opfer zu sehen, das er retten könnte. Im ersten Absatz stand: Wenn sie Opfer wäre, wäre sie zu retten. Im zweiten Absatz las ich: Sie ist Opfer, eben Opfer ihres Opfers. Ich schloss : Also ist sie doch zu retten. Wenn der Galeriebesucher gleichwohl um sie weint und trauert und um sich selbst, dann doch wohl deshalb, weil sie Komplizin und Nutznießerin ihrer Ausbeutung ist, die sich für ihr Gegenteil hält oder zu halten vorzieht, oder weil er nicht sehen will, daß er die Kunstreiterin vom Direktor befreien könnte, nicht aber die Enkelin vom Großvater, oder weil er weiß, daß sie ihm den Großvater im Direktor oder den Direktor im Großvater vorzieht. Wäre sie nur ein geschundenes Menschenkind, könnte er sie entführen. Sie ist aber das liebend-geliebte Kind ihrer liebend-geliebten Großeltern. Also ist sie verloren. An sich und für ihren Retter.

Wenn der Künstler nur ein schwindsüchtiger Kunstreiter wäre, könnte der Galeriebesucher ihn aus der Zirkustretmühle vielleicht befreien. Aber er ist das gehätschelte Kindeskind des Direktors, der von seinen Kunststücken nicht nur lebt, sondern ehrlich begeistert ist und den wichtigsten Teil seines Publikums bildet, jenen Teil, der dem Kunstreiter überhaupt erst ein applaudierendes Publikum verschafft. Also ist dieser Künstler nicht zu retten.

Als ich das verstanden hatte, weinte ich mit dem Galeriebesucher und schlief ein, ohne es wissen.

Frühe Sozialromantik?

Lieber Bruder in Marx !

Noch nie habe ich einen so langen Brief erhalten, harte Kost übrigens, die den verwirrten und verschämten Bürger in mir aufstöberte. Habe meinen Kopf so recht als reaktionären Hemmschuh gefühlt, so dermal einst zu den Betriebsunkosten der Revolution an den Kurskurven der Realpolitiker abgelagert werden wird. Mit Recht attestierst du mir bürgerliches Denken. Ich habe es nie geleugnet, ich bin ein Bürger, zwei Jahrzehnte lang von Bürgern zu deren höherem Ruhm dressiert, ist der letzte meiner Gedanken noch insgeheim vergiftet von jener Kultur, von der und für die ich geboren wurde. Irgendwann in unserer frühesten Kindheit, die wir alle als etwas Absolutes zu leben gezwungen sind, hat sich für alle Ewigkeit entschieden, welche Arten von Glück und Kummer wir der Welt erlauben, uns zu bereiten. Die Menschen werden bei Strafe der Deklassierung, ja, des Hungertodes gezwungen, über acht Stunden täglich eine Arbeit zu tun, die sie zwingt, ihr wahres Leben nach Feierabend zu führen. Die Freizeit ist aber bereits von der kulturindustriellen Ideologie mit Beschlag belegt : vorfabrizierte Freizeitmodelle werden konsumiert. Film, Fernsehen, Zeitungen, Rundfunk, Theater, Werbung und Sportindustrie absorbieren die gefährlichsten Triebüberschüsse und leiten sie in unschädliche Kanäle ab, um keine *revolutionäre* Konzentration auf das Kernübel auch nur vorstellbar werden zu lassen. Jeder kennt diesen trostlosen Laufkäfig, dieses Abbild des Teufelskreises, in dem ein gut aufgeklärter Kapitalismus seine Schafe herumhetzt. Um alle bei der ökonomischen Stange zu halten, hat er den Kunstgriff entwickelt, organisierter Unzufriedenheit in schöner zeremonieller Regelmäßigkeit Gehaltsaufbesserungen in den Rachen zu werfen, um revolutionären Elan zu korrumpieren. Das Proletariat ist buchstäblich gekauft worden mit eben jenem Geld, das die Dividendenverwalter auch heute noch profitrativ aus ihren Investitionsinitiativen herauspressen, weil sie die Menschen zwingen können, für Güter zu arbeiten, die sie doch gar nicht brauchen. Anstatt die Arbeitszeit zu kürzen, hetzt die Kulturindustrie uns alle in die Zustimmung zu Investitionsprodukten, die niemand haben wollte, wären seine Bedürfnisse frei, d.h. würde ihm nicht dauernd indirekt mit jener Arbeitslosigkeit gedroht, die mal in Autobahnen und Kanonen verwandelt wurde. Das herrschende System hat dem Volk, von dessen Ausbeutung es lebt, genau jene Unzufriedenheit selbst eingebläut, die es ihm nehmen kann. Glaube mir, jene unglücklichen, ratlosen Gesichter, die Du unter der vermeintlich aufsässigen Jugend bemerkt haben willst, sind längst kassiert, sind selbst von der Ideologie erzeugt worden, industriell fabrizierte Unlust, von der wir uns fälschlich blenden lassen als von Zeichen der Humanität, die uns hoffen ließe. Nein, wenn ich mich umsehe, ich sehe keine Unzufriedenheit, die ich meine, nur die Grimassen des Elends, nicht jenes Elends, an welchem sich ein Marx noch orientieren durfte. Die bürgerliche Ideologie hat ein Vierteljahrtausend lang Zeit gehabt, ihre möglichen Feinde im Voraus einzuschläfern, uns schon eingeschlossen. Sie lässt gar nicht jene Bedürfnisse erst aufkommen, von denen sie besser weiß als wir, daß sie die nicht mehr befriedigen könnte, ohne selber unterzugehen.

    Aus diesen Einöden wünscht dir alles Gute
Dein K.

Theolog(ist)ische Ästhetik

Gottes Bewußtsein vom Ganzen ist Teil dieses Ganzen, christologischer Teil des Ganzen aber gerade als Bewußtsein von ihm. So entsteht der Widerspruch, daß das Bewußtsein das Ganze, dessen es sich bewußt ist, um genau so viel übersteigt, als es dessen Bewußtsein ist, also Bewußtsein, das zum bewußten Sein im Ganzen hinzukommt, und daß gleichzeitig dieses Ganze um genau so viel mehr ist als Sein Bewußtsein von ihm, als das Bewußtsein vom Ganzen selbst nur Teil des Ganzen ist.

Jener Teil des Ganzen, dem dieses Ganze samt seiner selbst in ihm bewußt werden will, ist mehr als das Ganze selbst und transzendiert es, ein *ens sui generis*, welches das Ganze zu einer Meta-Ganzheit ergänzt.

Erstens leisten wir unseren Tribut an den Materialismus: Das Bewußtsein vom All könnte gar nicht Selbstbewußtsein sein, wenn es kein Teil des Universums wäre, das es begreifen will. Zweitens leisten wir auch dem Idealismus Tribut: Ein Bewußtsein vom All könnte kein Teil des Alls sein, wenn es nicht Selbstbewußtsein wäre und als solches nicht über sich stünde. Das All muß schon vollständig vorliegen, bevor ein Bewußtsein davon sich bildet. Es darf durch ein Bewußtsein von ihm nicht erst mitdefiniert werden, da sonst das Bewußtsein sich stets voraussetzen würde und früher als es selbst da wäre.

Nun hat man in den „Principia mathematica" (1912) von Russell gelernt, daß der Oberbegriff einer Klasse von Objekten stets außerhalb der Klasse steht: der Begriff gehört nicht zu dem, was er begreift. Die Klasse ist kein Element ihrer selbst, ohne sich selbst zu widersprechen. Daß der Begriff von anderem logischen Typ ist als die von ihm begriffenen Gegenstände, war ja die Auflösung jener sogenannten *Russellschen Paradoxien*, die zu Beginn des 20. Jahrhunderts Mathematik und Logik in eine ernste Grundlagenkrise zu stürzen drohten. Auf unser Problem angewendet, die Universalität der Begriffe vom Universum in einem selbstreflexiven Bewußtsein zu begreifen : Das *transzendentale Ego der reinen Apperzeption*, die intelligible *res cogitans* von Descartes bis Kant, die transzendentale Subjektivität bei Husserl, sind durch den Abgrund einer theolog(ist)ischen Metastufe getrennt von der Natur (samt meiner eigenen empirischfaktischen Existenz in ihr).

Jeder kennt Bochenskis Illustration der berühmten Russellschen Antinomie : Muß ein Katalog sich selbst aufführen, der genau all jene Bücher einer Bibliothek aufführt, die sich selbst *nicht* aufführen? Führt er sich selbst auf, dürfte er sich gerade nicht aufführen. Führt er sich aber selbst nicht auf, gehört er gerade zu jenen Büchern, die er aufführen sollte.

Wandeln wir dieses Beispiel ein wenig ab. Ein Katalog, der alle Bücher enthält, (nicht nur jene, die sich selber *nicht* erfassen), muss auch sich selbst enthalten, sofern er ebenfalls ein Buch der Bibliothek ist. Und doch trennt ein logischer Abgrund die Bibliothek von ihrem Katalog, der sich selbst nicht nur als Buch u.a. enthält, sondern auch als jenes ausgezeichnete Buch, das alle Bücher enthält, u.a. jenes, das alle Bücher der Bibliothek enthält etc. Der Katalog enthält sich selbst entweder als ein Buch unter anderen Büchern oder als Katalog aller Bücher, und er ist sowohl Buch u.a. als auch Verzeichnis aller Bücher. Dieser Widerspruch löst sich erst auf, wenn der Katalog nicht als Bestandteil der Bücherei aufgefaßt wird. Genauer: Welche Bücher zur Bibliothek gehören sollen, muß entschieden sein, noch *bevor* ihr Katalog erstellt wird. Nicht erst der Katalog darf definieren, aus welchen Werken (z.B. dem Katalog aller Werke) die Bibliothek bestehen soll. Der Katalog K2 der Bibliothek B1 ist ein Buch u.a. nur in der Bibliothek B2, die aus den Werken B2 und ihrem Katalog K3 besteht. Die Bibliothek B2 wird erfaßt von einem Katalog K3, einem Buch u.a. nicht in B2, aber in B3, bestehend aus B2 und K3 und K4 ad infinitum. Dabei werden weder die Kataloge sich äußerlich auch nur um einen Buchstaben voneinander unterscheiden noch die Bibliotheksbestände. Es handelt sich um ein und dieselbe Bibliothek und ihren einen Katalog, der sich selbst enthält.

"Liebe Deinen Nächsten wie Dich selbst." Ergänzt man die Nächstenliebe um die Fernstenliebe und erweitert das Grundgebot der christlichen Dorfreligion zu einer universalistischen Moral, wo jeder Mensch zum kosmopolitisch Nächsten wird, so lautet die Maxime : Liebe alle Menschen wie Dich selbst. Liebe alle Menschen. Also auch Dich selbst. Und liebe sie so wie dich selbst. (Und liebe sie, weil sie sind wie Du. Liebe Dich also in ihnen und sie in Dir.) Aber dieses geliebte Selbst ist recht zweideutig : Mich selbst liebe ich, wenn ich alle liebe, weil ich einer unter allen bin. Gleichzeitig liebe ich dann den in mir, der alle liebt, einschließlich sich selbst. Liebe ich also mich als einen unter anderen Menschen oder liebe ich, *daß* ich alle Menschen liebe samt mich selbst? Liebe ich, wenn ich mich liebe, mich als Menschen unter anderen oder einen als alle Menschen Liebenden?

+ + +

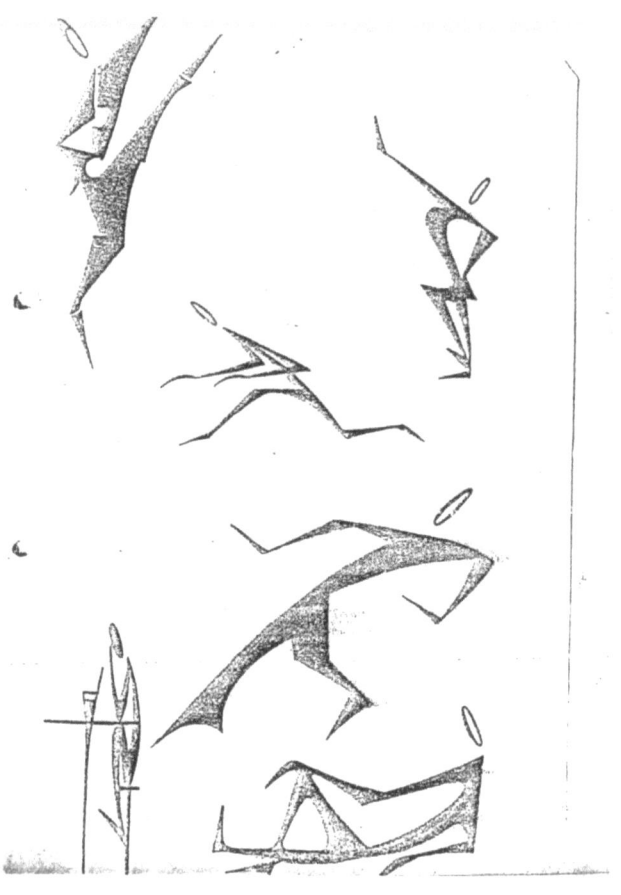

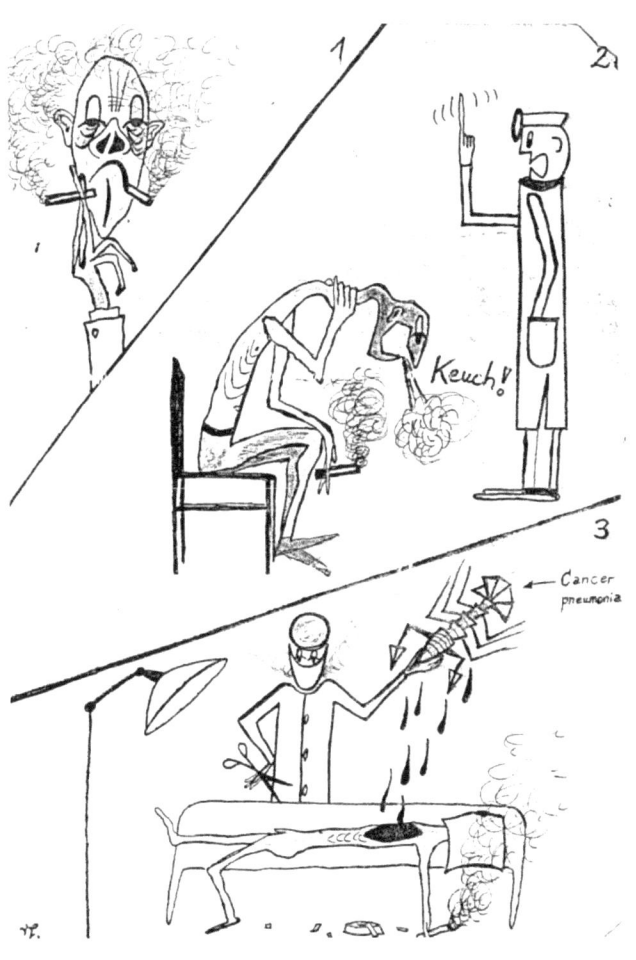

CO2-Wucher und Umweltverschmutzung, Energie- und Rohstoffverschwendungen können sich allein die *happy few* leisten, die auf Kosten aller alles vergeuden und verprassen. Die Industrieländer wollen gar nichts davon wissen, auf was sie alles verzichten müssten, wenn sie ihren eigenen Öko-Konsens auch nur halbwegs ernstnehmen würden. Wer glaubt im Ernst, dass dann noch jeder weltweite Haushalt sein eigenes Haus oder auch nur einen eigenen PKW (ob hybrid oder e-mobil) haben dürfte oder Ferienflieger buchen dürfte oder anderen hier alltäglich gewordenen Luxusbedarf?

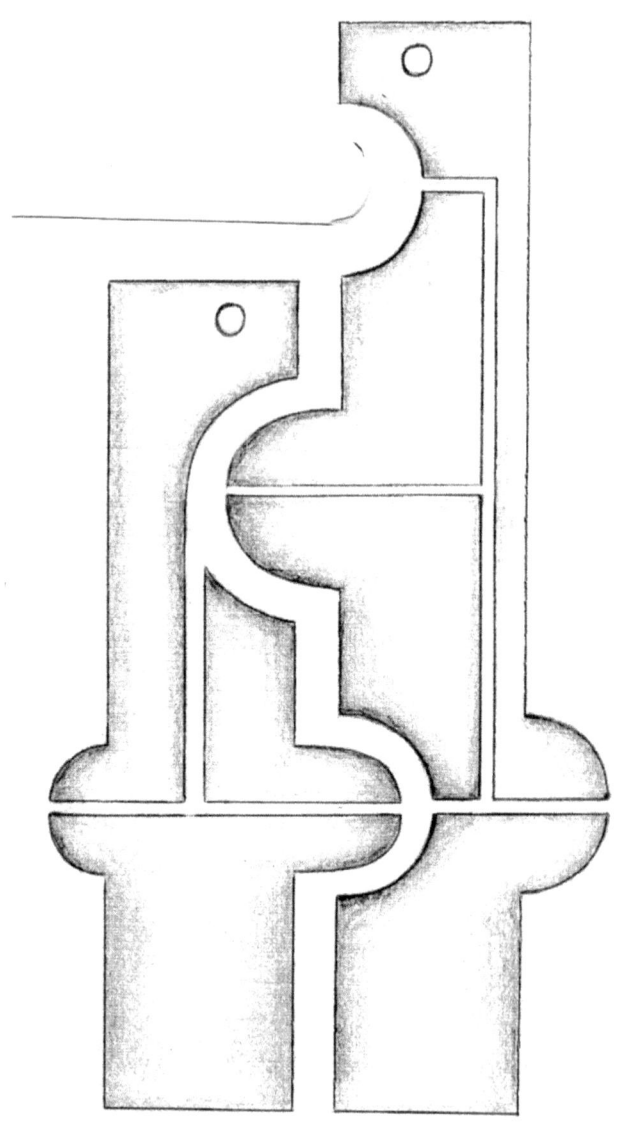

Aphoristik zwischen Wissenschaft und Philosophie

Geisteswissenschaftler wollen nichts davon wissen, dass Moralisten viel geistreicher waren.
Deren Elementar(ur)teilchen waren häufig elegantere Formeln als die der *Naturwissenschaftler*.
Unberechenbare Moralisten zählen auf Menschen, die von unzähligen *Mathematiker*n nur gezählt werden.
In der *Rechtswissenschaft* fällen sie oft die richtigeren Urteilssprüche und Freisprüche.
Die aphoristischen Privatproduzenten, deren schmales Angebot die Nachfrage noch übersteigt, denken in ihrem Kurzwarenhandel ökonomischer als die weitschweifigsten *Wirtschaftswissenschaftler*.
In viel Zeit geschrieben, in wenig Zeit gelesen: Die Aphorismen sind kleine *Geschichtsphilosophie*n, in denen (Großen) noch manchmal etwas geschieht.
Moralisten waren schon *Anthropologen*, als es noch gar keine gab und denen auch nichts Unmenschliches fremd ist.
Aphoristiker sind wahre *Ethnologen*, für die das wilde Denken heißgelaufener Gesellschaften in der milden Gedankenlosigkeit kalter Sozietäten liegt.
Soziologen sind asoziale Herdentiere, die partout nicht den Ungeselligkeitstrieb von Aphoristikern verstehen, welche die schlichte Unschlichtbarkeit des Konflikts zwischen Individuum und Allgemeinheit auf griffigste Begriffe bringen.
Aphoristiker waren schon immer die Psychologen für *Psychologen* und *Tiefenpsychologen*, bevor es die gab.
Der *Pädagoge* traktiert die Dummheit vor dem Wissen, der Moralist die höhere Unwissenheit nach allem Wissen. Der eine denkt zu lehren, der andere lehrt zu denken.

Theologen fußen auf Jesu „Logien", den Sprüchen der Väter oder Salomonis. Die biblische Spruchweisheit erlebt ihre aphoristischen Kontrafakturen bis heute.

Aphoristiker sind lebendiger als *Lebensphilosophen*, die gar nicht vitaler sind als Biologen, und denken existenzminimaler als *Existenzphilosophen,* die ja gar nicht existieren oder nur existieren und sonst gar nichts. Sie sind meist die besseren *Phänomenologen*: Sie kommen zur Sache selbst oder zur Sprache, sie schauen aufs Wesen der Sache, also aufs Unwesen, das sie treibt, und lassen dafür alles Wesentliche weg.

Sie sind *dekonstruktivistischer*, weil sie alle „binären Oppositionen" zum Tanzen bringen und nichts ausschließen als gängige Ausschlussverfahren. Nichts ist konventioneller als das *postmoderne* Spiel mit Konventionen, die erst aphoristisch durchbrochen werden. Die *(De-)Konstruktivisten* machen, was sie gar nicht können, also ihre mangelhafte Subjektivität zur höheren Objektivität. Und der de-konstruktive Aphorismus ist konstruiert wie eine sprachliche Höllenmaschine.

Moralistik, *ordinary language philosophy* in literary form, hatte den *linguistic turn* schon avant la lettre vollzogen, und analysierte die „mores", Sitten und Sprachgebräuche der Epochen, als es die *analytische & psychoanalytische Philosophie* noch gar nicht gab.

Der Aphorismus ist auch eine „bestimmte Negation", verteidigt Einzelheiten gegen ihre Einheit und treibt *Kritische Gesellschaftstheorie*, die auch praktische Maximen des Handel(n)s in Maximen reflektiert.
Moralisten waren stets bessere praktische Philosophen und *Moralphilosophen*, da sie das Normale an seinen eigenen Normen maßen, statt uns Mores zu lehren.

Der Aphorismus ist *ästhetisch* als ein philosophischer Gehalt in literarischer Gestalt, als sinnlicher Sinn, als „sinnliches Scheinen" (Hegel) der platonischen Ideen, als wahrnehmbare Wahrheit bewährter Unwahrheiten.

Aphoristik wendet die *Logik* logisch gegen sich selbst durch „impliziten Schluss" (Klaus von Welser) oder stimulierende Paradoxien und Antinomien.

„Ein Haufen aufs Geratewohl hingeschütteter Dinge ist die schönste Weltordnung." (um 500 vor Christus) *Heraklits* dialektische Rätselsprüche ergänzen *Demokrits* kosmologischen Atomismus. Sophistischer Subjektivismus und sokratischer Individualismus des bewussten Nichtwissens führten zu platonischen Ideen und deren paradoxem Verhältnis zu bloßen „Doxai".

Lapidar pointierte Sentenzen des römischen Stoikers *Seneca* bereiteten das aphoristische Stilideal vor.

Der mittelalterliche Universalienstreit zwischen Realismus und Nominalismus ließe sich aphoristisch (sic et non) gegen scholastische Summentheologie führen in „Sentenzenkommentaren". Die unio mystica zwischen Unvereinbarem wurde bei *Nikolaus von Kues* zur witzfähigen „coincidentia oppositorum".

Bloch lobte *Sebastian Francks* geschichtsbiblischen „Paradoxa" als frühprotestantische Proto-Aphorismen.

Die „Essais" des Moralisten *Montaigne* begründen die Individual-Renaissance des antiken Skeptizismus.

Francis Bacon führt 1620 den Forschungsaphorismus gegen deduktionsmethodische Summenscholastik ein.

„Die *morale provisoire* des Descartes formuliert sich bereits in Maximen." (Rüdiger Bubner, 1976)

Um 1670 rebellieren *Pascals* „Pensées sur la religion" gegen naturwissenschaftliche Aufklärungsmonopole. Er spielt den aphoristischen „esprit de finesse" gegen den wissenschaftlichen „esprit de géométrie" aus.

1714 propagiert *Leibniz* die aphoristischen Monaden seiner infinitesimalen Differenziale. „Monaden haben keine Fenster" zu anderen Kleinstspiegeln des Alls, und jede aphoristische „Monade" reflektiert perspektivisch alle übrigen in „prästabilierter Harmonie".

Kants praktische Vernunft besteht aus Maximen, aus hypothetischen Klugheitsregeln, die auf imperativische Generalisierbarkeit hin überprüft werden, ob sie wie Naturgesetze gelten. „Anthropologie in pragmatischer Hinsicht" untersuchte die gewitzte „Assoziation heterogener Vorstellungen der Einbildungskraft" als „gemeinsame Wurzel von Verstand und Sinnlichkeit". Deren gedankenexperimentelle Paradoxe führten seit Bacon zu fruchtbaren wissenschaftlichen Hypothesen. „Sinnlichkeit und Verstand müssen vermittels der transzendentalen Einbildungskraft notwendig zusammenhängen." (KrV, Leipzig 1971, S. 214) „Das Vermögen der Assoziation Vereinbarung fremdartiger Vorstellungen der Begriffe durch den Verstand ist der schöpferische Witz" „Witz hascht nach Einfällen, Urteilskraft strebt nach Einsichten."

Kants Kritiker, Fichtes Lehrer *Maimon* wandte ein, Vernunft sei das Vermögen, zu jedem seinen jeweiligen Grund zu finden, die Imagination aber die Gabe, die Kette der Gründe aller Gründe ad infinitum zu ergänzen und die Bedingungen aller Bedingungen bis zum allerersten Unbedingten zu vervollständigen, zum vollkommenen Ganzen als bloßer Vollkommenheitsidee, der kein erfahrbares Objekt entspreche. Dieses unendliche Ganze wird in jedem romantischen Fragment nur versinnbildlicht und ironisch angedeutet als Ding an sich. In Kants dialektischen Antinomien nun gerate die Vernunft in Widerspruch nicht mit sich, sondern mit dieser „produktiven Einbildungskraft" der Perfektionsideen auf allen Gebieten. Das griff Fichte dankbar auf und ersetzte Kants reine Vernunft durch schöpferische Phantasie, will man Novalis glauben.

Kants „kopernikanische Wende" läutet dann auch das aphoristische Jahrzehnt einer „Transzendentalmoralistik" (G. Neumann) ein. Der transzendentale Subjektivismus historisierte zum ästhetischen Individualismus des „magischen Idealismus" in den ironischen Paradoxen und Selbstparodien der Frühromantiker *Novalis* und *Fr. Schlegel*, die in jedem endlichen Fragment immer schon das unendlich Absolute andeuten. Dabei waren die naturphilosophischen Fragmente wohl eher naturästhetische Analogien und überzeugen so wenig wie *Schellings* spekulative Polaritäten und Potenzen. Der Romantiker sagt etwas Bedingtes und lässt ironisch durchblicken, dass er damit Unbedingtes meint. „Der Witz ist das Prinzip und Organ der Universalphilosophie." „Die eigentliche Form der Universalphilosophie sind Fragmente ... Aphorismen als Notizen der innern Symphilosophie." „Poesie und Philosophie sollen vereinigt sein." *(Friedrich von Schlegel)* „Wir *suchen* überall das Unbedingte und *finden* immer nur Dinge." „Jeder Satz muß einen selbständigen Charakter haben – ein selbständiges Individuum, Hülle eines witzigen Einfalls sein." *(Novalis)* Und jedes einzelne Fragment als witzige „Einheit des Entgegengesetzten" bildet bei den Frühromantikern eine indirekte „Allegorie" des absoluten Systems. Jeder Satz habe seinen Gegensatz in sich selbst, jedes Urteil sei über sein Gegenteil mit sich selbst logisch zusammengeschlossen, jedes Ich habe sein Nicht-Ich in sich. Der junge Schlegel der Ironien und Paradoxien hängt mit dem alten katholischen Schlegel zusammen durch die Fragmente der „Philosophischen Lehrjahre" aus: Kritische Ausgabe, Band 18/19.

„Diese Form, die Ironie, hat zum Anführer Friedrich von Schlegel. Das Subjekt weiß sich in sich als das Absolute, alles andere ist ihm eitel: alle Bestimmungen, die es sich vom Rechten, Guten macht, weiß es auch wieder zu zerstören. Alles kann es sich vormachen; es ist aber nur Eitles, Heuchelei und Frechheit. Die Ironie wie ihre Meisterschaft über alles dieses; es ist ihr Ernst mit nichts es ist ein Spiel mit allen Formen ... Die Dialektik ist das Letzte, um sich zu erheben und zu erhalten ... weder Poesie noch Philosophie." (Hegel : „Vorlesungen über die Geschichte der Philosophie", Frankfurt 1871, Werke Band 20, S. 416 ff.) „Die Marotte des Selbstdenkens ist, daß jeder Abgeschmackteres hervorbringt als ein anderer ... Die Extravaganz der Subjektivität wird häufig Verrücktheit; bleibt sie im Gedanken, so ist sie im Wirbel des reflektierenden Verstandes befangen, der immer gegen sich negativ ist." (Hegel, a.a.O., S. 418)

Die dialektische Identität-im-Selbstwiderspruch gerät da zum aphoristischen Paradox oder zum Weltsystem. *Hegel* versuchte dann vergeblich, diese fragmentierten Ideen wieder einzufangen, systematisch zu zähmen und dialektisch zu überbieten. Der Geistesphilosoph wurde später aber eher vom einzelwissenschaftlichen Empirismus, marxistischen Materialismus und existenzialistischen Individualismus verdrängt als vom sentenziösen Esprit. Das änderte sich noch nicht unter Schopenhauers moralistischem Voluntarismus, sondern erst unter Nietzsches überfragmentierter Macht- und Lebensphilosophie, die Geist durch Esprit ersetzt.

„Der Philosoph vergesse nie, daß er eine Kunst treibt und keine Wissenschaft." *(Arthur Schopenhauer)*
„Mit der Vollständigkeit fällt auch die systematische Anordnung weg, die Langeweile ... Vielleicht sollte jeder Schriftsteller eine gewisse Spur der Verwandtschaft mit jenem Lapidarstil tragen, der ja aller ihrer Ahnherr ist", schrieb Schopenhauer, der einen Aphorismus nach dem anderen ja systematisch verkettete. („Über Schriftstellerei und Stil", Parerga, Band II)

John Stewart Mills „induktive Logik" ließ 1836 die aphoristische Lebensweltweisheit neben aller wissenschaftlichen Objektivierung als gleichwertig gelten.

Kierkegaards dialektische Theologie war ein individualistischer Einspruch gegen Hegels objektiven Geist der Allgemeinheit und machte Existenz moralistisch.

Wilhelm Dilthey rehabilitierte im „Leben Schleiermachers" auch Schlegels frühromantische Fragmente in geisteswissenschaftlicher Spannung zwischen idiographischem Verstehen und nomothetischem Erklären.

Hermann Cohens logischer Neukantianismus sah das Reale à la Leibniz nur als Idee des unendlich Kleinen.

L. Wittgensteins logischer Atomismus in Fragmenten sollte die „entfremdete Subjektivität" (H. Schmitz) der solipsistischen „Privatsprachen" überkompensieren. Was nicht der Fall ist, das in Logik und Physik „Unaussprechliche", „zeigt" sich nur indirekt im Fragment

Auch *Jaspers'* „Existenzvergewisserung" in „Chiffren der Transzendenz" funktionierten eher aphoristisch als argumentativ kohärent oder visionär prophetisch.
(Die Aphorismen argumentieren nicht, denn Gründe bleiben laut Hegel der Sache äußerlich und lassen sich für alles finden, auch und gerade für Unwahrheiten.)

Erst *Adornos* „negative Dialektik" gegen Hegels voreilige Versöhnungssynthesen verbanden Marx, Schopenhauer, Nietzsche und Freud zu rationaler Kritik der instrumentellen Vernunft und zu aphoristischer Kritik geistiger und sozialer Zwangssysteme, die der rechte Heidegger und der linke Sartre gerechtfertigt hatten.
„Verschwindet heute das Subjekt, so nehmen es die Aphorismen es schwer, dass „das Verschwindende selbst als wesentlich zu betrachten" sei. Sie insistieren in Opposition zu Hegels Verfahren und gleichwohl in Konsequenz seines Gedankens auf der Negativität."
(Th. W. Adorno im Vorwort zu „Minima moralia")
Der Aphorismus „setzt die eingeschliffene und auch nützliche Ansicht vom Sachverhalt in Frage. Er möchte etwas von der Deformation wiedergutmachen, welche der herrschaftliche Geist dem Gedachten antut. Er zielt auf die Negation abschlußhaften Denkens … benennt das Prinzip dessen, was die Prinzipien negiert … Das aphoristische Denken war von jeher nonkonformistisch. Darum ist es bei den offiziellen Wissenschaften und der Philosophie in Verruf geraten, ist als unverbindlich, unverantwortlich, feuilletonistisch diffamiert worden." (Vorwort zu Heinz Krüger, 1957)

Ähnlich gebaut wie Adornos Begriff des begriffsstutzigen „Nichtidentischen" ist *Schopenhauers* Begriff vom Witz als einer „Inkongruenz von Anschauung und Denken". Eine konkrete Anschauung falle unter einen Allgemeinbegriff, dem sie gleichwohl satirisch widerspreche, und diese Differenz wirke lächerlich und werde weggelacht.

Der poststrukturalistische Dekonstruktivist *Jacques Derrida* schrieb 1979 gegen alle logozentrischen Bezugssysteme: „Toute écriture est aphoristique."

„Der Schock des drohenden und gerade noch abgefangenen Durchbruchs in primitive Gegenwart gibt es auch ... bei jedem kapierten Witz, ... und so pflegt es sich auch beim bloß zündenden Aphorismus zu verhalten." (*Hermann Schmitz*, Brief von 18. 08. 1993)

Für *Nietzsche* „macht die aphoristische Form Schwierigkeit: sie liegt darin, daß man die Form heute nicht schwer genug nimmt." („Genealogie der Moral")
„Der Aphorismus, die Sentenz, in denen ich als der erste unter Deutschen Meister bin, sind die Formen der ‚Ewigkeit'; mein Ehrgeiz ist, in zehn Sätzen zu sagen, ... was jeder andere in einem Buch *nicht* sagt." („Götzendämmerung", Nr. 51) „Der Wille zum System ist Mangel an Rechtschaffenheit ... Die tiefsten und unerschöpflichsten Bücher werden wohl immer etwas von dem aphoristischen und plötzlichen Charakter von Pascals Pensées haben." „Larochefoucauld, La Bruyère ... Vauvenargues, Chamfort ... sie enthalten mehr wirkliche Gedanken als alle Bücher deutscher Philosophen zusammen; Gedanken von der Art, die Gedanken macht." („Der Wanderer und sein Schatten", Nr. 214) „Von der Kunst aus kann man dann leichter in eine wirklich befreiende philosophische Wissenschaft übergehen."
„Die Kunst ist mehr wert als die Wahrheit."
Und *Kultur- und Humanwissenschaften* sind in moralistischer „Menschenkunde" immer gut aufgehoben.

Wer seine Gedanken nicht zuspitzt, verbreitet Stumpfsinn, und was nicht überspitzt formuliert ist, verteilt überhaupt keine Spitzen : Spitz die Ohren mit spitzer Zunge. Wer nicht übers Ziel hinausschießt, hat nicht einmal das Startloch verlassen. Wer weiterdenkt, geht zu weit, und man kann nicht zu weit denken.

Einen Gedanken verstehen heißt gedemütigt sein durch sein Unvermögen, auf bessere zu kommen. Soweit du über die Wahrheit hinausschießt, so wahr ist dein Denken, denke ich. Eine These darf nicht begründet werden, sondern muß so formuliert sein, daß sie ihre eigene Begründung ist, und die Argumente müssen die Schlagkraft einer These habest. Einseitige Leute reden von Einerseits und Andererseits, wirklich vielseitige Leute formulieren alles ganz einseitig. Die Wahrheit ist immer dick übertrieben, denn die bloße Anpassung der Gedanken an die Wirklichkeit ist nicht Wahrheit, sondern nur Konformismus. Ein Satz in einem Text sollte nicht seinen Vorgänger begründen und von seinem Nachfolger begründet werden, sondern der unabhängige Denker formuliert jeden Satz unabhängig vom nächsten und als seine eigene Begründung. Jeder Satz fange wie aus dem Nichts an, wie die Welt, deren Wahrheit zu sagen ist, aus dem Nichts erschaffen ist. Jeder Satz eines Aufsatzes sei ein ganzer Aufsatz, durch den Abgrund eines Neuanfangs vom folgenden und vorhergehenden getrennt. Wenn in einem Satz sich eine Wirklichkeit spiegeln soll, muß der Aufsatz ein Spiegelkabinett sein, wo ein Spiegel sich auch in jedem andern spiegelt als Facette. Zu viele Ausnahmen von einer alten Regel bestätigen nicht diese alte Regel, sondern eine neue. Jeder Essay fragt nach dem Recht, Ausnahmen von der Allgemeinheit zu verallgemeinern, und spitzt eine Hypothese so zu, daß jeder, der sie bestreitet, pedantisch und schwerfällig erscheint. Über was soll man scherzen, wenn nicht über die wirklich ernsten Dinge des Lebens wie Kinderkriegen und Sterbenmüssen; über unwichtige Sachen wie politisches Engagement und das Wetter soll man biererernst reden. Wissen, Witz und Weisheit haben dieselbe Wortwurzel. Etwas lächerlich machen heißt, es unter einen Begriff fallen lassen, zu dem es gehört und doch nicht gehört. Was an seinem eigenen Begriff gemessen sich unsterblich blamiert, ist getötet. Ich lache, wenn etwas Anschauliches den Begriff sprengt, den ich mir davon ganz zu Recht mache. Jedes Individuum fällt unter seinen Allgemeinbegriff und sprengt ihn zugleich; seine Begriffsstutzigkeit ist sehr begreiflich. Adorno machte daraus eine ganze *negative Dialektik*, die aber witzlos bleibt, weil sie ernst macht mit dem blutigen Ernst der Wirklichkeit. – Eine witzlose Dialektik ist nicht einmal negativ. Gegen die faktische Kraft der Normen hilft manchmal die normative Kraft von Normverletzungen und Abnormitäten, aber manches ist zu wahr, um gesagt zu werden. Gegen den Zentralismus hilft nicht immer der Exzentriker, aber Definitionen sollten im Widerspruch zu dem stehen, was sie definieren. Ein guter Satz sagt zu viel, indem er zu wenig sagt und umgekehrt. Der beste Stil, in dem ein Text geschrieben werden kann, ist seine Wahrheit, d.h. das Wesen einer Aussage liegt darin, das Wesentliche wegzulassen. Dichtung ist verdichtete Wahrheit. Meißelt das Unwichtige weg, bis das Wesen einer Sache übrigbleibt, indem ihr alles Wichtige wegmeißelt und das Unwichtige solange ausschmückt, bis Auge und Ohr alles Wesentliche aus dem Nichts ergänzt haben. Ein Torso, der sich im Geiste nur auf eine einzige Weise ergänzen läßt, ist das Ergebnis eines bloßen Unfalls und Zufalls. Wer ihn so ergänzen kann, wie er vorher niemals war, hat die bloßen Restaurateure als Fälscher entlarvt. Früher sagten wir, ein Bruchstück sei noch kein Ganzes; heute sagen wir, das große Ganze sei leider noch kein Fragment. Was noch kein Bruchteil der Unwahrheit ist, kann ja noch Bruchteil der ganzen Wahrheit werden, indem wir unseren Gedankengang immer dort abbrechen, wo er nur widersprüchlich ergänzbar ist, wo er nur durch Widersprüche zu Ende zu denken ist. Wir sind nicht widerspruchsgeistreich genug, wenn unsere Aussagen nur eindeutig mehrdeutig sind. Geist haben heißt, diese Sollbruchstellen zu finden, an denen die Individuen mit ihrem eigenen Begriff brechen, ohne sich das Genick zu brechen. In einem wahren Satz hat ein Begriff so viele Bedeutungen, wie Objekte unter ihn fallen, und die Objekte eines Begriffs differenzieren nicht nur ihren Begriff, sondern haben Differenzen miteinander und mit ihrem Begriff bis zum Widerspruch und Widersinn. Jedes pars pro toto ist ein pars contra totum. Wenn ein Kind nicht anonym bleiben soll, muß es metonym werden, um erwachsen zu werden. Jedem Ding muß die Freiheit gelassen werden, Pseudonyme zu wählen. Wir verletzen nicht die Logik mit den Paradoxen der Schlußfolgerung : Wahre Sätze folgen aus allen Sätzen, ob sie wahr oder falsch sind oder beides zugleich, und jeder Satz folgt aus jedem falschen Satz oder aus einem Widerspruch.

Überdeterminierungen werden nur durch Aussparungen erzeugt. Beispiele sind Anspielungen auf Gegenbeispiele und daher sparsam zu verwenden. Nicht alles Unvollständige ist auf vielfache und gegensätzliche Weise zu vervollständigen. Die vollkommenste Form der Unvollkommenheit läßt sich nur durch möglichst viele Widersprüche vervollkommnen. Ein Satz ist falsch, wenn aus ihm beliebige Sätze folgen, und ein Satz ist wahr, wenn er aus beliebigen Sätzen folgt. Ein Gedanke ist so zu formulieren, daß er nicht anders zu formulieren ist, ohne ein anderer

Gedanke zu sein oder auf andere Gedanken zu kommen und zu bringen. Ein Gedanke ist schlecht formuliert, wenn er in anderer Formulierung kein schlechterer Gedanke ist. Der Mensch kommt auf Gedanken und läßt sich durch Gedanken auf Gedanken bringen. Jede Idee ist ein Solitär und zum Diamanten zu schleifen. Jeder Satz ist ein Gerichtsurteil, und jeder Aufsatz eine Komposition von Einzelsätzen. Jeder Satz muß auch auf eigenen Beinen stehen können. Was er unabhängig von allen anderen Sätzen bedeutet, nimmt neue Bedeutungen an in der Konstellation. mit anderen Sätzen. Was einen Satz mit dem nächsten und vorangegangenen verbinden soll, ist nicht Argumentation, sondern Assoziation. Ein Satz bringt mich auf den nächsten, und was hat der dritte mit dem ersten zu tun? Die Technik, Sprachsolitäre zu verknüpfen und zu verweben, ist bei Jean Paul zu lernen. Wenn Erwartungen durch einen Text nur geweckt werden, um durchkreuzt zu werden, dann ist auch die Erwartung, daß Erwartungen durchkreuzt werden, leicht zu durchkreuzen. Durch die Art, wie ich etwas sage, kann ich durchblicken lassen, daß ich das genaue Gegenteil meine, und bin ironisch. *Das* behauptet er zu sein, und das Gegenteil ist er in Wirklichkeit, ruft der Satiriker, wenn er mich sieht. Wer mit dem Doppelsinn und Hintersinn von Worten spielt, muß nicht tiefer denken als Philosophen. Ohne es ausdrücklich zu sagen, gebe ich durch die Art, wie ich etwas sage, genug zu verstehen, wie es zu verstehen ist. Sprachliche *Leerstellen* (W. Iser) sind künstlich zu erzeugen, und sie sind nicht unbestimmt, wenn sie ebenso gut durch Teile und Sätze wie durch Gegenteile und Gegensätze zu füllen sind, in denen sich niegehörte Sätze verbergen können. Wer den Überrumpelungseffekt rhetorischer Coups als Manipulation abwehrt, ist oft einfach nur nicht offen und aufgeschlossen für Neues. Nur Prüde sind stolz darauf, gegen Rhetorik immun zu sein, wo doch niemand überzeugt werden kann, ohne auch überredet zu werden, und niemand sich überreden läßt, ohne sich auch überzeugen zu lassen. Ob nun neue Worte alte Gedanken verbergen oder neue Gedanken sich in alte Worte kleiden, macht einen kleineren Unterschied, als jene glauben, die jede Form formalistisch nennen und den gestaltlosen Gehalt ständig gegen die vermeintlich gehaltlose Gestalt ausspielen. Analogieschlüsse werden als Fehlschlüsse verurteilt und sind doch die Königswege des Erfinders und Entdeckers. Sie führen in die Irre oder zu neuen Gedanken. Der wahre Ernst spielt nicht nach Spielregeln, sondern um und mit Spielregeln. Der Geist führt zusammen, was die Gewohnheit getrennt hält, und reißt auseinander, was Sitten und Gebräuche verkuppeln. Wenige Menschen haben zu wenig Geist, den Geist anderer und ihre eigene Geistlosigkeit zu erkennen, aber Geist genug, ihn bei anderen leere Virtuosität und mechanische Manier zu schimpfen. Geist ist das Spiel mit stillschweigenden Voraussetzungsschätzen der Mitmenschen, und verschmäht nie das Liebesspiel mit geflügelten Worten. Als Faustregel darf gelten: Was erst begründet werden muß, ist schlecht ausgedrückt, und was schlecht formuliert ist, muß ausdrücklich noch bewiesen werden, um die Zustimmungsbereitschaft der Menschen zu erschleichen. Nicht nur Krimi-Autoren dürfen falsche Fährten legen und die Aufmerksamkeit in falsche Richtungen lenken. Nur der Geist läßt sich vom Geist in aller Zweideutigkeit liebend gern *anführen*. In einem einzigen guten Satz lassen sich ja nicht nur alte Gedankensysteme vernichten, sondern auch neue Gedankengebäude errichten. Ruinen sind Bausteine, wenn der gedankliche Feingehalt und die dichterische Backform eine Vernunftehe schließen. Ich lasse mich verstören, um nicht zerstört zu werden, ich lasse mich verblüffen und nicht bluffen. Wer sich nicht überraschen lassen mag, muß überwältigen, um nicht überwältigt zu werden, denn mit beiden Beinen auf der Erde steht nur, wer sich den Boden unter den Füßen wegreißen läßt, ohne in die Luft zu gehen. Wer sich nicht gern übertreffen läßt, läßt sich nicht gern überraschen, weder von der Sache noch von der Sprache her.

Läßt sich Syntax nicht semantisch und Semantik syntaktisch ausbeuten? Einiges gehört zu den ausplauderbaren Fabrikgeheimnissen des Hand- und Kopfwerks. So läßt das gute alte Wahre sich ja nicht immer zurückgewinnen aus der mechanischen Umkehrung neuer Einsichten, aber technische Variationen, Kommutationen und Permutationen gehören seit alters her zu den erprobten Gedankenexperimenten der Erfindungskünstler und Entdeckungsreisenden. Die mechanischen Ergebnisse der „*Lullischen Kunst*" müssen immer noch interpretiert werden, und nur zusammen mit dem menschlichen Ingenium wird sie eine *Ars Magna*. Antithetische Reihungen und chiastische Umkehrungen können der Richtigstellung des Verkehrten dienen, und doppelte Bejahungen können durch doppelte Verneinungen erzeugt werden. Ein bißchen mehr Biß liegt darin, die Negation der Negation als Affirmation der Affirmation vorzuführen: Die doppelte Kehrtwendung Marsch erweist dem alten Wahren ironische Reverenz. Eine Gedankenfalle läßt sich ausweglos machen, indem einfach zu viele Auswege aufgezeigt werden, und wer der Falle eine Falle stellt, macht sie oft zum Ausweg aus dem Ausweg. Dreiste Antworten lassen sich als bescheidene Fragen verkleiden und umgekehrt. Manches ist so formuliert, daß es den Leser nötigt, das Gegenteil von dem für wahr zu halten, was der Autor behauptet, damit .der Leser nicht auf eigene Gedanken kommt, und die besten Antworten sind rätselhafter als die dümmsten Fragen. Metaphern übertragen Bedeutungen vom Leibhaftigen auf die Metaphysik, aber wie Begriffe uns hindern können, uns einen Begriff von der Sache zu machen, können Bilder mich hindern, mir ein Bild von der Welt zu machen. Ich kann Fragen stellen, indem ich Antworten gebe, und durch rhetorische Fragen antworten. Wer Dinge auf unvergleichliche Weise vergleichen und gleichschalten will, läßt oft das tertium comparationis weg oder sucht zum mittleren Vergleichsmaßstab die ‚unvergleichlichen Extreme, um die Welt durch Polarisierung zu identifizieren und durch Identifizierung zu polarisieren. Verurteile den Leser zur Passivität, indem du ihn zur Mitarbeit am Text einlädst und umgekehrt. Er kann nur noch widerwillig bewundern, wo er zum Mitmachen ermuntert war, und wird zur eigenen Aktivität nur herausgefordert, damit er vor seiner Unfähigkeit steht, das Rätsel zu lösen, wie ein Rätsel zu erfinden und aufzugeben ist. Wen die Lösung eines Rätsels nicht zum Rätsel der Lösung führt, der hat falsch geraten und ist falsch beraten. Synonyme und Homonyme können einander ergänzen, um Wortwitz zu erzeugen. Wo Worte ähnlich klingen, suggeriert nicht nur der Poet, ihre Bedeutungen zu vereinigen, und Worte lassen sich *amphibolisch* in verschiedenen bis gegensätzlichen Bedeutungen einsetzen, um neuen Sinn nahezulegen. Dialektisches Denken verschmäht nicht undankbar die mechanischen Variationen und selbstbezüglichen Möglichkeiten des Sprachmaterials, gräbt etymologische Wortwurzeln aus und ist mehr als „Dreischritt Marsch". Hebräische Parallelismen hat schon die biblische Dialektik formuliert, harte parataktische Fügungen als versteckte gegenseitige Implikationen, Anaphern, Epiphern und Epanalepsen, Topikalisierung und Fokussierung, Thema und Rhema,

Sachpointen durch Sprachpointen und umgekehrt, Kontradiktionen in der Diktatur der Identitäten und andere Kunstmittel. — Philosophie ist nach Hegel eine 'Anstrengung des Begriffs', jeder deutsche Begriff ist ein lateinisches Konzept, und die konzisen Concetti des conceptualismo waren die Begriffswerkzeuge eines Barock, das mit Leibniz von der lingua universalis träumte, um Autonomie durch Automaten zu ersetzen und Gliederpuppen durch Menschen. Ein Essay ist eine Versuchsanordnung für Gedankenexperimente mit Epochen. Er besteht aus Urteilen über die Welt, und jedes Urteil ist ein Satz aus der Welt heraus. Vielschichtige Gedankenkomplexe werden da in die Handgranatenform eines Urteils miniaturisiert, der Sinn explodiert auf kleinstem Raum. Jeder gelungene Satz weist über sich hinaus, ist ein halber Satz, der in verschiedenste Richtungen über sich hinausweist auf seine fehlenden besseren Hälften, die einander in den Haaren liegen, wenn sie vors geistige Auge gezaubert werden. Die Weisheit halber Sätze ist eine Hinausweisheit. Gehalt und Gestalt guter Gedanken lassen sich nicht trennen, ohne schlechtere Gedanken zu erzeugen. Fehlt ein Wort, ist alles verfehlt; ein Wort zuviel: vorbei am Ziel. Das Gesagte transzendiert sich selbst auf etwas ausgesprochen Unaussprechliches, das sich auf eine klare Aussage hin überschreitet, bis der Text ein Gewebe sprachlicher Einzelgänger ist. Rhetorische Unterschreitung des essentiellen Minimums und rhetorischer Überschuß an wichtigen Unwichtigkeiten durch Überschreitung des redundanten Maximums sind Kehrseiten derselben Goldmedaille für den besten Satz des Jahrhunderts. Unterschreitung des sprachlichen und argumentativen Minimums darf alle maximalen Redundanzen des Textes überschreiten und sprachlicher Schmuck alle Unterbietung der Essentials übertreffen. Wäre das noch Philosophie?

Sokrates trieb sich auf den Straßen herum, hielt die Leute von der Arbeit ab, indem er sie in Grundsatzdebatten verwickelte, und kümmerte sich nicht um seine Familie, weder um Frau noch um Kinder. Statt sich zu drücken, wo er nur konnte, bewies er militärische Tapferkeit, und trieb Sport zu seiner Ertüchtigung. Statt vor dem Justizirrtum und den Intrigen zu fliehen, nahm er den Schierlingsbecher. Leider wollte Platon aus Königen Philosophen machen und aus Philosophen Könige. Besser ist ein Reicher, der Philosoph werden will, als ein Philosoph, der sich bereichern will, aber Schulen sollten Denker besser nicht bilden. Epikur hielt seine Genüsse bescheiden, statt ausschweifend in der Askese zu sein. In seinem Garten der Freundschaft lebte er im Verborgenen und mied weise das öffentliche Leben. In seine Gesprächskreise nahm er auch Frauen und Sklaven auf. Der Kyniker Diogenes, welcher Freiheit als Bedürfnislosigkeit erstrebte, hat die schönsten Anekdoten der Philosophiegeschichte. Seine demonstrative Schamlosigkeit war noch zu viel Eitelkeit, aber er wirkte wie der Philosoph par excellence. Seine Ehe- und Kinderlosigkeit ist ebenso anziehend, wie sein Ideal der Weibergemeinschaft abstößt. — Sophistik war die demokratische Rhetorik der Volksaufklärung. Diese Wanderphilosophen verkauften Theorie als praktisches Wissen. Sophisten hatten keine, Philosophen hatten Sklaven. Aristoteles liebte mittelständischen Komfort und sah das Haus der Welt wie von einem Handwerker erbaut, aus Rohstoffen und nach einem Plan im Kopf. Der Dominikanermönch Thomas von Aquin blieb nicht Edelmann und wurde nicht Bischof. Spinoza lebte still und verborgen wie das Urbild eines Philosophen, das Denken war ihn ein Affekt gegen alle Affekte. Leibniz antichambrierte zu sehr in der großen Welt, er war eher Public-Relation-Manager der Metaphysik. Descartes war der weise homme en masque, aber zu vermögend, um nicht das *Buch der Welt* studieren zu wollen. Pascal zog sich aus allen Divertissements ins Kloster Port-Royal zurück, aber geißelte sich dort, statt zu philosophieren. Voltaire war der Intellektuelle schlechthin, eine zweideutige Mischung aus Rokokolibertin und Aufklärer. David Hume lebte für einen skeptisch verzweifelten Denker auf ziemlich großem Fuß in der großen Welt. Seit Kant waren alle bedeutenden Philosophen in der Regel nur noch Staatsbeamte. Marx war die Ausnahme von dieser Regel und bestätigte sie, aber leider ließ er sich von Fabrikant Engels aushalten und beeinflussen. Die adlige Tochter des reaktionären preußischen Ministers Westphalen hätte er besser nicht geheiratet, und zum Gesetz der Väter hat er nie zurückgefunden. Kant trieb seine pietistische Inspektion bis zur transzendentalen Abstraktion. Ängstlich zurückgezogen lebte er in seinem Königsberg und in seinem Hagestolziat; das Ding an sich, die Frauen und die weite Welt blieben ihm fast verschlossen. Für Romantiker Schelling steckte nicht Gottvater in Mutter Natur, sondern Natur in Gott. Geist sei aufgewachte Natur, Natur sei schlafender Geist. Er hat noch die Kunst und die Philosophie der Naturwissenschaft zusammengedacht, das Sein jenseits des Bewußtseins war ihm ein erotischer Wille der Mutter Natur. Für Fichte war Natur nur ein Anstoß für unendliche Reflexion und göttliche Selbstverfeinerung des Ich. Er wollte die Deutschen zu Denkern und die Denker zu Deutschen machen. Hegels Philosophie gab die von der Staatsgewalt zusammengehaltene bürgerliche Arbeitsteilung und technische Atomisierung der Welt frei. Die Familie hält die Triebe so zusammen wie der Staat die bürgerlichen Konkurrenzkämpfe. Er gab die Anarchie der Differenzierung frei, aber nur im Schutze staatlicher

Integration. Mit ihm fing die Moderne an, mit ihm war ihr Programm schon fertig, doch fertig war ihr Programm, nicht die Moderne selbst. Schopenhauer lebte wie Kierkegaard als Rentier und erwartete nichts vom Fortschritt der Industrie für das Wohl der Menschen. Er wollte ganz ästhetisches Weltauge werden, statt mitzumischen in der Welt: Das komfortable Abseits war antimonotheistischer Buddhismus. Nietzsche war ein Hegel ohne Staat, er wollte die entfesselten Existenzen wirtschaften lassen ohne vernünftige Integration im großen Ganzen. Bis zum Lebensende ließ er sich beurlauben und lebte wie Jesus, dessen Dekadenz er verachtete. Dem Arbeiter empfahl er die epikureische Selbstgenügsamkeit des freiwillig Arbeitslosen. Eigentlich ist sein Übermensch der Patriarch, gegen den er erdacht wurde und der den Weltgeist zum Freigeist macht. Adorno wollte wie Nietzsche die Sprengung jeder Integration durch unendliche Selbstdifferenzierung in Individuen, die ihre eigenen Konstellationen finden, statt unter Allgemeinbegriffe subsumiert zu werden. Hegel will den Kreis von Kreisen, den Zyklus aus Zyklen aus Zyklen. (Sinnvoller wäre das Bündel aus Bündeln : Jede Blume entpuppt sich als Strauß von Blumen, und jeder Strauß ist eine Blume in einem größeren Strauß. Jeder Gelenkpunkt des Lebens ist Individualität nach oben und Allgemeinbegriff nach unten, eine Einheit von Einzelheiten und selbst nur eine Einzelheit in einer höheren Einheit, Begriff und Individuum zugleich. Alle seien Kinder von Eltern und Eltern von Kindern, um Mensch zu werden.) Vier proletarisch geborene und proletarisch später auch lebende Philosophen sind hervorzuheben: Epikur, Böhme und Maimon. Ein Sartre hatte zu viel Erfolg beim Bürgertum, als er seinen Beamtenstatus aufgab. Sein *Ego cogito* hat nie das *alter ego* und die *res extensa* erreicht; in seinen existenziellen Netzen verfing sich wenig. Jaspers philosophierte aus der Grenzsituation seiner Todkrankheit heraus allein auf seine Frau hin. Wittgenstein trieb logische Mystik gegen die drohende Psychose und Suizidgefahr.

Auffällig viele moderne Philosophen auch in Deutschland sind damit beschäftigt, die Philosophie nicht nur in den Rang einer möglichst strengen (Natur-)Wissenschaft oder wenigstens wissenschaftlichen Wissenschaftstheorie zu bringen, sondern auch Einzelwissenschaften in all ihren Grundbegriffen, Forschungsmethoden, Wahrheitskriterien und Geltungsansprüchen zu einem bevorzugten Gegenstand ihrer Reflexion zu machen. Um nicht wieder in den Geruch einer pseudoreligiösen Heilslehre, eines Begriffsschamanismus für verkrachte Künstler zu kommen, will sie Wissenschaftsphilosophie oder philosophische Wissenschaft sein. Wer nicht bevorzugt über Wissenschaften nachdenkt, will wenigstens selbst als Wissenschaft ernstgenommen werden, und Philosophien, die nicht selber strenge Wissenschaft sein wollen, suchen wissenschaftliche Seriosität, indem sie einzelwissenschaftliche Grundbegriffe gern zu ihren Primärobjekten machen. Solange Proletarier nun aber nichts als Hiwis oder gar Forschungsobjekte des Wissenschaftsbetriebs sind, besteht für sie einstweilen kein Grund, die Möglichkeiten ihrer Selbstemanzipation an die Erkenntnisfortschritte einer Wissenschaft oder Industrietechnik zu binden. Eine nichtbürgerliche Wissenschaft ist bisher nicht einmal in Ansätzen am Horizont sichtbar und skizzierbar, wenigstens nicht von Arbeitern selbst, die ja in Wissenschaftlern keine Mit-Arbeiter haben. Der DIAMAT macht sie weniger zu Evolutionssubjekten als zu Konterrevolutionsobjekten. Will sagen : Ob der Sozialismus wissenschaftlich daherkommt oder nicht, proletarisch brauchbar ist

er weniger zur Selbstbefreiung als zur Selbstentfremdung des einzelnen Plebejers. Wenn wir enttäuscht beklagen, daß Wissenschaft und Technik heute antiproletarisch nicht nur im Kapitalismus wirken, dann ist damit keinem obskurantistischen Intuitionismus das Wort geredet, sondern die Notwendigkeit, auf ein historisch tradiertes Sklavenselbstbefreiungswissen zurückzugreifen, das durch den Siegeszug der mathematischen Naturwissenschaft und ihrer industriellen Nutzanwendung eher verschüttet als freigelegt wurde.
Die europäische Aufklärung hatte stets ihre eigenen reaktionären Mythen. Zum Beispiel hat sie das Kind mit dem Bad ausgeschüttet, als sie das gesicherte und kontrolliert bewährte Wissen der biblischen Schriften zusammen mit dem institutionalisierten Herrschaftswissen der christlichen Kirchen als autoritären Aberglauben verwarf. Die Angst auch der Philosophie, ihre theoretische Dignität ganz einzubüßen, wenn sie nicht selbst als Wissenschaft sich ausweist, ist eine bürgerliche Sorge um Reputation und ohne emanzipatorisches Interesse. Solange die Wissenschaften eher Herrschaftswissen als Sklavenemanzipationswissen bereitstellen, dürfen die Opfer sich gegen den Moloch Wissenschaft so heftig wehren wie gegen den Moloch Wirtschaft überhaupt, - was von der Verpflichtung zu klarem, an der Erfahrung der Realität prüfbarem Denken gerade nicht entbindet, sondern ohne Rückhalt beim wissenschaftlichen Fortschrittsbetrieb gerade diese Verpflichtung ganz besonders einschließt. Der Proletarier kann an popularisierten Resultaten der Wissenschaft teilhaben, aber nicht am wissenschaftlichen Fortschritt und an Entscheidungen über Forschungs(ein)richtungen. Kurz : Er muß sein eigener Wissenschafts-, Kultur- und Bildungspolitiker sein, also Autodidakt und gnadenloser Amateur.

Mm-oral oder Amor-Aal?

Soll ich andere mit moralischen Maßstäben messen, die sie sich selbst gar nicht gesetzt haben? Ist es nicht fairer und vor allem ergiebiger, den Anspruch, mit dem einer selbst auftritt, damit zu konfrontieren, was er wirklich ist, tut und unterläßt, statt ihn im Lichte von Instanzen zu beurteilen und von Podesten herunter abzukanzeln, vor denen er gar nicht zu bestehen beansprucht? Gehe ich also mit gutem Beispiel voran. Sehen wir also zu, ob ich wirklich der bin, für den ich mich halte und als der ich mich anderen verkaufe. Nicht andere haben mir dieses Plansoll auferlegt, sondern ich mir je selbst. Ja, ich behaupte, dieses Plansoll, so niedrig es auch angesetzt sein mag, erfüllt zu haben oder wenigstens von seiner Erfüllung nicht so weit entfernt zu sein, daß ich mir ernste Vorwürfe machen müßte. Vergleichen wir also einfach die Wirklichkeit mit ihrer Vorstellung von sich selbst, nicht mit einem hehren Ideal, das ihr äußerlich und fremd ist, wie erhaben es auch sein mag und wie schön es auch wäre, einem solchen Ideal zu genügen oder auch nur ein solches Ideal sich gewählt zu haben.

Dabei ist es gleichgültig, ob ich meiner Wunschvorstellung von mir selbst wirklich sehr nahe gekommen bin oder aus Faulheit und Einsicht in meine beschränkten Kräfte dieses Ideal gar nicht erst so hoch gehängt habe, daß wirklich außerordentliche Klimmzüge vonnöten wären, um es zu erreichen. Wer hochgesteckte Ziele sein eigen nennt, darf stolz auf die Menge dessen sein, was er sich zumutet und abfordert, muß sich aber den Abstand vorwerfen lassen, der ihn davon trennt. Wer umgekehrt aus welchen

Gründen auch immer seine Ziele von vornherein ermäßigt hat, wird leicht dafür belächelt oder verachtet, daß er sich nicht mehr vorgenommen hat, kann aber doch für sich verbuchen, daß er die ins Auge gefaßte Zielstufe wenigstens erreicht hat. Wir wollen hier nicht untersuchen, was wertvoller oder befriedigender ist, ein unerreichtes, vielleicht unerreichbar hohes Ziel wenigstens sich gesetzt oder ein minder hohes wenigstens erreicht zu haben. Wir schenken uns hier auch die Untersuchung der Motive, die jemanden bewegen könnten, die Erreichbarkeit eines noch so bescheidenen Ziels für wichtiger zu halten als seinen gesellschaftlich anerkannten und bestaunten Schwierigkeitsgrad. Im allgemeinen spiegelt sich die Individualität eines Menschen nicht nur in der Wahl seiner Ziele, sondern auch in der Art des Kompromisses zwischen Ambitioniertheit seines Plans und dessen Erfüllbarkeit, weil man nicht nur stolz sein kann auf das, was man erreicht hat, unabhängig von dessen Sozialprestige, sondern auch auf das, was man sich vorgenommen hat, unabhängig von dem, was davon realisiert wird. Wer hoch hinaus will, ist der nicht schon ein wenig mehr als er selbst, weil er es will und sich nicht zufrieden gibt mit der Sicherheit, sich nicht lächerlich machen zu können durch Verzicht auf das Risiko des Scheiterns? Wem die Befriedigung darüber, ein Ziel wenigstens erreicht zu haben, wichtiger ist als die Attraktivität des Ziels selbst, steht allerdings umgekehrt gut da vor dem, der sich auch dann noch mit seinem Ideal identifiziert, wenn dessen Mißverhältnis zu seinen Aussichten, es zu realisieren, krass hervortritt und nicht eingestanden wird. Besonders Sartre war es vorbehalten, diese Dialektik von Ist und Soll, von Realität und Idee, Faktizität und Plan herausgearbeitet zu haben als Dialektik der Zeitlichkeit des menschlichen Daseins : Ich bin (schon), was ich (noch) nicht bin, und ich bin nicht (mehr), was ich (noch) bin, läßt Sartre den Menschen sagen im Unterschied zu allem anderen Seienden, das schlicht ist, was es ist und sonst nichts. Ich wähle ein Ziel, mache einen Plan, entwerfe eine Zukunft, und nach Sartre bin ich nichts anderes als diese Wahl und dieser Entwurf, ich kann nicht nicht wählen, ich habe immer schon gewählt. In diesem Zusammenhang soll uns nicht die existenzialistische Metaphysik dieser Wahl interessieren, sondern nur die Beschreibung des Verhältnisses zwischen der Gegenwart, in der ein Plan entworfen wird, und der Zukunft, in der er sich erfüllen soll.

Wenn ich etwas sein möchte, gebe ich zu, es noch nicht zu sein. Ich bin es schon in Gedanken, nehme es bereits in Wunsch und Vorstellung und allen Veranstaltungen vorweg, die darauf abzielen, es zu erreichen, bin es aber noch nicht *in Wirklichkeit*. Und in eben dieser Phantasie bin ich schon nicht mehr, was ich realiter ja doch noch bin, sofern meine Idee von mir selbst noch nicht realisiert ist. Zuweilen ist es durchaus sinnvoller, jemanden nach seinen Zielen zu beurteilen, als danach, daß er diese Ziele eben noch nicht erreicht hat. Gebe ich jemandem Kredit, also etwas vor, dann nagele ich ihn nicht fest auf das, wozu er es hier und jetzt bisher gebracht hat, sondern stelle in Rechnung, worauf er hinauswill, und nehme in den Katalog dessen, was ihn ausmacht, also auch auf, was ihn vielleicht einmal ausmachen wird. Dadurch erkenne ich mit einer gewissen Großherzigkeit an, daß zur Wirklichkeit eines Menschen auch das gehört, was er wirklich plant, träumt, entwirft, und nicht nur, daß er es nicht erreicht hat bisher. Diese Pläne und Entwürfe sind ja wirklich die seinen, ohne daß ich dazu Gedanke und Realität verwechseln und den Vorsatz für die Tat nehmen müßte.

Und doch muß sich einer natürlich messen lassen an dem, was er sein will und also nicht ist, d.h. definieren lassen durch den Abstand, der ihn trennt von dem, was er will. Eine ausgesuchte Infamie, aber auch ein infantiles Vergnügen besteht darin, sich hämisch zu weiden an der Kluft zwischen der Realität und irgendwelchen idealen Vorstellungen, die von außen an diese Realität herangebracht sind ohne innere Beziehung zu ihr. Jeder kann sich eine willkürliche Form von menschlicher Vollkommenheit ausmalen und dann sich schadenfroh hochziehen an der nüchternen Feststellung, wie wenig die Menschen, die er klein sehen möchte, diesem Ideal entsprechen. Das Vergnügen daran, andere dadurch abzuwerten, daß man sie sich blamieren läßt vor moralischen Ideen, mit denen sie sich gar nicht identifizieren, ist bestenfalls allzumenschlich, aber nicht sehr moralisch, weil allzu billig zu haben. Gesetzt, jemand hielte sich weder für einen Schuft noch für einen Heiligen, also für jemanden, der nicht besser und nicht schlechter ist als andere auch, also nicht mitschuldig am Elend in der Welt, am Hunger in Indien, an den ungerechten Zuständen des Landes, in dem er gut lebt. Da er ja nichts dagegen tun kann, es auch nicht angeordnet und zu verantworten hat, ist er kein Lump, wenn auch sein relativer Wohlstand in der Tat auf der kaschierten Ausbeutung anderer Länder durch sein Land mitberuht. Gesetzt, alle hielten sich für unschuldig an all diesen Mißständen, ich selbst aber bekenne mich mitschuldig. Ginge es mir bei einer solchen moralischen Selbstbezichtigung dann wirklich darum, andere aufzurütteln und mit gutem Beispiel zu einer Scham zu provozieren, die sie motivieren könnte, etwas gegen das Böse in der Welt zu unternehmen? Ich stelle mich hin und nenne mich öffentlich ein Schwein, obwohl allen klar ist, daß ich nichts Schlimmeres tue und getan habe als alle anderen auch, nämlich nichts. Aber ich bekenne es, und damit tue ich entweder mir oder allen anderen Unrecht, die in meiner Selbstkritik ja stillschweigend mitangeklagt sind. Es ist, als riefe ich anderen zu: Entweder ihr gesteht, Schweine wie ich zu sein, oder ihr müßt Euch vorwerfen lassen, unaufrichtig zu sein. Tertium non datur. Wie Ihr Euch auch dreht, entweder seid Ihr schlechter oder verlogener als ich, der ich wenigstens zugebe, ein Schwein zu sein. Ihr seid nicht so unschuldig oder aufrichtig, wie Ihr vorgebt. So kann ich mich suhlen in moralischer Verderbtheit, weil ich die Aufrichtigkeit genießen darf, sie doch gestanden zu haben: Ich bleibe meiner Schande überlegen und bin besser als ich selbst. Das ist der Hebel, um andere aus den Angeln zu heben, das Mittel, sie vom Sockel ihrer Selbstgefälligkeit zu reißen, wann immer ich will; und ich will immer.

Ginge aber einer, überwältigt von der Scham, die ihn packte angesichts seiner Mitschuld oder Heuchelei, wirklich in sich und ans Werk und raffte sich auf und beschlösse, bei der Weltveränderung mitzuhelfen, er würde auf der Stelle für mich uninteressant. Ein solcher Mensch wäre ja wirklich besser als ich, der ich es mir genügen lasse aus Stolz darauf, dem Eingeständnis meiner Schwäche gewachsen zu sein. Ich genieße es, andere ausweichen zu sehen vor der narzißtischen Kränkung, die mit der Selbsterkenntnis verbunden ist.

Wie gut muß ich sein, daß ich mich für so schlecht halte, schlechter als andere wenigstens, die nur ihrer Schlechtigkeit nicht ins Auge sehen mögen. Was ich anderen voraus haben möchte, ist nicht größere Kraft und Güte, sondern diese Fähigkeit, die Schuld und Schwäche zu gestehen, die jeder vor sich und anderen verbirgt. Sobald einer sich vor mir kastriert, sich als schwach, schuldig, schlecht und hilflos eröffnet, bin ich entwaffnet und biete ihm Hilfe an. So verfahre ich nach dem Rat Pascals, die Hochmütigen zu demütigen und die Zerknirschten zu ermutigen. An anderen verfolge ich die Arroganz der falschen Bescheidenheit, die ich an mir selbst verachte. Ich kastriere andere dadurch, daß ich mich selbst vor ihnen kastriere, d.h. ihnen beweise, daß sie sich nicht zu kastrieren wagen oder als kastriert zu bekennen. Ich bin stolz nicht nur auf meine Aufrichtigkeit, sondern auch auf die Scham und den Ekel, die mich packen, wenn ich den Stolz auf meine Aufrichtigkeit erkenne und verurteile : Gut sein, d.h. besser sein wollen als andere, durch den Mut brillieren, sich Blößen zu geben. Ich will das Recht erwerben dürfen, anderen vorzuwerfen, was ich mir selbst vorwerfe, oder will ihnen wenigstens vorwerfen dürfen, daß sie es sich *nicht* vorwerfen. Was für eine Potenz im Mut, sich selbst zu kastrieren, und welch eine Impotenz, seine Impotenz nicht zu zeigen!

Ich würde sofort aufhören, meine Selbsterniedrigung masochistisch zu genießen, wenn ich wirklich andere dazu bringen könnte, sich als schwach und schuldig zu fühlen. Ich gehe einfach davon aus, daß alle diese narzißtische Kränkung durch öffentliche Selbsterkenntnis um fast jeden Preis sich selbst ersparen wollen. So kann ich ihnen zurufen : Wenn Ihr ehrlich wärt, würdet Ihr gestehen, was ich gestehe. Aber Ihr seid nicht gut, sondern zu feige, Euch Blößen zu geben. Ich bin ein Schwein, aber Ihr seid Schweine zum Quadrat, weil Ihr es nicht wahrhaben wollt, daß Ihr es nicht weniger seid als ich. Also bin ich besser als Ihr, weil ich mich für schlechter halte als jeder von Euch selbst. Was zu beweisen war. Es geht mir damit nicht um die Hungernden in Indien, sondern darum, daß ich denen überlegen bin, die nicht weniger dagegen tun. als ich, nämlich gar nichts. Wenn schon alle nichts tun und ich nicht mehr als die anderen, tue ich wenigstens mehr als die anderen dadurch, daß ich allein gestehe, eigentlich etwas tun zu müssen und zu können. Und es fällt mir leicht, als Schwein und Schwächling dazustehen, nicht, weil ich Masochist bin, sondern weil ich allein dadurch etwas weniger Schwein zu sein glaube, daß ich als einziges Schwein unter Schweinen zugebe, ein (armes) Schwein zu sein.

Ich gebe sogar vor, zerknirscht zu sein darüber, daß dieses Eingeständnis mich nicht soweit zerknirscht, daß ich mich zum Handeln aufraffte, weiß ich doch, daß niemand sich aufraffen wird auch nur zum selben Geständnis, geschweige denn dazu, die Konsequenzen des Handelns daraus zu ziehen. Die Leute werden, wenn überhaupt, durch alles andere als durch diese aufgezwungene Konfrontation mit sich selbst zum moralischen Handeln erweckt; ich weiß das, und meine unmoralische Strategie, aus der Flucht anderer vor narzißtischer Kränkung mein eigenes narzißtisches Kapital zu schlagen, ist darauf gebaut. Wie schlecht müßt Ihr sein, daß Ihr Euch für so gut haltet, wie schön und stark muß ich sein, daß ich es aushalte, mich für so viel schwächer und häßlicher zu halten als (Ihr) Euch. – Und was wollen wir nun tun?

„Falls die Mikrotechnik den Menschen von der Arbeit als Subsistenzmittel befreit", ist er „eher bereit, aus Langeweile sich oder andere zu töten, als sich dem Studium oder den schönen Künsten hinzugeben." (*Hartmut Lange* : „Tagebuch eines Melancholikers", Zürich 1987, Seite 63 f.)

Jaspers auf Freuds Filosofa

Gar nicht seine unheilbaren Bronchialektasen allein, die ihn nach aller medizinischen Erfahrung zu einem kurzen Leben hätten verurteilen müssen, und zu pedantischer Tageseinteilung trieben, ließen ihn lebenslang eine unüberwindliche Einsamkeit suchen und beklagen. Seit der Schulzeit verabscheute der gebürtige Oldenburger allen Betrieb und alles gesellschaftliche Leben, beschränkte die Kommunikation, deren Philosoph er war, auf seine Ehefrau Gertrud. "Ist nicht mein Philosophieren der Kommunikation von allen modernen Bemühungen das einsamste?".

Der "Natophilosoph" und moralpredigende "Präceptor Germaniae" liebte die apodiktische Rede und pädagogisch-prophetische Geste, erwartete auch geschichtlich das Heil allein von "großen", geistig "maßgebenden" aristokratischen Figuren, war ganz höflich schroffe Würde und von erkältender Herablassung bei aller Güte. Überkompensierte er à la Adler seine Organminderwertigkeit durch Insistieren auf einsam stolzes, elitär *existentielles Selbstsein* inmitten vermassend nivellierter Umwelt oder bleibt man damit so an der Oberfläche, wie Jaspers selbst 1931 in "Die geistige Situation der Zeit" nur Symptome aufzählte? Weder als Psychiater der "Psychopathologie" noch in "Die Psychologie der Weltanschauungen", die zum Philosophen führten, war er ein Naturwissenschaftler. "Mein Gebiet ist der Mensch, zu nichts anderem hätte ich dauernd Fähigkeit und Lust." "Es gibt keine Sache der Philosophie, die vom Menschen loslösbar ist. Der philosophierende Mensch, seine Grunderfahrungen, seine Handlungen, seine Welt, sein alltägliches Verhalten, die aus ihm sprechenden Mächte sind nicht beiseite zu lassen." Der philosophische Gehalt wird zur Haltung des Philosophen, leider auch umgekehrt. Jaspers war der einzige Philosoph, der über die Psychologie und Psychiatrie zur Philosophie stieß, zum "Kümmern um uns selbst", gegen alle bloße "Professorenphilosophie" mit ihrer "Erörterung von Dingen, die für die Grundfragen unseres Daseins unwesentlich sind." Die Psychoanalyse (wie auch der Marxismus übrigens) galten ihm als notwendige, aber nicht zureichende Versuche, das Wesen des Menschen zu fassen. Jaspers ermuntert dazu, sich anzueignen, "was vom Menschen gegenständlich wißbar ist", aber das Eigentliche sei gerade das, was objektiv nicht zu fixieren ist, das "Selbstsein aus Freiheit". Dieses *Existenzielle* wird auch über die psychologische Objektivität gestellt, über die Theorie vom Subjekt. "Der Mensch als Ganzes liegt hinaus über jede faßliche Objektivierbarkeit. Er bleibt gleichsam offen." Der Mensch als "die größte Möglichkeit und größte Gefahr in der Welt" "ist sich ungewisser als je." Diese anthropology to end all anthropology geht wieder ganz aus vom Menschen als "nicht festgestelltem Tier" *(Nietzsche),* als physiologischer Frühgeburt und instinktunsicherem Nesthocker, der enkulturieren muß, was er biologisch nicht mitbekommt und was ihn naturhaft nicht prädeterminiert.

Jaspers große "Philosophie" besteht aus drei Teilen: "Weltorientierung" (Frau Welt, Mutter Natur), "Existenzerhellung" (Ich des Sohnes) und "Metaphysik" (Vater). Damit sind die drei Kardinalthemen Gott und die Welt und die Seele als Vater, Mutter und Kind angeschnitten. Die "Weltorientierung" will erkennen, was zu erkennen und wie weit es zu erkennen ist : eben bis zu dem Punkt, wo die "tiefste, existentielle Freiheit" anfängt, "die Wahl meines Selbst" zwischen der Scylla der Mutterbindung und der Charybdis der

Vaterbeziehung hindurch, frei immer nur von einem Elternteil, um an den anderen verfallen zu sein, ewig oszillierend, frei vom Vater zur Mutter und zurück, immer „in der Schwebe" auf der Flucht vor der schizophrenogenen Beziehungsfalle, um die Antinomien der Kommunikation und des Autismus transzendieren zu können.

Ich soll mich in der Welt orientieren, umsehen und zurechtfinden, mich nach Frau Welt ausrichten und auf sie einstellen, die Himmelsrichtung nach dem Aufgang der (gut phallischen) Sonne bestimmen, wie "orientieren" ursprünglich bedeutet. Mutter Natur setzt mich in die Welt, die ich nach dem Bilde ihrer Leibeshöhle als vaginale Öffnung imaginiere, in der ich mich orientiere, indem ich meine Richtung bestimme aus dem Ort des Sonnenaufgangs, also der Geburt des männlichen Phallus aus ihrem Schoß. Jaspers will wissen, was an diesem Liebesobjekt objektiv "erkennbar" ist, und stellt fest, daß es nicht alles ist, weil die Mutter inzesttabuiert ist. Umgekehrt will er wissen, was er in den Augen der Eltern ist, und stellt ebenfalls fest, daß es nicht alles ist, daß er nichts ist, wenn er nicht gegen sie etwas ist und sich gegen sie zu etwas macht, also aufhört, nur ein Kind seiner Eltern zu sein, ihr Er-zeugnis und bloßes Objekt.

In der "Existenzerhellung" stellt das Menschenkind, das sein Bild in den Augen seiner Eltern überschreitet, sich auf eigene Füße, grenzt sich gegen Vater und Mutter ab, wählt sich gegen das, was sie mit ihm vorhaben, entscheidet sich gegen die in ihn investierten narzißtischen Ambitionen seiner Herkunft und Abstammung. Sich verfehlen und versäumen heißt dann, genau das tun und werden, was die Eltern sich vorgestellt haben, was *man* verlangt also. Das analsadistisch stolze ᶠᶠSelbstsein^tf will sich befreien aus der Bevormundung durch kausal wirkende Einflüsse verinnerter Elternimagines und internalisierter Ichideale. "Der Mensch findet in sich, was er nirgends in der Welt findet, etwas Unerkennbares, Unbeweisbares, niemals Gegenständliches, etwas, das sich aller forschenden Wissenschaft entzieht: die Freiheit. "Es gibt kein Geschichtsgesetz, das den Gang der Dinge im ganzen bestimmt. Es ist die Verantwortung der Entschlüsse und Taten von Menschen, woran die Zukunft hängt." "Freiheit ist weder beweisbar noch widerlegbar". "Freiheit erweist sich nicht durch meine Einsicht, sondern durch meine Tat". Kurzum : ich tue so, als ob ich frei sei, unabhängig, selbständig, und als könne ich die Kette der Kausalität, die mich an meine Urheber und Erzeuger bindet, unterbrechen, um eine indeterminiert Regung in die Welt zu setzen. Nach Jaspers bin ich Kind meiner Eltern, aber irgendwo auch schon mein eigener Vater und meine eigene Mutter, statt lediglich durch Elternintrojekte fremdgesteuert zu sein. Ich "habe handelnd Augenblicke, in denen ich mir gewiß werde : was ich jetzt will und tue, das will ich eigentlich selbst. So will ich sein, daß dieses Wissenwollen und Handeln mir gehört." "Ich weiß, daß ich nicht nur da bin und so bin und infolgedessen so handle, sondern daß ich im Handeln und Entscheiden Ursprung bin meiner Handlungen und meines Wesens zugleich."

Natürlich steckt in diesem ebenso unbeweisbaren wie unwiderleglichen Postulat viel primärnarzißtische Omnipotenzphantasie, analer Retentionsstolz, deuterophallischer Narzißmus und inzestuöspatrizidaler Wunschtraum als Reaktionen auf frühe traumatisierende Ohnmachtserlebnisse. Philosophie als das "Denken, durch das der Mensch er selbst werden möchte", wird zum Refugium aller gekränkten Allmachts- und Unabhängigkeitssehnsüchte, zu einem Kompensat narzißtischer Kränkungen. In jeder Kommunikation droht erneut die alte Unselbständigkeit wiederaufzuleben, die Gefahr von Repression und Symbiose. Jaspers sucht eine Form des Miteinander, die aus der Einsamkeit befreit, ohne abhängig zu machen und das Selbstsein zu bedrohen, ohne aber auch zu zerfallen in das gleichgültige Nebeneinander narzißtisch selbstgenügsamer, existentieller Einsamkeiten. Er will die Dialektik von Symbiose und Individuation lösen, von Einheit und Vielheit der Vereinzelten, von Verschmelzung und Ablösung. Diese Dialektik ist die Krux der Psychosen, die ihn als Psychiater sehr faszinierten, um "die Grenze der menschlichen Möglichkeiten zu kennen". Philosophisch endet er beim Aufruf zum liberalistischen Nebeneinander aristokratisch in sich verkapselter Sozialatome und kleinbürgerlicher Besitzprivatiers. Angstfreie Kommunikation, die ihn nicht mit *Nivellierung* (Kastration) und *Vermassung* (Geschwisterrivalität und paranoide Absorption) bedroht, erwartet er nur von der Ehe, in der er als er selbst, d.h. als sein eigener Vater seine eigene Mutter gegen alle Kastrationsdrohung durch den Vater und gegen alle Präokkupation durch die prä-ödipale Mutter für sich hat. Aber das Ich des Sohnes kommt mit diesem stolzen Selbstsein nicht zur Ruhe. Die "bohrenden Fragen" nach dem Ursprung aller Dinge geraten in Antinomien und Paradoxien. *Pater semper incertus*, und der *Erkennbarkeit* der *mater certissima* sind doch wieder die Grenzen der Inzestschranke gesetzt. Ich bin Wirkung meiner Eltern-Introjekte, Kind aus maternalem Ur-sprung, und doch als meine eigenen Eltern Ursache meiner selbst, endlich und unendlich, abhängig und frei, vergänglich und unverwundbar zugleich. Die "Zerrissenheit des Daseins" mit den "Fragwürdigkeiten der faktischen wissenschaftlichen „Weltorientierung" und mit diesem "Abgrund des schlechthin Unbegreiflichen" wird offenbar, wenn das

Dasein an den "Grenzsituationen" scheitert: "letzte Situationen, die mit dem Menschsein als solchem verknüpft, mit dem endlichen Dasein unvermeidlich gegeben sind". Die Unausweichlichkeit des Schicksals, von Kampf, Leiden, Schuld, Einsamkeit und Tod werden ontologisch wieder hypostasiert als anthropologische Invarianten, nicht soziorelativ gesehen als vorerst allerdings unaufhebbare kontingente Kehrseite gesellschaftlicher Vorkehrungen der spätbürgerlichen Epoche. Das mutig inzestuös-patrizidale *existentielle Selbstsein* des Kindes stößt an die "absolute Grenze" eben des Inzesttabus und Patrizidverbots, also an das Realitätsprinzip des Überich im Herzen des individualistischen Selbstseins, das dadurch als Illusion und Rationalisierungsinstanz sich decouvriert. Das Fazit lautet : "Das Scheitern ist das Letzte".

Die Todesangst als Angst vor der Vergeltung von Todeswünschen gegen andere, als Kastrations- und Verlustangst, die Mischung aus Schuldangst und Trauer beim Tod geliebter Personen, der Konkurrenzkampf der Geschwister um die Favoritenrolle bei den Eltern, die Schuldängste vor den eigenen inzestuösen und patri- wie fratrizidalen Phantasien, das depressive Leiden an der Insuffizienz vor den Ichidealen der idealisierten Eltern-Imagines, die Moira der archaisch phallischen Mutterimago wird ontologisiert zum Pandämonium der vorprogrammierten Niederlage des Kindes, zur "schwebenden Fraglichkeit in der Wirklichkeit des restlosen Scheiterns" : "Das Wesen des Menschen wird sich erst bewußt in den Grenzsituationen", in die das Menschenkind allerdings ja nur gerät, soweit es "es selbst sein will" gegen das Inzest- und Patri-Fratrizidtabu, gegen diese "Wand, an die wir stoßen", sobald wir auf uns selbst bestehen. "Im Blick auf das Scheitern scheint es unmöglich zu leben. Wenn das Wissen um das Wirkliche die Angst steigert, Hoffnungslosigkeit mich in der Angst vergehen läßt, so scheint vor der unausweichlichen Tatsächlichkeit die Angst das Letzte zu werden; die eigentliche Angst ist die, die sich für das Letzte hält, aus der kein Weg mehr ist", und wo ich "in den bodenlosen Abgrund der endgültig letzten Angst versinke". Was hilft nun gegen das "starre Dunkel des Nichts"? "Wir werden wir selbst, indem wir in die Grenzsituation offenen Auges eintreten". "Im Nihilismus wird ausgesprochen, was dem redlichen Menschen unumgänglich ist". Der Weg aus der Verzweiflung sei "Sprung zu mir als Freiheit". "Der Sprung aus der Angst zur Ruhe ist der ungeheuerste, den der Mensch tun kann". Was ist das philosophische Sedativ dagegen?

Nun passiert im „Jasperletheater" (Karl Barth) so etwas wie der Auftritt des Deus ex machina: "Ich wähle mich selbst", aber dieses Selbst habe ich nicht selbst geschaffen, es wird mir "geschenkt". Und je nachdem, gegen welchen Elternteil ich mein Selbst wähle, erfahre ich dieses Selbst als mir vom anderen Elternteil gegeben. Gesetzt, ich grenze mich in der Separationsphase von der präödipalen Mutter ab, ließe ihre Hände los, um die ersten eigenen Schritte ins Leben zu tun, stolz auf mein *existentielles Selbstsein*, das hier Freisein von mütterlicher Protektion bedeutete. In diesem Falle würde das Selbst des Kindes an der Grenzsituation der Abnabelung scheitern und fallen, falls es seine Selbstidentität gegen die archaisch verstrickende Mutterimago nicht durch Identifikation mit einem starken Vater erhielte. "Daß er auf sich selbst steht, verdankt er einer ungreifbaren, nur in seiner Freiheit selbst fühlbaren Hand aus der Transzendenz". Das Kind muß sich hier auf ein Vaterintrojekt stützen als Hilfe gegen eine böse Mutterimago, die keinen Halt mehr verspricht; es taumelt aus den Armen der Mutter heraus – und fällt in die Hände Gottvaters.

Das Selbst als Freiheit von der Mutter ist dann ein Selbst von Gnaden des Vaters, eine Selbstidentität gegen den diffusen Sog der phallischen Mutter und ihrer paranoisch verfolgenden An- und Abwesenheit. Andererseits fängt eben diese prä-ödipale, nutritiv-alimentäre Mutterimago mich auf, falls ich an der Kastrationsdrohung einer Vaterfigur scheitern sollte, falls ich also ich selbst gegen das restriktive paternale Realitätsprinzip werden will und scheiternd zurückfalle auf die prägenitale Mutter-Kind-Symbiose, auf gute Mutterintrojekte, die das Urvertrauen aufrechthalten gegen alles Versagen an der Vaterrevolte. Das Selbst des Kindes als Freiheit von der einen Elternimago ist nach Jaspers immer ein Selbst aus der stützenden Identifikation mit dem komplementären Elternteil. Der Vater schützt vor dem Scheitern an der schizoidalen Mutterbindung, die Mutterimago im *basic trust* vor der Verzweiflung über die Niederlage gegen den Vater im Realitätsprinzip. Als Herr über die Mutterbindung bleibe ich Knecht der Vaterbindung u. u.

Das *Selbst* des Menschenkindes gegen den Vater ist ein Mutterintrojekt und gegen die Mutterimago ein Identifikat mit dem Vater.

"Gerade im Ursprung meines Selbstseins bin ich mir bewußt, mich nicht selbst geschaffen zu haben. Wenn ich zu mir als eigentlichem Selbst in das nur und nie ganz zu erhellende Dunkel meines ursprünglichen Wollens zurückkehre, so kann mir offenbar werden : wo ich ganz ich selbst bin, bin ich nicht mehr nur ich selbst. Denn dieses eigentliche „ich selbst", in welchem ich in erfüllter geschichtlicher Gegenwart „ich" sage, scheine ich wohl durch mich zu sein, aber ich überrasche mich doch selbst mit ihm; ich weiß etwa nach einem Tun : Ich allein konnte es nicht, ich könnte es so nicht noch einmal. Wo ich eigentlich ich selbst war, im Wollen, war ich mir in meiner Freiheit zugleich gegeben". "Existenz ist nicht ohne Transzendenz", und da die mütterliche Mater-ie das Prinzip der Immanenz ist, scheint hier im Herzen des Selbstseins eher das patrigene Über-Ich qua Ichideal gegen eine böse Mutterimago der Frau Welt installiert zu sein, als ein gutes Mutterintrojekt gegen den kastrierenden Vater. "Wenn der Mensch sich innerlich behauptet im Geschick, wenn er unbeirrt standhält noch im Sterben, so kann er das nicht durch sich allein." "Der philosophische Glaube ist der unerläßliche Ursprung allen echten Philosophierens". Der "Glaube an die Transzendenz" ist zwar nur ein "Kreisen um Transzendenz", ohne christlich entschiedenes Ziel, und viel zu persönlich, um kirchlich institutionalisierbar zu werden, ein bloßer ewiger "Aufschwung zur Transzendenz", aber doch "unbegreifliche Gewißheit": "Gott ist. Es gibt die unbedingte Forderung" des Überich.

Gottvater und Mutter Natur sind nur in Grenzsituationen spürbar, „im unbegreiflichen Aufgefangenwerden" durch gute Introjekte. "Daß Gott ist, ist genug". "Durch Nachdenken über Gott wird Gottes Sein nur immer fragwürdiger." Der *pater semper incertus* verdammt auch den *philosophischen Glauben* an ihn zu einem neurotischen Familienroman, den Ursprung der Philosophie zur Philosophie des Ursprungs, zur Spekulation über die eigene Herkunft, wie Marthe Robert es für den Roman postuliert hatte. Nikolaus von Cues inspiriert Jaspers zur bloß negativen Theologie, zum bloßen sokratischen "Wissen des Nichtwissens", wer der Vater ist. Diese Ungewißheit legiert sich mit der Kastrationsangst zu dem Vorschlag: "Philosophische Existenz erträgt es, dem verborgenen Gotte nie direkt zu nahen." Gottvater offenbart sich nur vieldeutig in Frau Welt und Mutter Natur, die seinen Phallus in sich verbirgt und ahnen läßt.

Alles an Mutter Erde ist verschlüsselter Hinweis auf den genitalen Schlüssel des Vaters in ihr und hinter ihr, sie ist "Chiffre der Transzendenz", die von der sexuellen Neugier des Kindes decodiert werden will. Die Welt wird als Frau Welt, die Natur als Mutter Natur oder *Adam Kadmon*, als *Giganthropos* animistisch erlebt. "Es gibt nichts, was nicht Chiffre sein könnte. Alles Dasein hat ein unbestimmtes Schwingen und Sprechen, scheint etwas auszudrücken, aber fraglich wofür und wovon. Die Welt, ob Natur oder Mensch, ob Sternenraum oder Geschichte, ist nicht nur da. Alles Daseiende ist gleichsam physiognomisch anzuschauen." In allem zeichnet sich indizhaft die Physiognomie der Eltern ab, anthropomorphistisch durchaus. Mehr wagt der Ex-Psychologe Jaspers nicht zu sagen, mehr gegenständliche Kontur der Liebesobjekte würde ihn verraten; alles bleibt ganz "in der Schwebe", "ohne faßbares Ergebnis", "Glaube ohne jede Offenbarung ... appellierend an den, der auf demselben Wege ist". Kein "objektiver Wegweiser im Wirrsal", versucht Jaspers, "philosophierend Richtung zu halten, ohne das Ziel zu kennen". Er will nichts davon wissen, daß er weiß, am Ziel so ankommen zu wollen wie bei der Mutter und Frau Welt, von der ihn neben dem Pathos der Distanz auch Berührungsangst trennt, die Angst vor dem in Mutter Natur chiffriert verborgenen Vater, auch die Angst vor der archaisch omnipotenten Imago der frühen phallischen Mutter.

Die depsychologisierten "Grenzsituationen" will er ganz heroisch aushalten: den Kampf (gegen Vater und Geschwister um die Mutter), Schuld (vor dem Überich), Leiden und Versagen (vor dem Ichideal), Krankheit (als somatisierten Konflikt zwischen Es und Überich, als körperliche Züchtigung durch den Vater), Angst vor Kastration, Liebesentzug und Vernichtung

("Aphanisis", Ernest Jones). Ich werde kastriert, also muß ich doch wohl eigenwillig auf meinem eigensten Wunsch bestanden haben : Das Scheitern als Strafe wird zum Indiz und Beweisstück meiner Freiheit, meiner Zurechenbarkeit. Ich werde "zerbrochen", also muß ich etwas getan haben, was andere nicht wollten: Ich scheitere, also war ich ich selbst. Gerettet ist der Mensch bei Jaspers (in aller rhetorischen Gefährdung durch den "Abgrund" der Psychose) allemal : Meine Abgrenzung gegen den einen Elternteil ist immer schon Identifikation mit dem anderen. Mein *Selbstsein* gegen den Vater ist von der Unterstützung der Mutter getragen, und das Selbstsein gegen die Mutter hat den "unbegreiflichen" Beistand des Vaters im Rücken. Die Eltern spielen das Kind gegeneinander aus, es ist "zerrissen", weil es nie weiß, mit wem es endgültig gegen wen geht, als wessen Waffe seine "Eigentlichkeit" eigentlich gegen wen gerade benutzt wird, wessen narzißtischem Ehrgeiz es familienstrategisch gerade dient, aber es weiß sich von dem einen aufgefangen, sobald ihm vom anderen "der Boden unter den Füßen weggezogen" wird, eben das Urvertrauen. Bei Jaspers schlafwandelt der Mensch am Rande des schizoidalen *double-bind* dahin, ausweglos angenommen und abgestoßen zugleich, in mystifizierenden Antinomien der Kommunikation verstrickt, amorph und fragmentiert, schwankend zwischen *pseudo-community* und *pseudo-hostility*, immer auf der Suche nach dem mütterlich „Umgreifenden" und nie erotisch Umarmenden seiner liberalen „Periechontologie" zwischen einem rechten Heidegger und linken Sartre, die ihn beide anzogen und abstießen zugleich.

Der Psychiater Ludwig Binswanger nannte Jaspers für alles Geschlechtliche wie blind.

Gnomologion, Florilegium und Satzgeflügel

„Das Leben, das seine Seele erheben sollte, würde seinen Körper beschädigen." (*Oscar Wilde*: „Dorian Gray")

Wer mit sechzig Jahren immer noch nicht jünger ist als mit zwanzig, bleibt immer älter als seine Eltern.

Notwendig wäre nur gewesen,
was nur du hättest können.

Durchmustert die Musterschüler : Sie hinterließen nur Stoff- und Schnitt- oder Tapetenmuster.

Man hinterlässt Trödel : sein vertrödeltes Leben.

Ich bin nicht *Faust*, mich hat ein Gott, kein Goethe erfunden.

Was gut geht, steht oder sitzt fest.

Ziele sind auch Zielscheiben, und nur Mittelmäßige werden Extremisten.

„Man wird doch wohl wenigstens noch sagen dürfen, dass man vieles gar nicht mehr sagen darf ?!"

Lebst du, wie du denkst, oder
denkst du nur so, wie du lebst?

Wann liebt einer seine Einheit mit dem Nächsten wie sich selbst oder mehr als sich selbst?

Evolution. Mehr Fleisch gab mehr Hirn, mehr Hirn gab mehr hirnloses Fressfleisch.

Atome sind Gnome, und Gnomen sind Omen.

Armut flüchtet vor dem Krieg, Reichtum in den Krieg.

Staat und Religion wurden hier geschieden,
um Staat und Wissenschaft verheiraten zu können.

Die Welt ging noch nie ganz unter :
Vergingen sich zu wenige Menschen?

Normalerweise gelten Normen als pervers.

Gute Schauspieler mimen gern Bösewichte.

Unwahre Worte lügen, falsche Menschen irren.

Wir waren immer lieber digital : Nullen oder Einsen.

Ein großer Schicksalsschlag lässt sich in viele kleine aphoristische Kunststücke schlagen.

Schicklichkeit und Geschicklichkeit nehmen unsere Geschicke aus der leeren Hand in den vollen Mund.

Vernunft ist der zweifelhafte Versuch,
am unbezweifelbarsten Zweifel nicht zu verzweifeln.

Reflexion ist die Traute, funktionierenden Reflexen zu misstrauen.

Abtreiber sind selten die Kinderlosesten.

Etwas zu verneinen, was man gar nicht kennt,
macht es nicht bekannter.

Der Angeklagte schwieg wie ein Goldgräber und das
Grab seines Opfers.

Ich jag dich nicht zum Teufel. Der hilft dir nur.

Es steigt uns leicht zu Kopf,
uns an immer größeren Steigungen zu steigern.

Antworten kommt nie in Frage, beantwortbare Fragen
sind nicht fragwürdig genug.

Ursachen tun wenig zur Sache, und es ist klar, dass
Erklärungen die Realität nicht bereichern.

Dich selbst gibt es,
damit nicht nur über deine Schwächen geredet wird.

Sünden sind ein Belästigungsmaterial
und der unklugste Umgang mit Gottes Schwächen.

Technik nimmt nur vorweg, was sich (uns) ohnehin
bald von selbst ergeben würde.

Ein Unding ist nicht mal Metapher für seine Ursache.
Das Immunsystem versagt vor sterilisiertem Leben.

Armut ist nicht mal mehr dazu gut, Linke zu erzeugen
die den Warenkörben einen Korb geben.

Stehen Dinge fest, kommen sie bald ins Schwimmen,
und kommen sie in Fluss, werden sie nur umgeleitet.

Die freie Presse gibt täglich die Freiheit zum Druck.

Hegels "Phänomenologie des Geistes" zeigte 1807 gar
keine Begeisterung für Geistererscheinungen.

Sterbliche brauchen mehr Zeitlosigkeit für sich, doch
wahre Ewigkeit kommt immer zur falschen Zeit.

Was man will, ist sinnlich;
was man nicht will, hat Sinn.

Man hält besser seine Todesarten etwas artgerechter.

Der Traum ist ein Kampf gegen den Tod im Schlaf.

Helm ab zum Gebet, Kopf hoch zum Gebettel!

Du verstehst nur die Gedanken, die du dir machst.

Kant schrieb keine Apologetik der dreckigen Vernunft

Viele Sedativkonsumenten brauchen bald Depressiva und Aggressiva.

Kühnheit war die adlige Form bürgerlichen Unmuts.

Erfahrungen führten vom Fuhrmann über fahrige Rad- und Autofahrer zu Lebensgefährten und Vorfahren.

Was ist interessanter, als dass man sich und einander gründlich langweilt?

Wer seinen Lebenskreis beschreibt,
muss noch kein Autor sein.

Leben redet, Totsein schweigt, Sterben schreibt.

Man unterschreibt, dass man nie Geschichte schreibt.

Der Mensch ist experimentierenden Göttern oder Affen über den zu kleinen oder großen Kopf gewachsen.

Dass wir alle miteinander reden, spricht ja gegen uns und sagt gar nichts.

Am freiesten und glücklichsten fühlen sich wohl jene, die es gar nicht sein und werden wollen.

Reiche haben Idyllen statt Ideale,
Arme haben Utopien statt Ideen.

Gottesfurcht :
Gleichgewicht von Lebensangst und Todesangst.

Anti-Aging gilt als der Altersweisheit letzter Schluss.

Reue zerknirscht mit den dritten Zähnen.

Was wirklich viel zählt, ergibt wenig.

Realisten wären ohne die Realität glücklicher.

Die zu Lauten und die zu Stillen im Lande hauen und trauen einander nicht.

Raum und Zeit passen ganz unter jedes Schädeldach.

Wer Perspektiven hat, ist durchsichtig und blickt nicht durch.

Gegen fixe Ideen helfen abstrakte Begriffe besser als gute Worte und Werke gegen alle Welt.

Jedes neue Auto entfernt dich von zehn alten Autoren.

Arbeiten sind gesetzlich vorgeschriebene Pausen
in Beschäftigungstherapien.

Im Namen des Gesetzes machen Gefühle sich wenig
Gedanken über ihr schlechtes Gedächtnis.

Aphoristiker schreiben am besten über böse Bestien,
aber zu schön über zu Schlimmes.

Plus mal minus wie minus durch plus ergibt nur minus

Was der Aphorismus uns sagt, bleibt sein Geheimnis.

Vor Gott und dem Gesetz sind nicht alle Worte gleich.

Lies Goethe nicht, weil er kein Auto und Internet hatte

Was von allein gehen kann, muss allein stehen.

Höchste Jugendtorheit wurde tiefste Altersweisheit.

Zwei Herzen, ach, in meiner Brust, meins in deins,
und keines will (uns) schlagen.

Erst der Dritte im Bunde macht Vergleiche (hinken).

Gedenkt Heideggers, der nicht(s) mehr ist! Wer denkt
jetzt bloß noch an sein Sein?

Zusammenfassung. Entsteht schon Selbstbewusstsein,
wenn Fingerspitzen Fußspitzen erfassen?

Erfahrungen bezeugen Erlebnisse ohne Fahrzeuge.

Nur der Lügner will und muss die Wahrheit kennen.

Man verliert Gewinner und gewinnt Verlierer für sich.

Christen opfern sich gern (her)auf.

Das Geld schaut auf die Welt wie der Geist : herab.

Unsichtbar ist nur, wer wie jeder oder wie keiner ist.

Halbwahrheiten sind oft nicht Teillügen. Will man das einzig Wahre nicht sehen, weil man dann auch die vielen Unwahrheiten sehen muss, die es nie besiegt?

Der Durchschnittsmensch und wer etwas zählen will, hasst Mengenlehre, doch die Rechnung soll stimmen.

Jeder kann jeden Tag sein Leben um Ewigkeiten verlängern.

Wer wie die schweigende Mehrheit schwatzt, stört nie

Höllenfeuer hofft auf Fegefeuerlein wie Fegefeuer auf Himmelstau.

Wer vom Menschen den Körper abzieht, behält keinen Geist übrig, und wer die Seele abzieht, keinen Leib.

Der Tod glaubt nicht an unsterbliche Hirne, das Leben nicht an sterbliche Herzen.

Wer nicht aufrecht geht als ein Blindgänger, geht auf Knien, sitzt fest oder liegt flach.

Himmlische freuen sich über unsere Stärken wie wir uns über ihre Schwächen.

Wo es heiß ist, wird es laut, und wo es warm ist, wird es dunkel.

Nächstenliebe soll für Hasenfüße den Löwen spielen.

Worte haben ihre eigenen Widerworte, und fürchtest du etwas, nimm es als Symbol für sein Gegenteil.

Man muss sein, was man nicht sehen will, aber nicht sehn, was man sein will.

Der Leib will etwas, und die Seele bringt es.
Oder sucht der Geist etwas, und der Körper holt es?

Wer nichts zu sagen und zu melden hat, hat mehr zu schreiben.

Unkraut schießt ins Kraut.

Macht die Welt eintausend Schritte voran ins Paradies
macht der Aphoristiker einen Satz zurück ins Freie.

Mehr schlicht als schlecht. Sobald kein Glaube mehr
Berge versetzte, mussten wir selber ran.

Richtige Fälscher sind teurer als ihre Vorlage
und bleiben gern verkannt.

Wer nicht alles Gott überlässt oder nicht handeln soll,
muss arbeiten.

Wo ist der überspringende Höhepunkt,
der nicht den Schlusspunkt setzt?

Wer sich kein Kind anhängen lassen und doch von
Mamas Rockzipfel nicht los will, gilt als reif genug.

Wir sind eher die Zukunft der Affen
als die Vergangenheit der Götter.

Ohne Räuber ist Geld nicht viel wert.

Es gibt keine neue Idee, doch viele neue Worte dafür.

Realität ist oft ein Mix aus Kot und Unverdaulichem.

Wie kommen Greise bloß heil die Jakobsleiter hoch?

Loswerden? Beschwerden zu äußern erleichtert.

Leerer Bauch floh mal ins Dichten, voller ins Denken.

Der Christ liebt sich selbst wie seinen ärgsten Feind.

Glätte glänzt, doch stirb bitte nur an der Lebenskunst!

Das Laster ist tüchtig, die Tugend fällt lästig.

Seh-Mantik. Ethik ist Recht minus Politik.

Schreib keinen neuen Text, schreib eine neue Art von
Sub- und Kontexten.

Als der Affe Mensch geworden war, ward der Mensch
zum Untier.

Das Sein kann nicht denken, das Denken aber sein.

Was du sein (und geschehen) lässt, musst du nicht tun.

Durch die Verhüllung verbirgt sich der Kern,
durch die Verkleidung dringt man zum Kern.

Die meisten Menschen sind so selten glücklich
wie die *happy few* moralisch.

Die Mehrheit ist nicht immer unmoralisch,
der Privilegierte aber niemals moralisch.

Wer nun Verlangen und Sehnsucht verleumden will,
spricht von "nackter Gier", doch wer Geldgier nicht
kennt und belohnt, fällt und verfällt der Lächerlichkeit

Die Riesenkrisen der Welt lassen mir die Möglichkeit, sie anzuglotzen.

In moderner Literatur finde ich nie meine eigene Geschichte wieder, sondern wildfremde Leute. Da kann ich gleich Ethnologie treiben.

Geh weit weg, und es wird eng;
bleib bei dir, und das Herz wird weit.

Todesangst treibt in weite Welt der Sinnlichkeit, Lebensangst ins stille Kämmerlein der Selbstbesinnung.

Statur macht stolz, Fraktur macht lahm,
Natur macht roh, Kultur macht blass.

Macht nur noch Schulden,
um sie begleichen zu können.

Wer kein schlechter Schüler war, wird nie ein Einstein

Redliche rechnen, Rechner rechten, Unredliche reden.

Wer gut abschneidet,
kriegt des Nächst(best)en bestes Stück.

Meine Arbeit an einem Werk ohne Wirkung ist nie Zusammenarbeit in einem Werk mit Gewerkschaft.

Damit das Wartezimmer immer wieder voll wird, darf ein Arzt nicht zu gut und nicht zu schlecht sein.

Kämpfen zwei unterschiedliche Entscheidungen,
entscheidet auch ein Unentschieden.

Erlösung vom Erlös? Demokratie ist das Loch in Diktaturen, Tyrannei eine Marktlücke des Rechtsstaats.

Die Friedhofsruhe im Krieg ist nicht viel anders als die Produktionsschlacht im Arbeitsfrieden.

Unsterbliche studieren Vergängliches,
Sterbliche Unvergängliches.

Der Wind weht windig, und Moden módern modérn.

Gesellschaft heißt : Du stützt und stürzt mich, betörst und zerstörst mich.

Derselbe tote Stoff in immer neuen Formen oder dieselbe lebendige Form in immer neuen Stoffen?

Der Mensch braucht die Sprache,
die Menschheit braucht die Schrift.

Der Arme lebt so ökologisch, der Reiche so ökonomisch, wie er´s sich leisten kann.

Ich erkenne nur, was mich erkennt, und sich und mich nur erkennt, soweit ich es und mich selbst erkenne.

Adam erkennt nur ihren, Eva nur seinen Selbsterkenntnisgrad.

.

Ohne Habgier keine Wirtschaft, ohne Begierde keine Leidenschaft, ohne Blutgier keine Machenschaft, doch ohne Neugier blüht nun Wissenschaft.
(Neuste Menschen ziert auch „Altgier".)

Konsumierten viele so wenig wie ich, kollabierte der Kapitalismus.

Ein perfekter Mensch ist unvollkommen, ein schwacher ohne Schwächen.

Der Künstler tönt von Tun und Geist und giert nach Ruhm und Gold.

Energie- und Rohstoffverschwendung können sich aus der Portokasse nur die *happy few* leisten, die auf Kosten aller alles vergeuden, verprassen und verdrecken.

Wer etwas Verrücktes tut, weil er etwas Verrücktes tun will, tut damit noch nichts Verrücktes.

Die Ordnung hinter der Geschichte sind rasante Kollisionsmuster in unmerklichen Verfestigungen oder rasende Stabilität in gefrorenen Explosionen.

Je mehr Sprüche der Aphoristiker macht, desto mehr wird er zu einer Enzyklopädie, welche die des Lesers anarchistischer macht.

Jeder Einzelne systematisiert sich,
und ein System individualisiert sich in ihm.

Wer jeden Gegenstand zu seinem Gegenüber macht, objektiviert dieses zum Gegner.

War Chesterton Romantiker und Schlegel ein Pater Brown, wer vergleicht ihre katholischen Paradoxe?

Intelligibilität der Weltgeschichte endet beim Einzelnen wie beim Ganzen, nicht im Ursprung und Ziel.

Wie leicht höre ich auf zu lieben, wenn ich es nicht schaffe, liebenswürdig zu wirken.

Logik gilt in ihrem Teil ganz und im Ganzen nur zum Teil.

Mimesis. Gute Kunst ahmt die böse Welt nach.

Der innere Gehalt des Kunstwerks ist seine veräußerte Gestalt.

Von Könnern und Kennern

Künstler verschleiern ihre Hüllen durch nackte Körper und enthüllen unsichtbare Leiber durch bloße Kleider.

Große Kumst ist so unkultiviert wie alle Welt.

Nur unkultivierteste Kunst ist Kulturförderung.

Wer richtige Kunst macht, zeigt : Wie man´s macht, macht man´s falsch im Leben.

Ein göttliches Kunstwerk ist im Leben ein unscheinbares Detail, das die meisten Teufel im Detail enthält.

Künstlerische Schönheit glänzt durch Grau in Grauen.

Kunst bewegt durch Stilleben und bannt durch Rasanz

Kunst wird Kitsch – durch neue Kunst.

Nur das einsamste Kunstwerk heilt die Einsamkeit in der Gesellschaft.

Am beredtesten ist das Verschweigen großer Werke, die uns nichts sagen (sollen).

Sagt Kunst dir nichts, hast du nur zu gut verstanden.

Kunst ist in der großen Welt ein holder Schein und macht die weite Welt zum bösen Schein.

Wer nichts reinzustecken hat,
holt aus Kunst nichts raus.

Durch friedliche Schönheit erklärt Kunst der verhassten Welt den Krieg.

Kunst, die für sich bleibt, wird harmlos.
Die für alle wirkt, macht alles mit.

Wer Kunst produziert, rebelliert gegen Produktionsschlachten.

Die Kunst büßt durch Absonderung ihre Mitschuld am Ganzen.

Die verrohte Welt wird durch grobe Kunst bestätigt und durch verfeinerte Kunst verschleiert.

Human bleibt nur Literatur der Unmenschlichkeiten.

Geist fällt lästig, wo Lustloses schon geistreich wirkt.

Artistik besiegt die Schwerkraft,
wo sie dem Leichtfuß erliegt.

Unheimlich wirkt nur Allzubekanntes, Verständnis hat man nur für Unverstandenes.

Die Welt tötet durch Vitalität, Kunst macht lebendig durch (Starren auf) Erstarrtes.

Kunst spottet sinnlicher Lust wie verständlichem Sinn dem Spiel und Sport, dem Schmuck und der Hygiene.

„Unverhoffte Gegenwürffe" *(Czepko)*

Arguta brevitas et acumina : Scharfsinnbilder

„Was rühmst du deinen schnellen Ritt !
Dein Pferd ging durch und nahm dich mit." *(Paul Heyse)*

Die Mache der Kunst macht nur das Unmachbare unnachahmlich nach.

Weil er nie mehr sterben muss, muss ein Christ nicht immer leben.

Wer nie sterben will, dem werden seine Sünden nie vergeben.

Dre(ie)ck. Geht heute durchs Nadelöhr des Himmels eher der schlanke Reiche als der fette Arme?

Schreib bei jedem Satz (den Metaphorismus) hinzu, wie du ihn gemeint hast und verstanden haben willst.

Krieg ist kein Frieden mit Gott, doch „Arbeitsfrieden" ein Weltkrieg gegens Reich Gottes.

Auch Lügen und Irrtümer sind Symbole der Wahrheit.

Die Wahrhaftigkeit irrt so oft,
wie Wahrheit unaufrichtig macht.

Lässt sich rückgängig machen, *dass* mikrophysikalisch etwas passierte, und nicht nur, *was* da geschah?

Kierkegaard forderte Glauben wider alle Vernunft und blieb vernünftig genug, nicht zu glauben. Wie Hegel.

Ist progressiv, wer dauernd das Thema wechselt,
und konservativ, wer stets Rebell bleibt?

Hätte jeder ein Haus, gäbe es keine Äcker mehr.
Hätte jeder ein Auto, würden alle ersticken.

Die Gesellschaft entlohnt Naturtalente, die ihr dienen, nicht Verdienste.

Frontrunner. Wer mehr weiß, lernt mehr.
Wer nichts lernt, weiß es besser.

Gehören zu den Eigenschaften eines Objekts die Gesetze, denen es unterworfen ist, oder dieses Unterworfensein selber?

Es wirkt so echt, dass man an Imitate denken muss, oder ist so echt, dass es billig scheint.

Gesetze werden gebrochen,
wenn es sich nicht auszahlt, sie einzuhalten.

Wer nichts ist, geht in der Gemeinschaft auf,
die durch ihn nicht mehr wird.

Statt aller Gaben siegt das Talent,
ohne sie oben zu sein.

Das Gute gehört zu den Opfern, die man ihm bringt.

Am größten ist, sich für Geringste(s) einzusetzen.

Besteht eine Menge aus den Einzelnen, in die sie zerfällt, oder zergeht sie zu Individuen, die sie bildet?

Hoch die Freiheit, Ohren mit Quatsch zu verstopfen!

Wo Demokratie ist, herrschen nicht die vielen Armen, Erniedrigten und Beleidigten.

Geschäfte macht man damit, dass man welche stört.

Unwirkliches ist dazu da, die Wirklichkeit sichtbar zu machen, doch nur Realität macht Imaginäres sichtbar.

Paradox oder kontra-intuitiv?
(p q : Konjunktion, → : Implikation, ≡ : Äquivalenz, ~ : Negation, v : Adjunktion)
(p ~p) → q

p → (q → p)

~p → (p → q)

P → (q v ~q)

(p → ~p) v (~p → p)

(p → q) v (q → p)

(p ~p) ≡ (q ~q)

(p v ~p) ≡ (q v ~q)

Verleger, Psychologen und Literaturwissenschaftler leben von seinen Träumen besser als der Dichter.

Das Alter macht sich bemerkbar in jedem Alter, ewiger Jugendwahn nur im Alter.

Der Abgrund steht immer wieder vorm Abgrund einer wohlbegründeten Welt.

Digital? Nur Nullen und Einsen lassen sich mit sich selbst multiplizieren, und alles bleibt gleich.

Nur die Schule versetzt die Guten in höhere Klassen.

Nur was es noch nie gab, will man stets wiederholen. Geschichte entschädigt erst die Opfer, dann die Täter.

Mein Wort will keine Leser verletzen, sondern nur ihr dickes Fell zeigen.

+ + +

Ein Spätzünder des frühromantischen Romans ist *Fritz H. Lotterfuchs* : „Wer fällt, gefällt – Aus dem schönen Leben des Gebrauchsdenkers Ingo K." (Norderstedt 2014)

ANHANG : Friedrich Schlegel-Brevier

Kritische Ausgabe von Ernst Behler, 35 Bände, 1958 f.
(Vor allem Bd. 18/19 : „Philosophische Lehrjahre)

„Ein Fragment muss gleich einem kleinen Kunstwerk von der umgebenden Welt ganz abgeschlossen und in sich vollendet sein wie ein Igel."
"Die Poesie muß mit der Bibel (als Buchform) anfangen, Philosophie damit enden."
"Das Zeitalter, Menschheit, Universum vielleicht in Gnomen, Scholien, Aphorismen, Aenigmen, Fragmenten zu charakterisieren.-
"Die Fragmente als biblische Philosophie müssen im Centrum der Enzyklopädie thronen." "Fragment ist Gesetz."
"Fragmente (Sprüche) sind die eigentliche Form des biblischen Vertrags. - Ironie steht in der nächsten Beziehung zu Gott.-"
"Nur die Deutschen und Franzosen haben Fragmente. Lessing und Chamfort. Unter den Alten .. die bona dicta der Römer, die Gnomen der Dichter. Die Fragmentarier lieben irrationale Sätze.-"
"Die Mineralität der Fragmente ist auffallend; so auch die Animalität der Masse. Rhapsodie sollte also vegetabilisch sein ..."
"Die Monaden eines Geistes sind seine eigentümlichen Ideen - die lassen sich allerdings in Zauberformeln bannen."
"Gnomensammlung müßte ein Codex der Ironie sein."
"Ein Fragment ist ein selbstbestimmter und selbstbestimmender Gedanke." "Ein System der Elementarphilosophie läßt sich gar nicht anders schreiben als in Fragmenten." "Es ist sehr die Tendenz der Fragmente, Poesie, Philosophie, Ethik en rapport zu setzen... "
"Jeder Mensch ist nur ein Stück von sich selbst." "Die Einheit des Fragments ist Individualität ... Die Charakteristik des Individuums steht im Verhältnis mit der Charakteristik des Universums; jeder Mensch ein Mikrokosmos."
"Eine große Etymologie wäre das Resultat der Encyklopädie."
"Die Encyklopädie läßt sich schlechterdings und durchaus nur in Fragmenten darstellen."
"Der Gegenstand des Fragments ist ein philosophisches Individuum, ein lebendiger Gedanke, conceptus."
"Sind nicht alle Systeme Individuen, wie alle Individuen auch wenigstens im Keime und der Tendenz nach Systeme sind."
"Das wahre Phänomen ist Repräsentant des Unendlichen, also Allegorie, Hieroglyphe - also weit mehr als ein Factum.-"
"Meine Philosophie ist ein System von Fragmenten und eine Progression von Projecten." "Ein rechtes System von Fragmenten müßte zugleich subjektiv und objektiv sein."
"Die beiden obersten Grundsätze des Widerspruchs und zureichenden Grundes sind nur historisch WAHR."
"Der combinatorische Witz ist wahrhaft prophetisch."
"Witz ist unbedingt geselliger Geist, oder fragmentarische Genialität."

"Für die Definition könnte also der Philosoph von den witzigen Köpfen sehr viel lernen." "Witz ist logische Geselligkeit." -
"Witz ist Explosion von gebundenem Geist."
"Die romantische Poesie ist unter den Künsten wie der Witz der Philosophie, und die Gesellschaft ... im Leben ist... "
"Ein witziger Einfall ist eine Zersetzung geistiger Stoffe..."
"Musik der Gedanken und Mathematik der Gefühle"
"Die allgemeine Vermittlungskunst und Schöpfungswissenschaft ist Mythologie, Mystik, Witz, Christianismus."
"Religion ist die Methode des Denkens und Erfindens."
"Religion ist die Reflexion des erweiterten Bewußtseins."
"Chaos und Eros als wohl beste Erklärung des Romantischen."
"Jeder witzige Einfall ein Roman en miniature" (LN.1337)
"Das innerste Wesen des Witzes läßt sich nur aus der Magie der Ideen erklären..." " ... Logisierung des Zeugungsaktes ... "
"In die Mitte zwischen Vernunft und Liebe fällt der Witz ..."
"In der Vernunft bieten Einerleiheit, der Widerspruch und die Verknüpfung von Grund und Folge nur eine falsche Ähnlichkeit mit jenem Verstandesbegriff von der Dreieinigkeit dar."
"Jede Synthese muß grundlos und widersprechend sein."
"Man kann keine Grenze (der Erkenntnis) bestimmen, wenn man nicht diesseits und jenseits ist."
"Jeder Syllogismus sollte mit einer Paradoxie anfangen ... Die Antinomien hätten Kanten nicht bewegen sollen, das Unendliche aufzugeben, sondern den Satz des Widerspruchs."
"Analogie vielleicht die Synthese vom Satz des Widerspruchs und des Grundes, und enthält den ersten Keim der combinatorischen Erfindungskunst."
"... der Gedanke ..., worin man die Welt in eins zusammenfassen und den man wieder zu einer Welt erweitern kann..."
"Das Insichzurückgehen, das Ich des Ichs ist das Potenzieren; das Aussichherausgehen das Wurzelausziehen der Mathematik."
"Definition als Komplikation" "Eine Definition, die nicht witzig ist, taugt nichts, und von jedem Individuum gibt es doch unendlich viele reale Definitionen." "Auch das größte System ist doch nur Fragment."
"Die Einbildungskraft ist gerade dasjenige Vermögen ... welche jede einseitige Teilvorstellung und Ansicht bis auf die äußerste und schärfste Höhe treibt ... und dann gerade in das Gegenteil überspringt."
"Was Epoche macht in dem Übergange von der natürlichen Denkart zur künstlichen der reinen Vernunft, ist Paradoxie ... Der Übergang ist immer ein Sprung."
"Jeder Satz, jedes Buch, so sich nicht selbst widerspricht, ist unvollständig.-"
"Ich und Nichtich sind vielleicht identisch mit Chaos und System und mit Geist und Buchstabe ... Das ist die Natur des Menschen, sein Ideal ist ein System von beidem zu sein."
"Witz ist abbreviierte Weisheit ... Witz ist transzendentale Logik, fragmentarische Mystik ... Alles ist Witz und überall ist Witz."
„Leibnizens gesamte Philosophie besteht aus wenigen in diesem Sinne witzigen Fragmenten und Projekten."

"... im unechten Witz werden bloß absolute Antithesen synthetisiert, ohne daß etwas thetisiert wird."

"Witz ist Synthese von Fantasie und Verstand, als Centrum des ganzen Vorstellungsvermögens." "Alle Ideen sind witzig."

"Jedes Ding die ganze Welt. Der Mensch dichtet gleichsam die Welt, nur weiß er es nicht gleich. Wer hat denn das Erfinden erfunden?"

"Es ist eine hohe und vielleicht die letzte Stufe der Geistesbildung, sich die Sphäre der Unverständlichkeit und Confusion selbst zu setzen." "Der Witz ist der allgemeine (geistige) Mittler."

"Die schriftliche Bibel ist nur ein Nachbild von der heiligen Schrift der Natur." "Unser Dichten ist animalisch, unser Denken mineralisch, unser Leben vegetabilisch."

"Die Gründe werden immer (mehr), aber sie sind immer unzureichender, bis sie zuletzt ihre Kraft ganz verlieren und unendliche Freiheit - alles frei wird. Je abgeleiteter, je mehr und verwickeltere Widersprüche."

"Ich kann von meinem ganzen Ich gar kein anderes echantillon geben, als so ein System von Fragmenten, weil ich selbst dergleichen bin." "Reflexion ... wie in einer endlosen Reihe von Spiegeln vervielfachen ..."

Der Mystiker versteht sich auf Ideen, der Empiriker auf Anschauungen, der Skeptiker auf Begriffe.-

Kritik ist Surrogat der unmöglichen praktischen Mathematik. - Es muß sich a priori zeigen lassen, daß man nichts willkürlich setzen kann, als das Widersprechende.- Nichts soll und nichts kann bewiesen werden.-

Die Synthesis läßt sich betrachten als das logische Erzeugniß des logischen Mannes (Thesis) und der logischen Frau (Antithesis).

Die Thesen der Wissenschaftslehre wird man fast sämtlich bei Mystikern finden; die Antithesen bei den Skeptikern. Die Synthesen sind Sache des Kritikers.- Aller Witz hat Verwandtschaft mit Philosophie.-

Das Transcendentale Ich ist nicht verschieden von dem trancendentalen Wir. Fichte deduciert bloß Abstracta, keine Individuen ... An seinem Anstoß bin ich immer angestoßen.-

Fichte wird besonders dadurch so unverständlich, daß er das Antithetisieren absolut cyklisieren will. Die *ganze* alte Philosophie ist eigentlich Ein Fragment und die moderne Ein Projekt.-

War der Muhammedanismus vielleicht eine Stufe der progressiven Religion, die man nicht hinlänglich genutzt hat?

Ich philosophiere ruckweise - Kant windet und krümmt sich - Fichte geht den spartanischen Schritt.-

Die Philosophie besteht in den Philosophen. Hier muß die Historie mehr auf die Menschen gehen. Bei der Poesie mehr auf die Werke ... Kant ist nicht zufälligerweise sondern ursprünglich revolutionär. Es ist das erste philosophische Kunstchaos ... Kants Kritik ist logische Legalität.

Nichts ist origineller als das Chaos. - Was sich nicht selbst annihiliert, ist nicht frei und nichts wert... Alles was etwas wert ist, muß zugleich dies sein und das Entgegengesetzte. -

Auch Mystik nur ein Teil der Logik. Witz ist Naturmystik, isolirte Kunstmystik.-

Nichts ist so recht Eins was nicht Drei ist ... Alles widerspricht sich ... Ist nicht alle Einheit und Ganzheit poetisch? -

Begeisterung der Langeweile ist erste Regung der Philosophie

Man lebt nicht um glücklich zu sein, auch nicht um seine Pflicht zu tun, sondern um sich zu bilden. Die Kunst, sich und andere zur ... Erfindung zu bilden, ist die Philosophie.-

Alle Mitteldinge zwischen Mensch und Sachen sind Poesie. Theoretisch und artistisch muß sich der Mensch auf jede beliebige Weise stimmen können. - Welche Aufschlüsse über Transcendentalphilosophie mag die Syntax enthalten.-

Witz ist transcendentale Logik, fragmentarische Mystik ... abbreviierte Weisheit Ist jedes Individuum in der Philosophie eine Art?-

Jede Wissenschaft muß ihre eigene Theologie haben; auch die Poetik ... Jede Philosophie, die individuelle ist, ist ein System. .. Ganze Systeme werden... gedichtet, dann schreibt man die Deduction hinterdrein.

Auch in der Philosophie soll nur das Classische kritisiert werden, das Transcendentale aber historisiert. Alle Philosophie als Kunst soll = Kritik sein.- Fragment ist die Form für Transcendentalphilosophie, Masse für Realphilosophie.

Überhaupt scheint es die Bestimmung der Kunst, die gigantischen Aporemata der Wissenschaft zu lösen. Sollte es nicht auch umgekehrt der Fall sein? - Die Philosophie ist nichts als ... Poesie der Ethik und Ethik der Poesie.-

Paradoxon ist ein exoterisch gemachtes Esoterikon ... Dem Satz der Identität und des Widerspruchs muß ein Material entsprechen, von dem jener nur die leere Schale ist. - System der chaotischen Philosophie, eine transcendentale Arabeske.-

Die Parodie ist eigentlich die Potenzierung selbst; die Ironie bloß das Surrogat des ins Unendliche gehen sollenden. -

Affinität des Christentums und des Witzes durch Absolute Philosophie.- Man muß sehr viel Verstand haben, um manches nicht zu verstehen.-

In der Universalphilosophie gibts so unendlich viele Wissenschaften als Individuen.- Kritik ist ... pragmatische Dialektik.-

Jede nicht paradoxe Philosophie ist sophistisch ... ist Feigheit.-

Aus Mystik ist alle Reformation entstanden.-

Witz, ars combinatoria, Kritik, Erfindungskunst, alles einerlei.

Die groteske Philosophie scheint nah an der Ironie zu sein.-

Gedanken sind mehr als Ideale in der Philosophie.-

Die Kritik hat oft einen juristischen Charakter, die Moral einen medizinischen die Historie einen theologischen.-

Der Witz ist ganz kritisch. Jedes bonmot zugleich Charakteristik und Fragment.- Geist und Erfindungskraft ist wohl dasselbe.-

Das Zeugen ist ein gegenseitiges Essen ... Um einen Gegenstand wahrzunehmen, muß ich ihn erst essen, und mich dann mit ihm begatten, dann ihn als Keim setzen, ihn befruchten, selbst empfangen und gebären. Die gemeine philos. Analyse hat viel Ähnlichkeit mit Onanie.-

Natur ... allein ißt sich selber, wie sie sich selber erzeugt und befruchtet ... Aphorismen als Notizen der innern Symphilosophie.-

Der Dumme denkt was er sieht, der Narr sieht was er denkt.-

Es ist gut sich so absolut zu setzen wie Fichte; aber es ist doch auch gut, wenn man gleich Goethe'n andre nötigt, einen so zu setzen.-

Jeder Essay ist die symbolische Etymologie eines paradoxen Begriffs.- Man muß also Ideen haben um sittlich zu sein, nicht bloß sich zu ihnen erheben-

Wie Liebe Neigung aller Neigungen, so ist Ironie die Meinung aller Meinungen.-

Nicht die Moral, sondern die Ästhetik befiehlt ... Nur die Ästhetik führt uns zur intellektualen Anschauung des Menschen.-

Gnome dürfte der politische und logische Teil der Poesie sein.-

Aphorismen sind populäre Fragmente wie Recensionen populäre Charakteristiken.-

Die Deutung liegt im Deuten selbst, das Rätsel ist, daß man rät.

Wenn ich eigentlich lebe, so erweitert sich mir jeder Gegenstand zur Welt ... Ideen sind die Produkte des Witzes, Gedanken der Vernunft, Ideale des Geistes. Geist hat die innigste Affinität mit philologischer Grammatik.

Enthusiasmus, Ironie, Genialität gehören alle zur Religion.-

Enthusiasmus = reines Chaos. Ironie = reine Indifferenz. -

Je origineller, individueller, biblischer, mythologischer eine Schrift auch in ihrer Form ist, desto moralischer ist sie.-

Liebe vielleicht das Chaos vor der Ironie ...

Daß Bildung das höchste Gut sei, zur Moral. Vielleicht sind Ästhetik und Metaphysik die Pole der Moral.-

Im Idealismus wird die Empirie als ein Kunstwerk betrachtet ... Wie in der Mathematik und Physik Philosophie gebunden ist, so in der Philosophie - Religion.-

... Die Blüthe des Einen wie Saame für den anderen. Es soll unendlich viele Gedichte geben, wie nur Eine Philosophie ...

Nur ein origineller Mensch kann sich in seiner ganzen Menschheit ausbilden und nur mit solchen kann man symphilosophieren.-

In einer kritischen Zeitung müßte das Publikum ebenso wohl recensirt werden als die Autoren.-

Alle Politik ist religiös, alle Wissenschaft Mystik, alle Bildung Orgien?-

Ist das Ziel erreicht, sollte sie immer wieder von vorn anfangen - wechselnd zwischen Chaos und System, Chaos zu System bereitend und dann neues Chaos ...

Originalität und Liebe sind die Angeln der Moral ... Originalität und Individualität sind moralische Begriffe ...

Die Moral steht in der Mitte zwischen Ästhetik u. Metaphysik. Philosophie ist die constitutive Macht, die Poesie die executive. Das Christent. hat eine ewige Tendenz, Philosophie zu werden Platos *ontos onta* sind die Gebildeten.-

Logik ist Kunst der Philosophie ... In der ganzen kritischen Philosophie eine Tendenz, die alte Logik wieder herzustellen; aber es ist sehr halb geblieben... Das innerste Princip der Historie ist die Divination.-

Die Dinge an sich sind für die Theorie genau das was das Reich Gottes für die Praxis ... Für die Theorie ist das Etwas Anstoß, für die Praxis Hemmung ... Das Experimentieren ist vielleicht ursprünglicher in Mathematik als in Physik.-

Verstehen kann man nur Vernünftiges, nicht die Natur; die kann man nur anschauen. Begreifen geht auf den Grund, Verstehen hingegen auf den Zweck.-

Eben weil das Christentum eine Religion des Todes ist, hat sie einen sehr philosophischen Charakter.-

Die Sprache ist poetisch, die Schrift philosophisch, Witz bindet beides.- Form Materie der Poesie - Objekt Subjekt der Philosophie.-

Poesie und Philosophie sollen sich immer innigst durchdringen ... Der logische Zusammenhang zwischen gediegenen Gedanken muß gleichsam unsichtbar sein.-

Das Zentrum der Philosophie ist eine reelle Psychologie und ideelle Ontologie.

Das eigentliche wahre Mittelalter ist vielleicht das der NeuPlatonischen Philosophie. Da und nur da hat sich die Mystik in großen Massen geäußert.- Fragmente der Geist und die Form der Universalität.-

Alle Logik soll Dialektik und alle Dialektik Sokratisch sein.-

Die Kunst der Erfindung und des Witzes sind die Mysterien der Logik.- Kritik ist das allgemeine Bildungsmittel.-

Die Encyclopädie muß wahrscheinlich aus einer Synthese der Wissenschaftslehre und der Kunstlehre construiert werden.-

In der Polemik durchdringen sich Religion und Witz.-

Paradoxie ist der Geist der Polemik und Dialektik.-

Dialektisches Werk - Bestimmung des Menschen - das durchgängig Ironie wäre.- Idealismus ist nichts als Entwicklung der Reflexion ...

Willkür ist der andere Pol der Philosophie neben dem Verstand.

Das Potenzieren des Objekts hält Schritt mit den Stufen der Reflexion im Subjekt ... Analogie und Ironie vielleicht die innern Factoren des Syllogismus. Daß wir Vorurteile haben müssen, folgt schon daraus, daß wir eher handeln als denken.- Die Philosophie zum Problem zu machen, ist der beste Anfang derselben.-

Wir müssen suchen die Idee aller Principien und das Principium aller Ideen.- Die Fichtesche Philosophie beruht auf potenzierter Reflexion, ein Bewußtsein im Bewußtsein, ... darunter noch eine Etage tiefer.-

Reell ist was durch Notwendigkeit möglich und durch Möglichkeit notwendig ist. Das Wesen der Philosophie besteht in der Sehnsucht nach dem Unendlichen und in der Ausbildung des Verstandes. Es gibt nur einen Verstand.-

DIE WELT IST UNVOLLENDET. Der Idealismus ... oder die Unvollendung der Welt ist die einzige Hypothese zur Erklärung der Antinomien ... zur Grundlegung aller übrigen Wissenschaften.-

Das Aussichselbstherausgehen und In sich zurückkehren sind Fichte's wichtigste Ideen.-

Verstand ist der Werkmeister der Sprache.

Will man einmal in der Philosophie *beweisen*, hat man äußerst unrecht, nicht *alles* beweisen zu wollen.-

Der Erinnerung der ursprünglichen Einheit ist die Erschaffung der ewigen himmlischen Freiheit (-?) entgegengesetzt - das ist das Wesen des Idealismus.- Aus dieser Mystisierung der mathematischen Principien besteht schon größtenteils die Theorie der synthetischen Methode.-

Das Unendliche aber kann sehr wohl zugleich sein u. nicht sein.

Woher kommt es, daß jeder Idealist ... so interessant ist? Eben weil Idealismus ganz Werk der menschlichen Freiheit und des Genies ist.-

Meine Fragmente sind in Masse mehr dieser negative Idealismus und dynamische Geist aller Wissenschaften ...

Eigentlich sind die Katholiken die Häretiker, ihr System hat so viel vom Plotinischen angenommen ...

... im Witz ein Versteinern, ein plötzliches Erschrecken und Gerinnen - bei dem Konflikt von Licht und Finsternis ... Traum und Witz gehören alle zur Einbildungskraft - sie sind alle eine Art der natürlichen Offenbarung. Die meisten Menschen wandeln nur im Schooß der Natur ... Die wahre Kritik ist Skepsis, Mystik und Empirik in Verbindung.-

Ohne jenen Aufschluß (durch die Geschichte vom Abfall) gibt es eigentlich gar keine Geschichte. Ohne Gott ist die Natur unverständlich, die Welt sinnlos, der Mensch sich selbst ein Rätsel.-

Der Zorn des unversöhnten Vaters ist das größte Geheimnis des Christentums, ... was erst jetzt recht verstanden wird.-

Vernunft ist noch lange keine *Wahrnunft*. Der Satz des Widerspruchs bezieht sich insbesondere aufs Theologische. Auf die Natur ist er wohl nicht anwendbar, da hier ... ein Ding zugleich a und nicht a *ist*.

Auch in der Poesie mag wohl alles Ganze halb, und alles Halbe ... eigentlich ganz sein. Man muß das Brett bohren, wo es am dicksten ist.

Ein witziger Einfall ist eine Zersetzung geistiger Stoffe, die also vor der plötzlichen Scheidung innigst vermischt sein mußten. Die Einbildungskraft muß erst mit Leben jeder Art bis zur Sättigung angefüllt sein, ehe es Zeit sein kann, sie durch die Friktion freier Geselligkeit so zu elektrisieren, daß der Reiz der leisesten freundlichen oder feindlichen Berührung ihr blitzende Funken und leuchtende Strahlen, oder schmetternde Schläge entlocken kann.-

Ironie ist die Form des Paradoxen. Paradox ist alles, was zugleich gut und groß ist.- Geist ist Naturphilosophie.-

Sinn für Witz ohne Witz ist doch schon das Abc der Liberalität.

Maximen, Ideale, Imperative und Postulate sind jetzt bisweilen Rechenpfennige der Sittlichkeit.-

Viele Werke, deren schöne Verkettung man preist, haben weniger Einheit, als ein bunter Haufen von Einfällen, die nur vom Geiste eines Geistes belebt, nach einem Ziele zielen ... Das Schlimmste dabei ist, daß alles, was man den gediegenen Stücken, die wirklich da sind, so drüber aufhängt, um einen Schein von Ganzheit zu erkünsteln, meistens nur aus gefärbten Lumpen besteht ...

Chamfort war, was Rousseau gern scheinen wollte: ein echter Zyniker, im Sinne der Alten mehr Philosoph, als eine ganze Legion trockner Schulweisen. Obgleich er sich anfänglich mit den Vornehmen gemein gemacht hatte, lebte er dennoch frei, wie er auch frei und würdig starb, und verachtete den kleinen Ruhm eines großen Schriftstellers. Er war Mirabeaus Freund. Sein köstlichster Nachlaß sind seine Einfälle und Bemerkungen zur Lebensweisheit; ein Buch voll von gediegenem Witz, tiefem Sinn, zarter Fühlbarkeit, von reifer Vernunft und fester Männlichkeit, und von interessanten Spuren der lebendigsten Leidenschaft, und dabei auserlesen und von vollendetem Ausdruck; ohne Vergleich das höchste und erste seiner Art.-

Alle Kunst soll Wissenschaft, und alle Wissenschaft soll Kunst werden; Poesie und Philosophie sollen vereinigt sein.-

Auf die richtigen Begriffe kommt es in der wahren Logik an, nicht auf die Schlüsse. - Die Definitionen sind in der Mathematik grade das untergeordnete, in der Philosophie das höchste.-

Die Vernunft ist der Begriff der Sinnenwelt; Verstand ist Erkenntnis des Geistes; Geist aber Wahrnehmung Gottes -

In Hegel ist der Grundirrtum, daß er den Satan mit dem lieben Gott verwechselt ... sein Weltgeist, wie er sich in den Völkergeistern entfaltet, nichts als ... die reine Lehre des Leviathan ... d.h. das Unwesen des Rationalismus, von allem positiven Inhalt und Anhalt entbunden."

"Die Stellen in der Schrift von der Obrigkeit, die von Gott sey und der man nicht widerstehen dürfe, gehen offenbar auf die richterliche Gewalt, welche das göttliche Element im Staate ist; keinesfalls auf den sogen. passiven Gehorsam, der im Grunde ganz unsittlich ist ... Nur von dem, was Gott gibt, kann Zehnter erhoben werden ...Der Geist des Christentums in politischer Hinsicht ist eine allgemeine Opposition gegen den Staat überhaupt. Anfang mit Babel in der heiligen Schrift."

"Je mehr der Mensch schon gearbeitet hat, je mehr muß er immerfort arbeiten. Er arbeitet sich immer tiefer hinein ... Die Arbeit ist ein Fluch nach der Bibel. Dieser Fluch muß und wird gelöst werden."

"Der Pantheismus auf die Geschichte angewandt, führt zum System der Gegensätze."

" Nach der Denkart und Sprache gebildeter Menschen steht die Einbildungskraft dem Dichter, Vernünftigkeit dem sittlichen Menschen am nächsten. Verstand aber ist das, worauf es eigentlich ankommt, wenn von dem Geist eines Menschen die Rede ist. Verstand ist das Vermögen der Gedanken. Ein Gedanke ist eine Vorstellung, die vollkommen für sich besteht, völlig ausgebildet ist, ganz, und innerhalb der Grenzen unendlich; das Göttlichste, was es im menschlichen Geiste gibt. In diesem Sinne ist Verstand nichts anderes als die natürliche Philosophie selbst, und nicht viel weniger als das höchste Gut. Durch seine Allmacht wird der ganze Mensch heiter und klar ... "

"Noch viel verborgene Unverständlichkeit wird ausbrechen müssen ... Mich dünkt, das Heil der Familien und Nationen beruhet auf ihr ... Wahrlich, es würde euch bange werden, wenn die ganze Welt, wie ihr es fordert, einmal im Ernst durchaus verständlich würde ... Aber auch der Verstand wird ... verstanden werden."

Die Religion ist das revolutionäre Princip im Menschen.

Ohne jenen Aufschluß (durch die Geschichte vom Abfall) gibt es eigentlich gar keine Geschichte...

Ohne Gott ist die Natur unverständlich, die Welt sinnlos, der Mensch sich selbst ein Rätsel.

Das Wesen der Philosophie besteht in der Sehnsucht nach dem Unendlichen und in der Ausbildung des Verstandes ... Das Unendliche aber kann sehr wohl zugleich sein und nicht sein. Alle Vereinigung des Heterogenen führt auf Unendliches.

Das Christentum hat eine ewige Tendenz, Philosophie zu werden ...Die Dinge an sich sind für die Theorie genau das was das Reich Gottes für die Praxis, absolutes Ideal.

Romantischer Aphoristiker Joseph Joubert (1754 - 1824)

Meine Gedanken! Wie mühsam, das Haus zu bauen, in dem sie wohnen sollen!

Meine Entdeckungen - und jedermann macht solche - haben mich zu den Vorurteilen zurückgeführt.

Wenn ich Fensterscheiben zerschlage, so möchte ich, daß man versucht sei, sie mir zu bezahlen.

Die das Laster liebenswürdig machen, schätze ich doch höher als die, welche die Tugend erniedrigen.

Hätte ich die Wahl, so zöge ich die Weichlichkeit, die den Menschen Zeit läßt, sich zu bessern, der Strenge vor, die sie schlechter macht, und der Voreiligkeit, welche die Reue nicht abwarten kann.

Der Verstand fühlt in mir, und es denkt mein Herz.

Die ihrem Geist ernste Gedanken versagt haben, verfallen in düsteres Sinnen.

Die einen können nur in der Ruhe Tätigkeit finden, die anderen Ruhe nur in der Bewegung.

Der Geist bleibt so lange stark, als man die Kraft hat, über seine Schwäche zu klagen.

Fast überall findet man Worte, die klar sind, und Gedanken, die es nicht sind.

Einer der Mängel unserer heutigen Literatur besteht darin, daß unsere Gelehrten wenig Geist haben und unsere geistreichen Leute nicht gelehrt sind.

Es war eine Zeit, da wirkte die Welt auf die Bücher, jetzt aber wirken die Bücher auf die Welt.

Man fürchtet heute Sitten- und Geistesstrenge am Herrscher mehr als seine Gier, Grausamkeit und Tyrannei.

Die Salons haben die Sitten verdorben. Der Witz hat die Welt und den Thron zugrunde gerichtet.

Wenige Menschen sind der Erfahrung würdig. Die meisten lassen sich von ihr korrumpieren.

Man glaubte früher, daß die Gerechtigkeit nicht aus dem Gesetz kommen sollte, sondern das Gesetz aus der Gerechtigkeit.

Die Freiheit ist ein von seinen Launen beherrschter Tyrann.

Man erträgt leicht eine Gewalt, die man eines Tages auszuüben hofft.

Lehren heißt zweimal lernen.

Die herrschen wollen, lieben die Republik, die gut beherrscht sein wollen, nur die Monarchie.

Unbekannt das Licht der Welt erblicken und berühmt sterben - das sind die beiden Endpunkte menschlicher Glückseligkeit.

Befriedigte Eigenliebe ist immer zärtlich.

Man liebt schließlich, wen man fürchtet, um sich seiner Gunst zu erfreuen. Furcht ist die Gnade der Ausschweifung.

Wenn man das Kommende zu sehr gefürchtet hat, ist man schließlich erleichtert, wenn es gekommen.

Die Strafe derer, die zu sehr die Frauen geliebt haben, ist sie immer zu lieben.

Der Triumph der Frauen ist nicht, ihre Verfolger zu ermüden und zu besiegen, sondern sie zu erweichen und zu entwaffnen.

Zur Gattin sollte man nur die Frau wählen, die man, wäre sie ein Mann, zum Freund wählen würde.

Sind Systeme Spinnweben, sollten ihre Fäden wenigstens Seide sein. Im Geist geht ein beständiger Umlauf unmerklicher Gedanken vor sich.

Die Religion ist die einzige Metaphysik, die das Volk imstande ist zu verstehen und anzunehmen. Die praktischen Metaphysiker sind die Frommen.

Der Geistreiche ist der Wahrheit sehr nahe.

Die Religion verbietet, mehr zu glauben, als sie lehrt.

Gott will, daß wir selbst seine Feinde lieben.

Wohin gehen unsere Gedanken? In das Gedächtnis Gottes.

Es gibt Seelen, die nicht nur keine Flügel, sondern nicht einmal Füße haben, um zu leben, und keine Hände zur Arbeit.

Nichts ist kälter, als was sich nicht mitteilen läßt.

Man kann andre durch seine eignen Gründe überwältigen, aber nur durch die ihren überredet man sie.

Die Welt sehen, heißt über Richter richten.

Was sage ich? In ein und demselben Leben, je nach den Altersstufen, im selben Jahr, je nach den Jahreszeiten, ja selbst an einem Tage, je nach den Stunden, ziehen wir ein Buch, einen Stil, einen Geist dem andern vor.

Bücher, die man sich vornimmt, im reifen Alter wieder zu lesen, gleichen den Orten, an denen man alt werden möchte.

Wieviel Vorsicht ist nötig, um nicht das letzte Wort zuerst zu sagen!

Wer alles tut, was er kann, setzt sich der Gefahr aus, seine Grenzen zu zeigen Man soll sein Talent, seine Kraft, seine Ausgaben nicht aufs Äußerste treiben.

Es ist unmöglich, sehr gebildet zu sein, wenn man nur liest, was gefällt. Eigentlich weiß man, was es auch sei, erst lange, nachdem man es gelernt hat.

Um gut zu schreiben, bedarf es einer natürlichen Leichtigkeit und einer erworbenen Schwierigkeit.

Der Scharfsinn bedarf nur eines Augenblicks, um alles zu bemerken, die Genauigkeit Jahre, um alles auszudrücken.

Man ist nur korrekt, indem man korrigiert.

Man kann durch Bilder begreifen und sich ausdrücken, aber weder urteilen noch schließen.

Will man sehr feine Dinge sichtbar machen, so muß man sie färben.

Die niemals über das hinausdenken, was sie sagen, und nicht weiter sehen, als sie denken, haben einen sehr entschiedenen Stil.

Man möchte schon im Klang der Wörter die Verknüpfung ahnen, die zwischen den Ideen besteht, die sie ausdrücken.

Niemals fehlen die Wörter den Ideen, sondern die Ideen den Wörtern ...

Der beste und einzige Interpret Platons ist Plutarch ... Der Platonismus ohne Platon ist unerträglich.

Es gibt einen Stil, der den Geist zerstört, so viel Gedanken verbraucht er, so viel Kräfte setzt er in Gang, so viel Ausgaben verursacht er uns, so viel Verluste muß man erleiden, um ihn zu unterhalten.

Gibt es einen Menschen, den der unselige Ehrgeiz quält, ein Buch auf einer Seite zu bieten, eine ganze Seite in einem Satz und diesen Satz in einem Worte - so bin ich es.

Johann Gottfried Seume : "Apokryphen" (1805 / 1806)

Wo ein einziger Mann den Staat erhalten kann, ist der Staat ... kaum der Erhaltung wert.

Wo keine Sklaven sind, kann kein Tyrann entstehen.

Ob Brutus gut war, ist problematischer, als daß Cäsar schlecht war.

Faulheit ist Dummheit des Körpers, und Dummheit ist Faulheit des Geistes.

Wer die Krankheit hat, keine Ungerechtigkeiten ertragen zu können, darf nicht zum Fenster hinaussehen und muß die Stubentür zuschließen. Vielleicht tut er auch wohl, wenn er den Spiegel wegnimmt.

Das bißchen Gerechtigkeit in unseren Staaten wird so entsetzlich teuer erkauft, daß wir uns oft weit besser aller ursprünglichen Ungerechtigkeit aussetzen.

Alles würde in der Welt am besten mit Negativen gehen. Die Wegschaffung des Schlimmen wird schon das Gute bringen.

Wo man von Gerechtigkeiten und Freiheiten redet, soll man durchaus nicht von Gerechtigkeit und Freiheit sprechen.

Wenn die Freundschaft auch ein Vorrecht zugestehen wollte, so kann die Freundschaft keins annehmen.

Die Gesellschaft gesteht uns oft zu viel zu, das tut sie aber für das Zuviel, das sie uns genommen hat.

Wer nichts fürchtet, kann leicht ein Bösewicht werden, aber wer zu viel fürchtet, wird sicher ein Sklave.

Was als Böses erscheint, ist meistens böse; aber was als Gutes erscheint, ist nicht immer gut.

Wenn man menschlich fühlte und dachte, fand man das Wort Sklave zu hart; man sagte Leibeigener, dann Erbmann, dann Fröner, dann Bauer; von der Sache suchte man immer so viel als möglich zu behalten.

Die Nation, welche nur durch einen einzigen Mann gerettet werden kann und soll, verdient Peitschenschläge.

Wer Ansprüche macht, beweist eben dadurch, daß er keine zu machen hat.

Eine junge Person der Ehrenkaste darf wohl eine Jungfer haben, aber keine sein, bei Verlust ihrer Ehre.

Einige leben vor ihrem Tode, andere nach ihrem Tode. Die meisten Menschen leben aber weder vor noch nach demselben; sie lassen sich gemächlich in die Welt herein und aus der Welt hinaus vegetieren.

Je älter ich werde, desto schöner werden die Mädchen. Soll ich meine Narrheit in der Periode der Weisheit machen? Ich muß ... Anatomie studieren.

Wer in der Welt nicht 200000 Bajonette mit den gehörigen Appertenzen zu seinem Befehl hat, sollte sich nicht einfallen lassen, öffentlich einen vernünftigen Gedanken zu haben. Und die Herren, die sie haben, lassen sich's beliebter Gemächlichkeit wegen selten einfallen.

Jetzt führen die Franzosen eine schlechte Sache gut und die Deutschen eine gute Sache schlecht.

Wer die Deutschen zur Nation machen könnte, machte sich zum Diktator Europas.

Wer keinen Freund hat, verdient keinen ... aber wer keinen Feind hat, verdient keinen Freund ...

Wenn sich jemand über den gesunden Menschenverstand versteigt, so ist er immer in Gefahr, darunterzusinken.

Die Sittenlosigkeit der Völker ist so groß und ihre Euphemismen darüber zu zahlreich, daß ein ehrlicher, in der Verderbtheit uneingeweihter Mann fast kein Wort sagen kann, ohne eine Zweideutigkeit zu sprechen.

Sobald ich das Wort GNADE höre, fahre ich sogleich zurück, denn da hat die Vernunft ein Ende, und es hat nur unter Verbrechern und Dummköpfen Sinn.

Es ist nur ein Despotismus erträglich : der Despotismus der Vernunft - wenn wir nur erst über die Vernunft einig wären.

Die Etymologie ist eine gefährliche Feindin der Theosophen.

Wer mehr als gewöhnlichen Respekt verlangt, verdient auch den gewöhnlichen nicht.

Man darf nur die meisten Menschen bestimmt nötig haben, um sogleich ihre Bösartigkeit zu wecken.

Wenn dem Menschen nicht immer etwas teurer ist als das Leben, so ist das Leben nicht viel wert.

Wo das Gemeine verachtet wird, wird das Gute nie gemein werden, was doch der Endzweck jeder bessern Kultur ist.

Der Staat sollte vorzüglich nur für die Ärmeren sorgen, die Reichen sorgen leider nur zu sehr für sich selbst.

Von der Ehelosigkeit zur Ehrlosigkeit ist bei moralischen Schwächlingen oft nur ein Schritt.

Der Mensch lehnt sich an seinen Tod wie der Plauderer an den Kamin.

Bücher haben dieselben Feinde wie der Mensch : das Feuer, die Feuchtigkeit, Tiere, die Zeit - und den eigenen Inhalt.

Das Denken ist hermaphroditisch; es befruchtet sich und trägt sich selber aus.

Die meisten Menschen haben von der Dichtung eine so unklare Vorstellung, daß diese Unklarheit selbst für sie zur Definition der Dichtung wird.

Nachahmung befreit ein Werk von dem, was an ihm nachgeahmt werden kann.

Alles, was man von uns sagt, ist falsch; aber nicht falscher, als was wir davon denken. - Sondern auf eine andere Art falsch.

**Später Frühromantiker Friedrich Nietzsche :
„Formen der Ewigkeit" ?**

Müßiggang ist aller Psychologie Anfang. Wie? wäre Psychologie ein Laster?

Der Mann hat das Weib geschaffen - woraus doch ? Aus einer Rippe Gottes, seines 'Ideals'...

Wer seinen Willen nicht in die Dinge zu legen weiß, der legt wenigstens einen Sinn noch hinein : d.h. er glaubt, daß ein Wille bereits darin sei...

Man hält das Weib für tief - warum ? weil man nie bei ihm auf den Grund kommt. Das Weib ist noch nicht einmal flach.

Die mystischen Erklärungen gelten für tief; die Wahrheit ist, daß sie noch nicht einmal oberflächlich sind.

Der getretene Wurm krümmt sich. So ist es klug. Er verringert damit die Wahrscheinlichkeit, von neuem getreten zu werden.

Ich suchte nach großen Menschen, ich fand immer nur Affen ihres Ideals.

Die einen regieren, aus Lust am Regieren; die andern, um nicht regiert zu werden: - diesen ist es nur das geringere von zwei Übeln.

Der gestraft wird, ist nicht mehr der, welcher die Tat getan hat. Er ist immer der Sündenbock.

Neidische Menschen mit feiner Witterung suchen ihren Rivalen nicht genauer kennen zu lernen, um sich ihm überlegen fühlen zu können.

Jetzt wird er tugendhaft, nur um andern weh damit zu tun ...

Viele erscheinen gereizt, wenn man ihnen eine Neuigkeit erzählt, sie empfinden das Übergewicht, welche die Neuigkeit dem gibt, der sie früher weiß.

Die sinnlichsten Männer sind die, welche vor den Frauen fliehen und den Leib martern müssen.

Sich mitten unter die Feinde werfen kann das Merkmal der Feigheit sein.

Den Freund, dessen Hoffnungen man nicht befriedigen kann, wünscht man sich lieber zum Feinde.

Wir haben nötig, gegen uns redlich zu sein und uns sehr gut zu kennen, um gegen andre jene menschenfreundliche Verstellung üben zu können, welche Liebe und Güte genannt wird.

Ja ! Er betrachtet die Sache von allen Seiten, und ihr meint, das sei ein rechter Mann der Erkenntnis. Aber er will nur den Preis herabsetzen - er will sie kaufen !

Im Gespräche bemerkt man den einen ... den Witz vorbereiten, damit der andere ihn mache : nicht aus Wohlwollen, wie man denken könnte, sondern aus Bosheit und Verachtung des groben Intellekte.

Von allen Trostmitteln tut Trostbedürftigen nichts so wohl wie die Behauptung, für ihren Fall gäbe es keinen Trost. Darin liegt eine solche Auszeichnung, daß sie wieder den Kopf heben.

Wenn wir jemanden dabei ertappen, daß er seinen Geist vor uns verbirgt, so nennen wir ihn böse; und zwar umso mehr, wenn wir argwöhnen, daß Artigkeit und Menschenfreundlichkeit ihn dazu getrieben haben.

"Er vergißt nichts, aber er vergibt alles." - Dann wird er doppelt gehaßt, denn er beschämt doppelt, mit seinem Gedächtnis und mit seiner Großmut.

Die Erziehung ist eine Fortsetzung der Zeugung und oft eine nachträgliche Beschönigung derselben.

Es gibt zart moralische Naturen, die bei jedem Erfolg Beschämung und bei jedem Mißerfolge Gewissensbisse haben.

Wer seinen Gegner töten will, mag erwägen, ob er ihn nicht gerade dadurch bei sich verewigt.

Geht die Wahrheit, die wir zu sagen haben, wider unseren Charakter ..., so benehmen wir uns so, als ob wir schlecht lögen und erregen Mißtrauen.

... wenn er andere schätzen will, so muß er sie immer erst in sich verwandeln. Darin ist er geistreich.

Immer noch hilft gegen die Liebe in den meisten Fällen jenes alte Radikalmittel : die Gegenliebe.

Es gibt eine Art schwärmerischer, bis zum Äußersten gehender Hingebung an eine Person oder Partei, die verrät, daß wir im Geheimen uns ihr überlegen fühlen und darüber mit uns grollen. Wir blenden uns gleichsam zur Strafe dafür, daß unser Auge zu viel gesehen hat.

Man hört nur die Fragen, auf welche man imstande ist, eine Antwort zu finden.

Es ist eine traurige Verschlagenheit, wenn man sich über jemanden täuschen will, dem man sich geopfert hat, und ihm Gelegenheit bietet, wo er uns so erscheinen muß, wie wir wünschen, daß er wäre.

Wer sich selber haßt, den haben wir zu fürchten, denn wir werden die Opfer seines Grolls und seiner Rache sein. Sehen wir also zu, wie wir ihn zur Liebe zu sich selber verführen!

Wir lieben die große Natur und haben sie entdeckt : das kommt daher, daß in unserem Kopfe die großen Menschen fehlen.

Wenn die Dankbarkeit vieler gegen einen jede Scham wegwirft, so entsteht der Ruhm.

Er ist ein Denker : d.h. er versteht sich darauf, die Dinge einfacher zu nehmen, als sie sind.

Die perfideste Art, einer Sache zu schaden ist, sie absichtlich mit fehlerhaften Gründen verteidigen.

Die Wahrheit ist jene Art von nützlichem Irrtum, ohne die eine gewisse Art von Lebewesen nicht leben kann.

Kant wollte auf eine alle Welt vor den Kopf stoßende Art beweisen, daß alle Welt recht habe - das war der heimliche Witz dieser Seele. Er schrieb gegen die Gelehrten zugunsten des Volks-Vorurteils, aber für Gelehrte und nicht für das Volk.

Freigebigkeit ist bei Reichen nur eine Art Schüchternheit.

Lachen heißt : schadenfroh sein, aber mit gutem Gewissen.

Vor der Wirkung glaubt man an andere Ursachen als nach der Wirkung.

Die Strafe hat den Zweck, den zu bessern, welcher straft.

Er hält aus Trotz an einer Sache fest, die ihm durchsichtig geworden ist - er nennt es aber 'Treue'.

Sein ganzes Wesen überredet nicht - das kommt daher, daß er nie eine gute Handlung, die er tat, verschwiegen hat.

Man träumt gar nicht oder interessant. Man muß ebenso wachen. Wer immer tief beschäftigt ist, ist über alle Verlegenheit hinaus.

Ich will nicht, daß man mir etwas nachmache, ich will, daß jeder sich etwas vormache : dasselbe, was ich tue.

Kein Sieger glaubt an den Zufall.

"Gut und böse sind die Vorurteile Gottes" - sagte die Schlange.

Einer kann sich nicht beweisen : aber zweie kann man bereits nicht widerlegen.

Was wir tun, wird nie verstanden, sondern immer nur gelobt und getadelt.

Sorgt ihr für mich, denn ich habe Besseres zu tun, nämlich für euch zu sorgen.

Man muß ein gutes Gedächtnis haben, um gegebene Versprechen halten zu können. Man muß eine starke Kraft der Einbildung haben, um Mitleid haben zu können. So eng ist die Moral an die Güte des Intellekts gebunden.

Der Asket macht aus der Tugend eine Not.

Die Menschen schämen sich nicht, etwas Schmutziges zu denken, aber wohl, wenn sie sich vorstellen, daß man ihnen diese schmutzigen Gedanken zutraue.

Die meisten Menschen sind viel sehr mit sich beschäftigt, um boshaft zu sein. Lukas 18,14 verbessert. Wer sich selbst erniedrigt, will erhöht werden.

Jeder, welcher sich dafür erklärt hat, daß der andere ein Dummkopf, ein schlechter Geselle sei, ärgert sich, wenn jener schließlich zeigt, daß er es nicht ist.

Es ist nicht genug an Religion in der Welt, um die Religionen auch nur zu vernichten.

Es ist nicht genug Liebe und Güte in der Welt, um noch davon an eingebildete Wesen wegschenken zu dürfen.

Die Antithese ist die enge Pforte, durch welche sich am liebsten der Irrtum zur Wahrheit schleicht.

Die meisten Denker schreiben schlecht, weil sie uns nicht nur ihre Gedanken, sondern auch das Denken der Gedanken mitteilen.

Ein guter Schriftsteller hat nicht nur seinen eigenen Geist, sondern auch noch den Geist seiner Freunde.

Mangel an Vertraulichkeit unter Freunden ist ein Fehler, der nicht gerügt werden kann, um unheilbar zu werden.

Eine Gabe ausschlagen zu müssen, bloß weil sie nicht auf die rechte Weise angeboten wurde, erbittert gegen den Geber.

In jeder Partei ist einer, der durch sein gar zu geduldiges Aussprechen der Parteigrundsätze die übrigen zum Abfall reizt.

Wir legen nicht eher besonderen Wert auf den Besitz einer Tugend, bis wir deren völlige Abwesenheit an unserem Gegner wahrnehmen.

Man widerspricht oft einer Meinung, während uns eigentlich nur der Ton, in dem sie vorgetragen wurde, unsympathisch ist.

Wer des Vertrauens sicher ist, legt auf Vertraulichkeit wenig Wert.

Manchmal kehrt ... das rechte Gleichgewicht der Freundschaft zurück, wenn wir in unsre eigne Waagschale einige Gran Unrecht legen.

Geistreichen Personen braucht man mitunter, um sie für einen Satz zu gewinnen, denselben nur in der Form einer ungeheuerlichen Paradoxie vorzulegen.

Mutige Leute überredet man dadurch zu einer Handlung, daß man dieselbe gefährlicher darstellt, als sie ist.

Verwandte eines Selbstmörders rechnen es ihm übel an, daß er nicht aus Rücksicht auf ihren Ruf am Leben geblieben ist.

Man springt einem Menschen, der ins Wasser fällt, noch einmal so gern nach, wenn Leute zugegen sind, die es nicht wagen.

Es wird wenige geben, welche, wenn sie um Stoff zur Unterhaltung verlegen sind, nicht die geheimeren Angelegenheiten ihrer Freunde preisgeben.

Eine feine Seele bedrückt es, sich jemanden zum Dank verpflichtet zu wissen; eine grobe, sich jemandem.

Anmaßung bei Verdiensten beleidigt noch mehr als Anmaßung von Menschen ohne Verdienst : denn schon das Verdienst beleidigt.

Mitunter macht uns im Gespräch der Klang der eignen Stimme verlegen und verleitet uns zu Behauptungen, welche gar nicht unserer Meinung entsprechen.

Wir fürchten die feindselige Stimmung des Nächsten, weil wir fürchten, daß er durch diese Stimmung hinter unsere Heimlichkeiten kommt.

Hat man keinen guten Vater, so soll man sich einen anschaffen.

Gewöhnlich liebt eine Mutter sich mehr in ihrem Sohne als den Sohn selber.

Manche Mutter braucht glückliche, geehrte Kinder, manche unglückliche; sonst kann sich ihre Güte als Mutter nicht zeigen.

Kinder aus bescheidenen Familien muß man ebenso sehr das Befehlen durch Erziehung lehren wie andere das Gehorchen.

Frauen lieben meistens einen bedeutenden Mann so, daß sie ihn allein haben wollen. Sie würden ihn gern in Verschluß legen, wenn nicht ihre Eitelkeit widerriete : diese will, daß er auch vor anderen bedeutend erscheine.

Charaktervoll erscheint ein Mensch weit häufiger, weil er immer seinem Temperament, als weil er immer seinen Prinzipien folgt.

Der Mensch beträgt sich unwillkürlich vornehm, wenn er sich gewöhnt hat, von den Menschen nichts zu wollen und ihnen immer zu geben.

Wer gegen Menschen bescheiden ist, zeigt gegen Sachen (Stadt, Staat, Gesellschaft, Zeit, Menschheit) um so stärker seine Anmaßung. Das ist seine Rache.

Gar nicht von sich zu reden, ist eine sehr vornehme Heuchelei.

Nicht wenn es gefährlich ist, die Wahrheit zu sagen, findet sie am seltensten Vertreter, sondern wenn es langweilig ist.

Wir sind so gerne in der freien Natur, weil diese keine Meinung über uns hat.

Bei einem Todesfall braucht man zumeist Trostgründe, nicht sowohl um die Gewalt des Schmerzes zu lindern, als um zu entschuldigen, daß man sich so leicht getröstet hat.

Die Unvernunft einer Sache ist kein Grund gegen ihr Dasein, vielmehr eine Bedingung derselben.

Wir gehören einer Zeit an, deren Kultur in Gefahr ist, an den Mitteln der Kultur zugrunde zu gehen.

Der eine hält eine Meinung fest, weil er sich etwas darauf einbildet, von selbst auf sie gekommen zu sein, der andere, weil er sie mit Mühe gelernt hat und stolz darauf ist, sie begriffen zu haben; beide also aus Eitelkeit.

Wer davon lebt, einen Feind zu bekämpfen, hat ein Interesse daran, daß er am Leben bleibt.

Dienstleistungen, die uns jemand erweist, schätzen wir nach dem Wert für ihn, nicht für uns.

Man bleibt einer Sache mitunter nur deshalb treu, weil ihre Gegner nicht aufhören, abgeschmackt zu sein.

Bei der ernstlich gemeinten geistigen Befreiung eines Menschen hoffen im stillen auch seine Leidenschaften und Begierden ihren Vorteil sich zu ersehen.

Der hat keinen Geist, welcher den Geist sucht.

Es gibt Leute, welche das Leben den Menschen erschweren wollen, aus keinem andern Grunde, als um ihnen hinterdrein ihre Rezepte ... anzubieten.

Man kauft ab und zu etwas von Zigeunern, damit sie nicht mehr entwenden.

Der Jünger eines Märtypers leidet mehr als der Märtyrer.

Wenn man die Leute dazu treiben kann, sich öffentlich für etwas zu erklären, so hat man sie meistens auch dazu gebracht, sich innerlich dafür zu erklären; sie wollen fürderhin als konsequent erfunden werden.

Wer ein gutes Beispiel geben will, muß seiner Tugend ein Gran Narrheit zusetzen; dann ahmt man ihn nach und erhebt sich zugleich über den Nachgeahmten, - was die Menschen lieben.

Man ist am meisten in Gefahr, überfahren zu werden, wenn man eben einem Wagen ausgewichen ist.

Man vergißt seine Schuld, wenn man sie einem andern gebeichtet hat, aber gewöhnlich vergißt der andere sie nicht.

Wir lassen das Wunderliche, Irrationale gelten, wenn es unserer Selbstschätzung schmeichelt.

Der Vorteil des schlechten Gedächtnisses ist, daß man dieselben guten Dinge mehrere Male zum ersten Male genießt.

Alle guten Dinge sind starke Reizmittel zum Leben, selbst jedes gute Buch, das gegen das Leben geschrieben ist.

Auf Einwände des Gegners, gegen welche sich unser Kopf zu schwach fühlt, antwortet unser Herz durch Verdächtigung der Motive seiner Einwände.

Mancher wird nur deshalb kein Denker, weil sein Gedächtnis zu gut ist.

Man muß für seinen Arzt geboren sein, sonst geht man an seinem Arzt zugrunde.

Man wird selten irren, wenn man extreme Handlungen auf Eitelkeit, mittelmäßige auf Gewöhnung und kleinliche auf Furcht zurückführt.

Ein Volk ist der Umschweif der Natur, um zu sechs, sieben großen Männern zu kommen. - Ja : und um dann um sie herumzukommen.

Viel von sich reden kann auch ein Mittel sein, sich zu verbergen.

"Die Erkenntnis um ihrer selbst willen" - das ist der letzte Fallstrick, den die Moral legt : damit verwickelt man sich noch einmal völlig in sie.

Der Autor hat den Mund zu halten, wenn sein Werk den Mund auftut.

Es ist ein Nachteil für gute Gedanken, wenn sie zu rasch aufeinanderfolgen; sie verdecken sich gegenseitig die Aussicht. - Deshalb haben die größten ... Schriftsteller immer reichlichen Gebrauch vom Mittelmäßigen gemacht.

Die Forderung, geliebt zu werden, ist die größte aller Anmaßungen.

Der beste Autor wird der sein, welcher sich schämt, Schriftsteller zu werden.

Man heuchelt Mitleiden, wenn man über das Gefühl der Feindseligkeit sich erhaben zeigen will : aber gewöhnlich umsonst. Dies bemerkt man nicht ohne ein starkes Zunehmen der feindseligen Empfindung.

Findet jemand in einem geschenkten Sack Vorteil auch nur ein Korn Demütigung, so macht er doch noch böse Miene zum guten Spiel.

Je mehr einer sich gehen läßt, um so weniger lassen ihn die anderen gehen.

Man kritisiert einen Menschen, ein Buch am schärfsten, wenn man das Ideal desselben hinzeichnet.

Ein Buch voller Geist teilt auch an seine Gegner davon mit.

Der Witz ist das Epigramm auf den Tod eines Gefühls.

Wenn wir die Wahrheit auf den Kopf stellen, bemerken wir gewöhnlich nicht, daß auch unser Kopf nicht dort steht, wo er stehen sollte.

Alle Menschen mit gleichmäßigem Wohlwollen behandeln und ohne Unterschied der Person gütig sein, kann ebenso sehr der Ausfluß tiefer Menschenverachtung als gründlicher Menschenliebe sein.

Von seinen Feinden zu lernen ist der beste Weg dazu, sie zu lieben: denn es stimmt uns dankbar gegen sie.

Wir werden manchem Künstler ... feindlich, nicht weil wir endlich merken, daß er uns hintergangen hat, sondern weil er nicht feinere Mittel für nötig befand, uns zu fangen.

Unsere Anhänger vergeben es uns nie, wenn wir gegen uns selbst Partei ergreifen, denn dies heißt, in ihren Augen, nicht nur ihre Liebe zurückweisen, sondern auch ihren Verstand bloßstellen.

Wie wenig Anhänger zu bedeuten haben, begreift man erst, wenn man aufgehört hat, der Anhänger seiner Anhänger zu sein ... Wer von uns abfällt, beleidigt damit vielleicht nicht uns, aber sicherlich unsere Anhänger.

In der vergoldeten Scheide des Mitleids steckt mitunter der Dolch des Neides.

Wer keine Hoffnung hat, in einem Kampfe zu siegen, will umso mehr, daß die Art seines Kämpfens bewundert werde.

Du hast ihm Gelegenheit gegeben, Größe des Charakters zu zeigen, und er hat sie nicht genutzt. Das wird er dir nie verzeihen.

Jedes Wort ist ein Vorurteil.

Das Gute mißfällt uns, wenn wir ihm nicht gewachsen sind.

Was man zu teuer kauft, verwendet man gewöhnlich auch noch schlecht, weil ohne Liebe und mit peinlicher Erinnerung daran - und so hat man einen doppelten Nachteil davon.

Wer jemandes Ideal geschaut hat, ist dessen unerbittlicher Richter und gleichsam sein böses Gewissen.

"Vergib uns unsere Tugenden" - so soll man zu Menschen beten.

Der gefundene Stil ist eine Beleidigung für den Freund des gesuchten Stils.

Wenn alle Almosen nur aus Mitleiden gegeben würden, so wären die Bettler allesamt verhungert.

Wenn sich jemand vor uns entschuldigt, so muß er es sehr gut machen: sonst kommen wir uns selber leicht als die Schuldigen vor

Ein rechter Fuchs nennt nicht nur die Trauben sauer, welche er nicht erreichen kann, sondern auch die, welche er erreicht und anderen vorweggenommen hat.

Die Menschen drängen nicht zum Lichte, um besser zu sehen, sondern um besser zu glänzen. Vor wem man glänzt, den läßt man gern als Licht gelten.

Unser Beobachtungssinn dafür, ob andere unsere Schwächen wahrnehmen, ist viel feiner als unser Beobachtungssinn für die Schwächen anderer : ... feiner, als nötig wäre.

Der gefährlichste Anhänger ist der, dessen Abfall die ganze Partei vernichten würde : also der beste Anhänger.

Etwas Gesundheit ab und zu ist das beste Heilmittel des Kranken.

Wir würden uns für unsere Meinungen nicht verbrennen lassen: wir sind ihrer nicht so sicher. Aber vielleicht dafür, daß wir unsere Meinungen haben dürfen und ändern dürfen.

Es ist nicht nach jedermanns Geschmack, daß die Wahrheit angenehm gesagt werde. Möge aber wenigstens niemand glauben, daß der Irrtum zur Wahrheit werde, wenn man ihn unangenehm sage.

Man lobt oder tadelt, je nachdem das eine oder das andre mehr Gelegenheit gibt, unsere Urteilskraft leuchten zu lassen.

Wer vom Herkömmlichen abweicht, ist das Opfer des Außergewöhnlichen; wer im Herkömmlichen bleibt, ist dessen Sklave.

Entweder verstecke man seine Meinungen oder ... sich hinter seine Meinungen.

Den Stil verbessern - das heißt den Gedanken verbessern.

Der Magen der Gesellschaft ist stärker als der meinige, er verträgt mich.

Hat man Charakter, so hat man auch sein typisches Erlebnis, das immer wiederkehrt.

Wer sich selbst verachtet, achtet sich doch immer noch dabei als Verächter.

Vor uns selbst stellen wir uns alle einfältiger, als wir sind; wir ruhen uns so von unseren Mitmenschen aus.

Wenn wir über jemanden umdenken müssen, so rechnen wir ihm die Unbequemlichkeit hart an, die er uns damit macht.

Wer mit Ungeheuern kämpft, mag zusehn, daß er nicht dabei zum Ungeheuer wird.

Man liebt seine Erkenntnis nicht genug mehr, sobald man sie mitteilt.

"Wo der Baum der Erkenntnis steht, ist immer das Paradies", sagen die ältesten und die jüngsten Schlangen.

Der Reiz der Erkenntnis wäre gering, wenn nicht auf dem Wege zu ihr so viel Scham zu überwinden wäre.

"Das habe ich getan", sagt mein Gedächtnis. "Das kann ich nicht getan haben", sagt mein Stolz und bleibt unerbittlich. Endlich - gibt das Gedächtnis nach.

Mancher Pfau verdeckt vor aller Augen seinen Pfauenschweif - und heißt es seinen Stolz.

Grad und Art der Geschlechtlichkeit eines Menschen reicht bis in den letzten Gipfel seines Geistes hinauf.

Sehr klugen Personen fängt man an zu mißtrauen, wenn sie verlegen werden.

Wer hat nicht für seinen guten Ruf schon einmal - sich selbst geopfert?

Ein großer Mann? Ich sehe immer nur den Schauspieler seines eigenen Ideals.

Unsre Eitelkeit ist dann am schwersten zu verletzen, wenn eben unser Stolz verletzt wurde.

Der Ekel vor dem Schmutz kann so groß sein, daß er uns hindert, uns zu reinigen - uns zu 'rechtfertigen'.

Allen rechten Frauen geht Wissenschaft wider die Scham. Es ist ihnen dabei zumute, als ob man ihnen damit unter die Haut - schlimmer noch! unter Kleid und Putz gucken wollte.

Wer den Weg zu seinem Ideal nicht zu finden weiß, lebt leichtsinniger und frecher als der Mensch ohne Ideal.

Was wir am besten tun, von dem möchte unsere Eitelkeit, daß es gerade als das gelte, was uns am schwersten werde. Zum Ursprung mancher Moral.

Den Nächsten zu einer guten Meinung verführen und hinterdrein an diese Meinung des Nächsten gläubig glauben : ... Kunststück der Weiber.

Man umarmt aus Menschenliebe bisweilen einen Beliebigen (weil man nicht alle umarmen kann) : aber gerade das darf man dem Beliebigen nicht verraten ...

Man haßt nicht, solange man noch gering schätzt, sondern erst, wenn man gleich oder höher schätzt.

Die Vertraulichkeit des Überlegnen erbittert, weil sie nicht zurückgegeben werden darf.-

Die Eitelkeit anderer Menschen geht uns nur dann wider den Geschmack, wenn sie wider unsere Eitelkeit geht.

Eins muß man haben : entweder einen von Natur leichten Sinn oder einen durch Kunst und Wissen erleichterten Sinn.

Im Lobe ist mehr Zudringlichkeit als im Tadel.

Wittgenstein-Vorbild Karl Kraus (1874 - 1936)

Männerfreuden – Frauenleiden.

Den Inhalt einer Frau erfaßt man bald. Aber bis man zur Oberfläche vordringt!

Die Schätzung einer Frau kann nie gerecht sein; aber die Über- oder Unterschätzung geschieht immer nach Verdienst.

Die Weiber haben wenigstens Toiletten. Aber womit decken die Männer ihre Leere?

Mit Frauen muß man, wenn sie lange fort waren, Feste des Nichtwiedererkennens feiern.

Mit Frauen führe ich gern einen Monolog. Aber die Zwiesprache mit mir selbst ist anregender.

Ein Weib ist manchmal ein ganz brauchbares Surrogat für die Selbstbefriedigung. Freilich gehört ein Übermaß von Phantasie dazu.

Weiber sind oft ein Hindernis für sexuelle Befriedigung, aber als solches erotisch verwertbar.

Mancher rächt an einer Frau durch Gemeinheit, was er durch Torheit an ihr gesündigt hat.

Es ist die wichtigste Aufgabe, das Selbstunbewußtsein einer Schönen zu heben.

Die Strafen dienen zur Abschreckung derer, die keine Sünden begehen wollen.

Im Orient haben die Frauen größere Freiheit. Sie dürfen geliebt werden.

Die Unsittlichkeit der Maitresse besteht in der Treue gegen den Besitzer.

Erst Schutz vor Kindern, dann Kinderschutz!

Wer andern keine Grube gräbt, fällt selbst hinein.

Kein Zweifel, der Hund ist treu ... dem Menschen und nicht dem Hund.

Die stärkste Kraft reicht nicht an die Energie heran, mit der mancher seine Schwäche verteidigt.

Das Familienleben ist ein Eingriff ins Privatleben.

Es gibt Menschen, denen es gelingt, die Vorteile der Welt mit den Benefizien des Verfolgtseins zu vereinigen.

Die Einsamkeit wäre ein idealer Zustand, wenn man sich die Menschen aussuchen könnte, die man meidet.

Die Demokratie teilt die Menschen in Arbeiter und Faulenzer. Für solche, die keine Zeit zur Arbeit haben, ist sie nicht eingerichtet.

Das Geheimnis des Agitators ist, sich so dumm zu machen, wie seine Zuhörer sind, damit sie glauben, sie seien so gescheit wie er.

In einen hohlen Kopf geht viel Wissen.

Ein Dichter, der liest : ein Anblick, wie ein Koch, der ißt.

Nicht alles, was totgeschwiegen wird, lebt.

Geräusch wird störend nie empfunden, weil stets es mit Musik verbunden.

Die Naturheilmethode wütet auch in der Kunst.

Es gibt Schriftsteller, die schon in zwanzig Seiten ausdrücken können, wozu ich manchmal sogar zwei Zeilen brauche.

Ein Aphorismus braucht nicht wahr zu sein, aber er soll die Wahrheit überflügeln. Er muß mit einem Satz über sie hinauskommen.

Ein Feuilleton schreiben heißt auf einer Glatze Locken drehen.

Wo nehme ich nur all die Zeit her, so viel nicht zu lesen?

Die alten Bücher sind selten, die zwischen Unverständlichem und Selbstverständlichem einen lebendigen Inhalt bewahrt haben.

Es gibt Wahrheiten, durch deren Entdeckung man beweisen kann, daß man keinen Geist hat.

Einen Aphorismus zu schreiben, wenn man es kann, ist oft schwer. Viel leichter ist es, einen Aphorismus zu schreiben, wenn man es nicht kann.

Besser, es wird einem nichts gestohlen. Dann hat man wenigstens keine Schereieien mit der Polizei.

Sie geht hinter ihm, wie eine Leiche hinter einem Leidtragenden.

"Würde" ist eine konditionale Form von dem, was einer ist.

Ein skrupelloser Maler, der unter dem Vorwand, eine Frau besitzen zu wollen, sie in sein Atelier lockt und dort malt.

Wir leben in einer Gesellschaft, die Monogamie mit Einheirat übersetzt.

Die Medizin : Geld her und Leben !

Bevor man das Leben über sich ergehen läßt, sollte man sich narkotisieren lassen.

Der Aphorismus deckt sich nie mit der Wahrheit; er ist entweder eine halbe Wahrheit oder anderthalb.

Was sind alle Orgien des Bacchus gegen die Räusche dessen, der sich zügellos der Enthaltsamkeit ergibt !

Man glaubt gar nicht, wie schwer es oft ist, eine Tat in einen Gedanken umzusetzen.

Nichts beweist mehr gegen eine Theorie als ihre Durchführbarkeit.

Herr, vergib ihnen, denn sie wissen, was sie tun !

Ein Paradoxon entsteht, wenn eine frühreife Erkenntnis mit dem Unsinn ihrer Zeit zusammenprallt.

Ich muß warten, bis meine Sachen veraltet sind. Dann werden sie möglicherweise Aktualität besitzen.

Ich und meine Öffentlichkeit verstehen uns sehr gut : sie hört nicht, was ich sage, und ich sage nicht, was sie hören möchte.

Wie viel Stoff hätte ich, wenn's keine Ereignisse gäbe !

Ich schnitze mir meinen Gegner nach meinem Pfeil zurecht.

Warum tadeln mich so viele ? Weil sie mich loben und ich sie trotzdem tadle.

Der Klügere gibt nach, aber nur einer von jenen, die durch Schaden klug geworden sind.

Aus Lebensüberdruß zum Denken greifen : ein Selbstmord, durch den man sich das Leben gibt.

Man lebt nicht einmal einmal.

Bei manchem Frauenzimmer kommt die Entrüstung vor der Zumutung. Wie ungalant, diese nicht einmal nachzuholen !

Die Vergeßlichkeit der Frauen wird manchmal von der Diskretion der Männer erschüttert.

Die Zerstörung Sodoms war ein Exempel. Man wird durch alle Zeiten vor einem Erdbeben Sünden begehen.

Nicht grüßen genügt nicht. Man grüßt auch Leute nicht, die man nicht kennt.

Es gibt Heuchler, die mit einer unehrlichen Gesinnung prahlen, um unter solchem Schein sie zu besitzen.

Es gibt Menschen, die zeitlebens einem Bettler nachtragen, daß sie ihm nichts gegeben haben.

Eher verzeiht dir einer die Gemeinheit, die er an dir begangen, als die Wohltat, die er von dir empfangen hat.

Ich fürchte mich vor den Leibern, die mir erscheinen.

Den Schwindel erkennt man höchstens daran, daß er die Echtheit übertreibt. Die Echtheit höchstens daran, daß sich das Publikum von ihr nicht hereinlegen läßt.

Heutzutage ist der Dieb vom Bestohlenen nicht zu unterscheiden: beide haben keine Wertsachen bei sich.

Fürs Leben gern wüßt' ich : was fangen die vielen Leute nur mit dem erweiterten Horizont an ?

Satiren, die der Zensor versteht, werden mit Recht verboten.

Was die Lehrer verdauen, das essen die Schüler.

Die Impotenz möchte durch ihre Bitte um Bescheidenheit die Leistung verhindern.

Man soll nicht mehr lernen, als man unbedingt gegen das Leben braucht.

Die Häßlichkeit der Jetztzeit hat rückwirkende Kraft.

Die Sprache ist die Mutter, nicht die Magd des Gedankens. Weil ich den Gedanken beim Wort nehme, kommt er.

Einer, der Aphorismen schreiben kann, sollte sich nicht in Aufsätzen zersplittern.

Wenn ein Gedanke in zwei Formen leben kann, so hat er es nicht so gut wie zwei Gedanken, die in einer Form leben.

Effekt, sagt Wagner, ist Wirkung ohne Ursache. Kunst ist Ursache ohne Wirkung.

Schon mancher hat durch seine Nachahmer bewiesen, daß er kein Original ist.

Der Teufel ist ein Optimist, wenn er glaubt, daß er die Menschen schlechter machen kann.

Die Mystiker übersehen manchmal, daß Gott Alles ist, nur kein Mystiker.

Schein hat mehr Buchstaben als Sein.

Wiewohl ich viele Leute gar nicht kenne, grüße ich sie nicht.

Ein Original ist heute, wer zuerst gestohlen hat.

Er hatte so eine Art, sich in den Hintergrund zu drängen, daß es allgemein Ärgernis erregte.

Haß muß produktiv machen. Sonst ist es gleich gescheiter, zu lieben.

Manche haben den Größenwahn verrückt zu sein und sind nur untergeschnappt.

Eine der verbreitetsten Krankheiten ist die Diagnose.

Ich esse gierig aus Gier nach dem Nichtessen.

Es wäre mehr Unschuld in der Welt, wenn die Menschen für all das verantwortlich wären, wofür sie nicht können.

Phantasie macht nicht Luftschlösser, sondern Luftschlösser aus Baracken.

Zu meinen Glossen ist ein Kommentar notwendig. Sonst sind sie zu leicht verständlich.

Es ist halt ein Unglück, daß mir zu jedem Lumpen etwas einfällt. Aber ich glaube, daß es sich immer auf einen abwesenden König bezieht.

Meine Sprache ist die Allerweltshure, die ich zur Jungfrau mache.

Viele werden einst Recht haben. Es wird aber Recht von dem Unrecht sein, das ich heute habe.

Das Leben ist eine Anstrengung, die einer besseren Sache würdig wäre.

Die Außenwelt ist eine lästige Begleiterscheinung eines unbehaglichen Zustands.

Ich bin vorsichtig geworden. Als ich einmal einen Anbeter hinauswarf, wollte er mich wegen Religionsstörung anzeigen.

Wand vor der Lust : Vorwand der Lust.

Der Erotiker wird der Frau jeden gönnen, dem er sie nicht gönnt.

Er zwang sie, ihr zu willen zu sein.

Eine Frau muß so gescheit aussehen, daß ihre Dummheit eine angenehme Überraschung bedeutet.

Sinnlichkeit weiß nichts von dem, was sie getan hat. Hysterie erinnert sich an alles, was sie nicht getan hat.

Daß eine einen Bürger ruiniert, ist eine schwache Entschädigung dafür, daß sie einen Dichter nicht anregt.

Das Weib läßt sich keinen Beschützer gefallen, der nicht zugleich eine Gefahr ist.

Sie sagte, sie lebe so dahin. Dahin möchte ich sie begleiten!

Ich bin schon so populär, daß einer, der mich beschimpft, populärer wird als ich.

Vor jedem Kunstgenuß steht die Warnung: Das Publikum wird ersucht, die ausgestellten Gegenstände nur anzusehen, nicht zu begreifen.

In keiner Sprache kann man sich so schwer verständigen wie in der Sprache.

Die Literatur von heute sind Rezepte, die die Kranken schreiben.

Künstler ist nur einer, der aus der Lösung ein Rätsel machen kann.

Das sind die wahren Wunder der Technik, daß sie das, wofür sie entschädigt, auch ehrlich kaputt macht.

Kultur ist die Pflege der Vernachlässigung einer Naturanlage.

Manche teilen meine Ansichten mit mir. Aber ich nicht mit ihnen.

Die Schule ohne Noten muß einer ausgeheckt haben, der von alkoholfreiem Wein betrunken war.

Psychologie ist der Omnibus, der ein Luftschiff begleitet.

Psychoanalyse ist jene Geisteskrankheit, für deren Therapie sie sich hält.

Ein guter Psycholog ist imstande, dich ohne weiters in seine Lage zu versetzen.

Sie greifen in unsern Traum, als ob's unsere Tasche wäre.

Viele haben schon meine Eigenschaften. Dadurch kann man sie von mir unterscheiden.

Bildung ist eine Krücke, mit der der Lahme den Gesunden schlägt, um zu zeigen, daß er auch bei Kräften sei.

Die Eignung zum Lesen der Kriegsberichte dürfte bei mancher Nation schon heute die Kriegstauglichkeit ersetzen.

Wir Menschen sind doch bessere Wilde.

In der deutschen Bildung nimmt den ersten Platz die Bescheidwissenschaft ein.

Wenn ich manche Leute zurückgrüße, so geschieht es nur, um ihnen ihren Gruß zurückzugeben.

Der Franzose hat sich von seiner Oberfläche noch immer nicht so weit entfernt wie der Deutsche von seiner Tiefe.

Ich bin dafür, daß man den Leuten verbietet, das, was ich denke, zu meinen.

Die Undankbarkeit steht oft in keinem Verhältnis zur empfangenen Wohltat.

Mein Unbewußtes kennt sich im Bewußtsein eines Psychologen weit besser aus als dessen Bewußtsein in meinem Unbewußten.

"Das Leben geht weiter". Als es erlaubt ist.

Sebastian Franck (1499–1542) : „Paradoxa" (1534)

Die Welt kann nicht leiden, was sie lobt.
Gott ist der Welt Teufel. (15)
Die Welt glaubt auch das nicht, was sie glaubt. (18)
Den unüberwindlichen Gott überwindet leicht jeder. (25)
Durch die Sünde erlöst Gott oft von Sünden. (32)
Gott gibt nur denen, die vorher genug haben. (35)
Gott ist nicht näher, als wenn er fern ist. (41)
Man kann nichts sagen, was nicht zugleich wahr und falsch ist.
Was menschlich ist, das ist teuflisch. (71)
Von seinem Recht zu weichen ist die größte Gerechtigkeit. (152)
Gute Werke schaden dem Gottlosen mehr als sie ihm nützen. (162)   Die Welt ist ihr eigener Prophet. (189)
Es ist oft besser, ein kleines Almosen zu nehmen als ein großes zu geben. (248)
Der Wille des Menschen ist beides: frei und gefangen. (266)
Der dich ohne dich erschaffen hat, wird dich nicht ohne dich selig machen. (175)

Zählt doch nicht auf Menschen ! Sie sind nichts als ein Hauch, und mehr sind sie auch nicht wert. (Jesaja 2,22) Rede zu ihnen, damit ihre Herzen verstockt werden, ihre Ohren verschlossen und ihre Augen verklebt, so daß sie ... mit ihrem Verstand nicht erkennen. Ich will nicht, daß sie zu mir umkehren und geheilt werden. (6,10) Ich bin der heilige Zufluchtsort, aber ich bin auch der Stein, an dem man sich stößt. (Jes 8, 14) So wie das Meer voll Wasser ist, wird das Land erfüllt sein von Erkenntnis des Herrn. (11,9) Von den Menschen lasse ich so wenig übrig, daß sie seltener werden als Gold ... (30, 7) Wer vor den Schreckensschreien flieht, fällt in die Grube. Und wer sich aus der Grube retten kann, verstrickt sich im Netz. (Jesaja 24, 18) Zu der Zeit wird der Herr abrechnen mit den Mächten des Himmels und den Königen der Erde. (24, 23) Auf dem Zionsberg wird der Herr der Welt für alle Völker ein Festmahl geben ... Den Tod wird er für immer vernichten und von jedem Gesicht die Tränen abwischen. (25, 6-8) Wir liegen in Wehen wie eine Frau, doch was wir gebären, ist nichts als Wind ... Du, Herr, bist wie der belebende Tau; darum gibt die Erde die Toten heraus. (26,18) Was er dann tut, wird euch fremd und unverständlich erscheinen. (28,21) Tut weiter so, als wärt ihr entsetzt - und werdet vor Entsetzen starr ! Führt euch weiter auf wie Blinde - und werdet in eurer Verblendung tatsächlich blind! (29,9) Ihr ganzer Gottesdienst ist sinnlos, denn er besteht in der Befolgung von Vorschriften, die Menschen sich ausgedacht haben. Deshalb will ich auch weiterhin fremdartig und unverständlich an diesem Volk handeln. Dann wird die Weisheit seiner Weisen vergehen ... (29, 13-14) Er will seine Macht zeigen und sich über euch erbarmen, denn er ist ein Gott, der dem Recht Geltung verschafft. (30, 18) Es geht uns wie Kindern, die im Mutterschoß steckengeblieben sind, weil die Mutter keine Kraft mehr zum Gebären hat. (37,3) Alle Voraussagen der Zeichendeuter strafe ich Lügen und stelle die Wahrsager als Narren bloß. (44, 25) Aber weil ich mich mit euch verbunden habe und meine Ehre auf dem Spiel steht, bezwinge ich meinen Zorn und vernichte euch nicht... Nicht euch zuliebe, sondern allein um meiner selbst willen schaffe ich euch Rettung. (48,9/11) Deine Unterdrücker sollen sich gegenseitig umbringen... (49,26) Blickt zum Himmel empor : er wird sich auflösen wie Rauch. Blickt auf die Erde zu euren Füßen : sie wird zerfallen wie ein altes Kleid, und ihre Bewohner werden dahinsterben wie Fliegen. (52, 6) Denn dein Schöpfer, der Herr der Welt, schließt die Ehe mit dir. (54,5) Wendet euch an den Herrn, denn er will sich euch zuwenden! (55,6) Genauso ist es mit dem Wort, das ich spreche. Es kehrt nicht erfolglos zu mir zurück, sondern bewirkt, was ich will... (55,11) Wenn ein Kastrierter meinen heiligen Tag, den Sabbat, beachtet und mein Gesetz befolgt, dann bekommt er in meinem Haus einen Gedenkstein, auf dem sein Name steht. Das wird die Erinnerung an ihn besser bewahren als Söhne und Töchter. (56,4-5) (JESAJA)

Die "Sprüche der Väter" : "Tue Seinen Willen wie deinen Willen, damit Er deinen Willen tue wie Seinen Willen." "Richte deinen Gefährten nicht, ehe du nicht in seine Lage gekommen bist." "Wo kein Mehl ist, da ist kein Gesetz; wo kein Gesetz ist, da ist kein Mehl." "Nicht liegt es auf dir, das Werk zu vollenden, aber du bist auch nicht frei, von ihm abzulassen." "Alles ist vorgesehen, aber freier Wille ist gegeben."

Der Taoismus nimmt schon um 300 vor Chr. fast die japanischen ZEN-"Koans" vorweg: "Um sein Nichtwissen wissen ist das Höchste; um sein Wissen nicht wissen, ist krank." (<u>Laotse</u>: "Tao-te-king", Kapitel 71). "Es gibt nichts Weicheres als das Wasser, aber nichts ist ihm überlegen in der Überwindung des Harten... Daß Schwäche Stärke überwindet und Sanftheit Starre den Menschen gibt, desto mehr hat er selbst." (78) "Wenn der Mensch geboren wird, ist er weich und schwach; wenn er stirbt, ist er fest und starr... Sind die Waffen stark, dann siegen sie nicht." (76) "Wer etwas macht, zerstört es; wer etwas festhält, verliert es." (64) "Wuwei" - Handeln durch Nichtstun: "Man knetet Ton zum Trinkgefäß; dort, wo keiner ist, ist des Gefäßes Nutzen... das Nichtsein macht brauchbar." (11) Konzise aphoristisch konzipierte Paradoxe fand Laotses Schüler oder Lehrer Chuang-tse: "Im Traum suchte er den Traum zu deuten ... daß ich dich einen Träumenden nenne, ist auch ein Traum." ("Das wahre Buch vom südlichen Blütenland", Kap. 11/10) "Jedermann weiß, wie nützlich es ist, nützlich zu sein, und niemand weiß, wie nützlich es ist, nutzlos zu sein." (IV 8). "So verschaffte ihm seine körperliche Verkrüppelung seinen Lebensunterhalt; wieviel mehr wird der davon haben, der Krüppel im Geiste zu sein versteht." (11,7)

Der Aphorismus thematisiert im Paradox die Unlösbarkeit des Konflikts zwischen Sein und Bewusstsein, Bild und Begriff, Phantasie und Verstand, Gefühl und Gedanke, Anschauung und Denken, Element und Klasse, Erlebnis und Erkenntnis, konkret und abstrakt, Objekt und Subjekt, Es und Ich, Neigung und Pflicht, Natur und Kultur, Willen und Wissen, Sein und Schein, Gott und Welt und Seele …

„Dinge, die noch nie einander ins Gesicht gesehen haben, plötzlich gegenüber gestellt, aus einander beleuchtet und begriffen." (*Friedrich Nietzsche* : „Ecce homo")

„Unter den drei Staatsformen ist die der Demokratie, im eigentlichen Verstande des Wortes, notwendig ein Despotism, weil sie eine exekutive Gewalt gründet, die alle über und allenfalls wider Einen (der also nicht mit einstimmt), mithin alle, die doch nicht alle sind, beschließen, welches ein Widerspruch des allgemeinen Willens mit sich selbst und mit der Freiheit ist." (*I. Kant* : „Zum ewigen Frieden")

„Der *Wille der Mehrheit* soll als Surrogat des allgemeinen Willens gelten." *„Der Republikanismus ist also notwendig demokratisch."* (*Friedrich Schlegel*, 1796)

„Das Maximum würde eine absolute Gleichheit der Rechte und Verbindlichkeiten der Staatsbürger sein, und also aller Herrschaft und Abhängigkeit ein Ende setzen." Schlegel setzte das katholische Vielvölkerreich Habsburgs gegen den preußisch-protestantischen Nationalstaat. Aber Geschichte „hat mit ihrem Anfange auch schon das Ende gefunden."

(Fr. von Hardenberg, Novalis) : Philosophie „muß Freiheit und Unendlichkeit ... Systemlosigkeit in ein System gebracht sein." „Je größer und höher das Ganze, desto merckwürdiger das Einzelne." – „Die Beschränkungsfähigkeit wächst mit der Schrankenlosigkeit." „Der AbstractionsCalcül der Philosophie ist vollkommen dem Infinitesimalcalcül zu vergleichen." „Aller Genuß ist musikalisch, also mathematisch." „Reine Mathematik ist Religion." „Die Zahlen sind die Drogen." „Ein Stoff muss sich selber behandeln, um behandelt zu sein." „Sieht man etwa jeden Körper nur soweit, wie er sich selbst sieht und man sich selbst sieht?" „Wie das Auge nur Augen sieht – so der Geist nur Geister."

„Ich möchte, dass die Gedanken in einem Buch einander folgen wie die Sterne am Himmel,.. ohne sich zu berühren." „Ich möchte die Weisheit in Münzen schlagen, d.h. in Maximen prägen." „Maximen sind für den Verstand, was Gesetze für das Handeln sind ... Sie sind der Faden im Labyrinth, der Kompass in der Nacht." „Es sind die vereinzelten und isolierten Gedanken, die einen Schriftsteller charakterisieren." „Schmuck in der Knappheit – einzige Schönheit des Stils." „Es ist eine große Kunst, den Gedanken wie ein Wurfgeschoß zu schleudern und in die Aufmerksamkeit zu senken." „Man begreift die Erde erst, wenn man den Himmel erkannt hat." „Man muß dem Himmel nachgeben und den Menschen Widerstand leisten." *(J. Joubert, „Carnets")*

„Die Bastille einkerkern : Der Witz-Zirkel, diese wahre ens causa sui." „Der Scharfsinn ist das Gewissen des Witzes.... Mithin muss der Witz, wenn man nicht welken soll, fortreizen." „... wenn dieser Dithyrambus des Witzes, welcher freilich nicht in einigen kargen Funken eines geschlagenen toten Kiesels, sondern im schimmernden Fort- und Über-

strömen einer warmen Gewitterwolke besteht, den Menschen mehr mit Licht als mit Gestalten füllt: dann ist ihm durch die allgemeine Freiheit und Gleichheit der Weg zur dichterischen und zur philosophischen Erfindung aufgetan."
„Der ästhetische Witz ... der verkleidete Priester, der jedes Paar kopuliert, tut es mit verschiedenen Trauformeln."
„Überhaupt verzeiht der Deutsche den Witz als Nebensache lieber denn als Sache." „Freiheit gibt Witz (also Gleichheit mit), und Witz gibt Freiheit."
(*Jean Paul* : „Vorschule der Ästhetik", 1804)

Aphoristische Innovation hebt an beim kulturellen Konsenskanon und sei es beim Konformismus des jeweils jüngsten Nonkonformismus. Religiöse Sprüche leben von den Widersprüchen, in die weltliche und theologische Dogmatisierungen sich verwickeln, und treiben diese Selbstwidersprüche paradoxal verschärft erst hervor, um die Frömmigkeit nicht vom Selberdenken zu emanzipieren. Was die potentiell unendlich vielen religiösen Aphorismen, die keine Bekenntnisformeln sind, verbindet, ist kein systematischer Lehrkontext, sondern der Monotheismus. Jeder gute Spruch widerspricht dem Bestehenden und spiegelt die Schöpfung als gelungene Konstellation von Widersprüchen. *Metaphoristiker* entdecken Widersprüche, in die atheistische Bezugssysteme sich notwendig verstricken, um sich monotheistisch ganz zwanglos aufzulösen. Von Widersprüchen auf der physischen Ebene springen Metaphorismen auf die metaphysische Meta-Ebene : Metakommunikation ist Säkularisat der Metaphysik, Theologie ist Metatheorie aller Metatheorien, und die Metasprache aller Metasprachen ist das Wort Gottes, das sich durch gottgewollten Antitheismus vor den Gottlosen schützt. Der kategorische Imperativ der metaphoristischen Moral lautet : Schreibe so, daß deine "Maximen" wenigstens künftig allgemeingültig werden können. Die bei Hegel noch christlich aufgelösten Widersprüche zwischen Gott und Welt brachen in Schlegels und Nietzsches und Adornos Fragmenten wieder auf. Aber die christliche Versöhnung von Gott und Mensch ist synthetischer, d.h. künstlicher als die "künstlichen Fragmente", die die Vereinigung des Getrennten messianisch aufschieben. Religiöse Metaphoristik sucht negative Dialektik als Differenz von (Nicht-)Identität und (Nicht-)Identität. "Die Subjektivität ist die Wahrheit", schrieb Kierkegaard und schrieb wenige aphoristische "Diapsalmata".

+ + +

Berufsberatung

Wer Angst vor Erwachsenen hat
und nichts gelernt hat, wird Lehrer.
Wer nicht handelt, wird Kaufmann.
Wer zwei linke Hände hat,
wird Handwerker. Wer immer
Recht haben will, wird Jurist.

Wer so verrückt ist, zum Psychiater zu gehen,
wird Nervenarzt.
Wer nicht dran glauben will,
wird Pfarrer und hienieden belohnt.
Wer psychische Probleme hat,
wird Psychologe und löst sie an andern.

Wer gesellschaftlich aufsteigen will
und nicht kann, wird Soziologe.
Techniker wird,
wer die Liebestechnik nicht beherrscht
und Mitmenschen zu Mitarbeitern macht.
Sozialarbeiter bearbeiten Arbeiter.
Wer sich selbst nicht helfen kann,
wird Arzt. Wer gern kaufen würde,
wird Verkäufer.

Wie die Jobbies, so die Hobbies.
Wer kein Geistesertüchtiger
werden will, treibt Sport.
Wer sich selbst bewegen will,
fährt Automobil. Und verreist,
wenn er nichts erleben möchte.

Wer keine Kultur will,
schützt reine Natur (vor).
Wer nichts schaffen will,
wird kreativ und bastelt.
Wer sich nicht bilden will,
läßt sich ausbilden.

Wer nicht selbständig arbeitet,
hat einen Beruf und
baut sein Häuschen.

Wer nichts ändern will,
engagiert sich politisch.
Wer keine Bücher lesen will,
hört Musik – oder liest,
um nicht schreiben zu müssen.
Manche lesen Bücher, um keine
schwereren lesen zu müssen.
Wer geistige Nahrung scheut,
der kocht gern selber.
Wer nicht natürlich leben will,
arbeitet nach dem Büro
im Garten.

Und wer sonst nichts macht,
macht wenigstens viel Lärm
um dies Nichts.

Wenn einer keine Reise tut ...

Onkel Zutschel war verreist
in ein Land, das Kwatschland heißt.
Gleich hinterm Atlas liegt das Land,
das ist den meisten unbekannt:
Komm, Kindchen, gib mir deine Hand.

Wenn man durch die Lüfte fliegt,
kommt man hin, wo Kwatschland liegt.
Jetzt mach doch mal die Augen zu
und sage mir, was siehst duhu?

In Kwatschland ist es wunderschön,
da ist die *Andere Welt* zu sehn:
Morgens geht die Sonne unter,
abends geht sie auf ganz munter.

Und was ist dort noch weiter?
Es sitzt ein Ross da hoch zu Reiter.
Der Eisschrank brennt da rot und heiß,
im Ofen friert das Sahne-Eis.

Die Mäuse fangen eine Katze,
und Zähne kriegen eine Glatze.
Die Mickey-Mouse fängt einen Kater,
die kleinen Kinder kriegt der Vater.

Die Kuchen essen hier das Kind,
und unter Wasser weht der Wind.
In Dosen stecken größ're Dosen,
und Hosen tragen lange Hosen.

Das Sofa sitzt auf einem Mann,
bis der nicht mehr atmen kann.
In den Himmel fällt der Stein,
aus der Schulter wächst das Bein:

Durch die Luft fliegt hier die Kuh,
und ihr Kopf trägt einen Schuh.

Großer Zwerg und kleiner Riese,
grüner Himmel, blaue Wiese,
schwarze Milch und weißer Dreck,
ab bist du, und ich bin weg.

Schöne Grüße
an die Füße.

Große Denker, große Liebe

Der philosophische Eros

Kurzlesebuch der europäischen Philosophie

„Grad und Art der Geschlechtlichkeit eines Menschen reichen bis in den letzten Gipfel seines Geistes hinauf." *(Nietzsche)*

Platon

Giordano Bruno

Salomon Maimon

Immanuel Kant

Georg Friedrich Hegel

Karl Marx

Arthur Schopenhauer

Friedrich Nietzsche

Theodor W. Adorno

Jean-Paul Sartre

PLATON (427 – 347 v. Chr.)

THEAITETOS: Wisse nur, Sokrates, ich habe schon oft versucht, dieses herauszufinden, wenn ich die Fragen hörte, die von dir herumgehen: aber ich kann mich weder überzeugen, daß ich selbst etwas Ausreichendes zu sagen hätte, noch höre ich irgendeinen andern die Sache so, wie du es forderst, erklären. Ebenso wenig aber kann ich jemals ablassen, darüber nachzusinnen.
Sokrates: Du hast eben Geburtswehen, lieber Theaitetos, weil du nicht leer bist, sondern schwanger gehst.
Theaitetos: Das weiß ich weiter nicht; wie es mir aber ergeht, das habe ich dir gesagt.
Sokrates: Nun, das ist ja zum Lachen; hast du denn noch nie gehört, daß ich der Sohn einer Hebamme bin, einer gar edlen und ehrenwerten Frau, der Phainarete?
Theaitetos: Das habe ich wohl schon gehört.
Sokrates: Hast du auch gehört, daß ich dieselbe Kunst ausübe?
Theaitetos: Das keineswegs.
Sokrates: So wisse denn, dem ist also. Verrate mich aber nicht damit gegen die andern, denn es weiß niemand von mir, Freund, daß ich diese Kunst besitze. Da es nun die Leute nicht wissen, so sagen sie mir dies auch nicht nach, wohl aber, daß ich der wunderlichste aller Menschen sei und alle zum Zweifeln brächte. Gewiß hast du das auch schon gehört?
Theaitetos: Schon oft.
Sokrates: Soll ich dir den Grund davon sagen?
Theaitetos: Allerdings.
Sokrates: Mache dir nur die Tätigkeit der Hebammen ganz klar, so wirst du leichter merken, was ich will. Denn du weißt doch wohl, daß keine, solange sie noch selbst empfängt und gebiert, andere entbindet, sondern nur solche, die selbst nicht mehr fähig sind zu gebären, tun es.
Theaitetos: So ist es allerdings.
Sokrates: Das soll, wie man sagt, von der Artemis herrühren, weil dieser, die doch unvermählt blieb, dennoch die Geburtshilfe zugeteilt wurde. Nun hat sie zwar den ganz

Unfruchtbaren nicht verleihen können, Geburtshelferinnen zu sein, weil die menschliche Natur zu schwach ist, um eine Kunst in Dingen, in denen sie ganz unerfahren ist, zu erlangen; wohl aber hat sie diese Gabe denen, die des Alters wegen nicht mehr gebären, verliehen, um in ihnen die Ähnlichkeit mit ihr selbst zu ehren.
Theaitetos: Das scheint annehmbar.
Sokrates: Ist also wohl auch das annehmbar und notwendig, daß, ob eine Frau schwanger ist oder nicht, besser von den Geburtshelferinnen erkannt wird als von andern?
Theaitetos: Gewiß.
Sokrates: Ja es können auch die Hebammen durch Arzneimittel und Zaubersprüche die Wehen erregen, und wenn sie wollen, sie auch wieder lindern und den Schwergebärenden zur Geburt helfen, oder auch das Kind, wenn diese beschlossen haben, sich dessen zu entledigen, solange es noch ganz klein ist, können sie abtreiben.
Theaitetos: So ist es.
Sokrates: Hast du auch das schon von ihnen vernommen, daß sie dazu noch die geschicktesten Freiwerberinnen sind, indem sie gründlich zu unterscheiden verstehen, welche Frau und welcher Mann sich miteinander verbinden müssen, um die vollkommensten Kinder zu erzielen?
Theaitetos: Das habe ich noch nicht so gewußt.
Sokrates: Denn bedenke auch dies: meinst du, die Bearbeitung des Erdbodens und das Ernten der Feldfrüchte einerseits und andererseits die Kenntnis, in welchen Boden ein Gewächs oder ein Same einzupflanzen ist, sei Aufgabe desselben oder verschiedener Berufe?
Theaitetos: Desselben.
Sokrates: Bei den Frauen aber glaubst du, daß es sich um zwei verschiedenartige Berufe handle?
Theaitetos: Das ist wenigstens nicht wahrscheinlich.
Sokrates: Wohl nicht, sondern nur wegen der rechtswidrigen und willkürlichen Form des Zusammenführens von Männern und Frauen, die man Kuppelei nennt, enthalten sich die Hebammen als ehrbare Frauen auch des Freiwerbens, aus Furcht, sie möchten um dieser Tätigkeit willen in jenen Verdacht geraten. Denn eigentlich steht es den wah-

ren Geburtshelferinnen auch allein zu, auf die rechte Art Ehen zu stiften.
Theaitetos: Offenbar.
Sokrates: So viel also hat es mit den Hebammen auf sich; weniger aber doch als mit meinem Handwerk. Denn bei den Frauen kommt es nicht vor, daß sie das eine Mal wirkliche Kinder gebären, das andere Mal aber nur Schattenbilder von solchen, und daß beides nicht leicht zu unterscheiden wäre. Denn wäre dies der Fall, so würde es gewiß die schönste und größte Kunst der Hebammen sein, zu unterscheiden, was ein richtiges Kind ist und was nicht. Oder glaubst du nicht?
Theaitetos: Das glaube ich wohl.
Sokrates: Von meiner Hebammenkunst nun gilt übrigens sonst alles, was von der ihrigen gilt; sie unterscheidet sich aber von ihr dadurch, daß sie Männer entbindet und nicht Frauen, und daß sie sich mit ihren geistigen, nicht mit ihren leiblichen Geburten befaßt. Das Wichtigste bei unserem Beruf aber ist, daß man die Fähigkeit besitzt, zu prüfen, ob der Geist eines jungen Menschen nur ein trügerisches Schattenbild zur Welt bringt oder etwas Ausgereiftes und Wahres. Und so teile ich denn auch folgende Eigenschaften mit den Hebammen: ich selbst bin nicht imstande, etwas Weises zur Welt zu bringen, und, was man mir schon oft vorgeworfen hat, daß ich zwar andere Leute frage, selbst aber auf nichts eine Antwort gebe, weil ich eben nicht im Besitz von Weisheit sei, dieser Vorwurf besteht zu Recht. Und folgendes ist der Grund davon: *zu entbinden zwingt mich der Gott, zu zeugen aber hat er mir versagt.* Daher bin ich selbst keineswegs etwa weise, habe auch nichts dergleichen aufzuzeigen als Ausgeburt meiner eigenen Seele. Die aber mit mir umgehen, zeigen sich zuerst zwar zum Teil gar sehr ungelehrig; alle aber, denen es der Gott vergönnt, machen bei fortgesetztem Umgang mit mir wunderbar schnelle Fortschritte, wie es ihnen selbst und ändern scheint; dabei springt es in die Augen, daß sie niemals von mir etwas gelernt haben, sondern sie selbst finden von sich aus viel Schönes und bringen es zur Welt; die Geburtshilfe indes leisten dabei der Gott und ich...

Giordano Bruno : „Über die Ursache, das Prinzip und das Eine", 4. Dialog

In seiner 1586 vor der Pariser Akademie zur Verteidigung seiner Thesen unter dem Titel „Der *Erwecker"* gehaltenen Rede heißt es: »So gelangen wir zu einer würdigeren Anschauung der Gottheit und dieser Mutter-Natur, die uns aus ihrem Schoße hervorbringt, erhält und wieder aufnimmt, werden fernerhin nicht mehr glauben, daß irgendein Körper ohne Seele sei, oder gar, wie manche lügen, daß die Materie nichts anderes sei, als eine Jauchegrube chemischer Stoffe.« Vollentfaltet wird dieser naturphilosophische Ansatz von Bruno in dem hier vorgelegten Dialog *Über die Ursache, das Prinzip und das Eine.* Er enthält Brunos Metaphysik und ist deshalb immer wieder als sein Hauptwerk betrachtet worden. Geschrieben u. publiziert 1584 in London.

polihimnio. Kurz, um auf unser Thema zurückzukommen, das Weib ist nichts anderes als eine Art Materie. Wenn Ihr nun nicht wißt, was das Weib ist, weil Ihr nicht wißt, was Materie ist, so studiert eine Zeitlang die Peripatetiker, die dadurch, daß sie Euch lehren, was Materie ist, Euch zugleich erkennen lassen, was das Weib ist.
gervasio. Ich sehe wohl, daß Ihr mit Eurem peripatetischen Hirn wenig oder gar nichts von dem begriffen habt, was gestern Teofilo über die Materie als Wesen und als Vermögen gesagt hat.
polihimnio. Damit sei es, wie es wolle; ich jedenfalls halte es für richtig, die Begierde der einen wie der anderen dafür zu tadeln, daß sie Ursache allen Übels, allen Leids, allen Mangels, allen Niedergangs und allen Zerfalls ist. Glaubt Ihr nicht, daß keine Veränderung oder kein Leid uns bedrängen würde und wir nicht sterben müßten, sondern unvergänglich und ewig sein würden, wenn die Materie sich mit ihrer gegenwärtigen Form begnügte? Gewiß pflegten Aristoteles und seine Schüler zu sagen, die Formen würden eher aus dem Vermögen der Materie hervorgeholt als in diese hineingebracht, sie gingen eher aus der Materie hervor als in sie hinein; ich aber möchte behaupten, daß es

Aristoteles lieber war, die Entbindung der Form [aus der Materie] als ihre Einbindung [in die Materie] Wirklichkeit« *[atto]* zu nennen. Alle sind also der Ansicht, daß die Dinge durch Abtrennung aus der Materie hervorgehen und nicht durch eine Hinzufügung und Aufnahme ... Also müßte man eher sagen, daß die Materie die Formen enthält und in sich faßt, als daß man meinen könnte, sie sei frei von ihnen und schließe sie aus. Da sie also dasjenige entwickelt, was sie unentwickelt in sich birgt, muß man die Materie als etwas Göttliches bezeichnen, auch als gütigste Urmutter, Erzeugerin und Gebärerin der natürlichen Dinge, ja als die ganze Natur selbst, soweit diese Substanz ist.

polihimnio. Ich bitt' Euch, sagt noch etwas über die Begierde der Materie, damit wir einen gewissen Streit zwischen mir und Gervasio entscheiden können.

gervasio. Tut es, Teofilo, darum bitte auch ich; denn dieser hier hat mir ein Loch in den Bauch geredet mit seinem Vergleich zwischen Weib und Materie; daß nämlich das Weib so wenig genug an Männern habe wie die Materie an Formen, und dergleichen mehr.

teofilo. Da doch die Materie von den Formen nichts erhält, warum, meint Ihr, sollte sie diese dann begehren? Wenn sie - wie wir gesagt haben - die Formen aus ihrem Schoß hervorbringt und sie folglich in sich birgt, wie meint Ihr, daß sie sie begehren könne? Es gelüstet sie nicht nach jenen Formen, die täglich auf ihrer Oberfläche wechseln; denn alles Geordnete verlangt nur nach dem, was zu seiner Vollendung beiträgt. Was aber kann ein Vergängliches einem Unvergänglichen geben, ein Unvollkommenes - wie die immer in Bewegung befindliche Form des sinnlich Wahrnehmbaren - einem so Vollkommenen, daß es bei angemessener Betrachtung als das Göttliche in den Dingen erscheint? ... Sie begehrt sie auch nicht, um von ihr erhalten zu werden, denn das Vergängliche kann nicht das Ewige erhalten, zumal offenkundig die Materie es ist, welche die Form erhält. Daher muß eher eine solche Form nach der Materie verlangen um fortzubestehen, denn durch die Trennung von ihr verliert sie das Sein; anders die Materie, die all das besitzt, was sie schon hatte, bevor diese Form vorhanden war, und die auch andere haben kann. Dazu will ich

nur anmerken, daß man ja auch - um die Ursache einer Zerstörung anzugeben - nicht sagt, die Form meide die Materie oder verlasse sie, sondern vielmehr, die Materie lege die eine Form ab, um die andere anzunehmen. Im übrigen haben wir nicht *mehr* Grund zu der Behauptung, die Materie verlange es nach Formen, als zu der entgegengesetzten, sie hasse sie (wobei ich diejenigen meine, die entstehen und vergehen; denn die Quelle der Formen kann nicht begehren, was in ihr selbst ist, da man nicht begehrt, was man schon besitzt). Und mit demselben Recht, mit dem man sagt, die Materie begehre, was sie jeweils hervorbringt oder aufnimmt, kann man - wenn sie es wieder losläßt und fortwirft - sagen, sie verabscheue es, ja sie verabscheue es noch viel stärker, als sie es begehre, da sie jene zählbare Form nur für kurze Zeit festgehalten hat und nun auf ewig verwirft. Wenn du also bedenkst, daß sie ebenso viele Formen annimmt, wie sie fortwirft, so mußt du mir gleichermaßen die Behauptung gestatten, sie sei ihrer überdrüssig, wie ich dich sagen lasse, sie ersehne sie.
gervasio. Sieh da, wie die Schlösser des Polihimnio am Boden zerstört sind, und nicht nur die seinen!
polihimnio. Schonender tadelt die Männer!
Gervasio: Heute haben wir genug gelernt. Auf Wiedersehen, bis morgen!
teofilo. Lebt wohl denn!

JOHANN GEORG H A M A N N (1730 - 1788)

„Und meine grobe Einbildungskraft ist niemals im Stande gewesen, sich einen schöpferischen Geist ohne genitalia vorzustellen ... Eva scheint eine Verlobte, wie Maria des Joseph gewesen zu sein. Dieser erkannte seine Braut nicht nach dem Geheimniß des Engels, und Adam erkannte sein Weib nach der Vertraulichkeit mit einem Thiere. Die ganze Theorie der Opfer, die hier ihren Anfang nimmt, und unter dem Neuen Bunde aufgehört hat, ist immer ein großes Augenmerk für mich gewesen." (Brief an Herder, Pfingstmontag 1768)

"Wundervoll, wie die Liebe, und geheimnisreich, wie die Ehe, sey mein Unterricht! Ich sehe in Ihren zärtlichen, vertraulichen Blicken den kleinen tiefsinnigen Gott der Liebe, der mit sich selbst zu Rath geht, über das Meisterstück seiner Werke, das er beym Ausgang seiner Entwürfe, Eroberungen und blinden Ebentheuer im Schilde führt und welches darauf hinausläuft: 'Laßt uns Menschen machen, ein Bild, das uns gleich sey' - (l, Mose l, 26) ...
Der Mensch ist vorzüglich ein GOTT der Erde, durch seine Bestimmung der Schöpfer, Selbsterhalter und Immer- Vermehrer (Semper-Augustus) seines Geschlechts zu seyn ... Weil der Ehstand der köstliche Grund und Eckstein der ganzen Gesellschaft ist: so offenbart sich der menschenfeindliche Geist unsers Jahrhunderts am allerstärksten in den Ehgesetzen ...
'Das Geheimnis ist groß! - GOTTES Ebenbild und Ehre, der Mann, und dessen Ehre, das Weib' (1. Kor. 11,7) - Das heist: Der Mann verhält sich zu GOTT, wie das Weib zum Manne, und wo diese Drey Eins sind, wird das Weib durch Kinderzeugen selig und der Mann des Leibes Heiland. Alle Mysterien des Hymens sind daher dunkle Träume, die sich auf jenen tiefen Schlaf beziehen, worin die erste Männin zur Welt kam, als ein beredtes Vorbild für die Mutter aller Lebendigen — ...
("Versuch einer Sybille über die Ehe", 1775)

" Pudenda (sind) lebendige Glieder, die nach ihrer Auflösung und Verklärung schmachten – „Von seinen Lenden über sich und unter sich sah ich's wie Feuer glänzen um und um" – Die Erkenntnis des Guten und Bösen und der zureichende Grund eines auf diesen Widerspruch beruhenden Systems ist das älteste und höchste Problem der Vernunft ... unterdeßen der Grundbegriff des Guten und Bösen so identisch und transcendent als der natürliche Unterschied der Geschlechter ein Wahrzeichen des Schöpfers ist ... so ist es mehr ein physisches Bedürfnis als ästhetische Nachahmung oder philosophische Erfindung, wenn der Begriff des Geschlechtes bis auf die Bilder unserer Begriffe übergetragen und denselben willkürlich nach der Analogie aller Abstractionen einverleibt worden ... Hier also liegt vielleicht der Schlüssel zum Brunnen eleusinischer und gnostischer Geheimniße für diejenigen, welche ... als Inquisitoren des ewigen Prozesses gegen das der Hexerey beschuldigte alte Mütterchen Natur ... an keine andere Geisterwelt glauben als an ihre lucianische ... "

IMMANUEL KANT (1724 – 1804)

1. Als die Natur dem weiblichen Schöße ihr teurestes Unterpfand, nämlich die Spezies, in der Leibesfrucht anvertrauete, durch die sich die Gattung fortpflanzen und verewigen sollte, so fürchtete sie gleichsam wegen Erhaltung derselben und pflanzte diese Furcht, nämlich vor körperlichen Verletzungen und Schüchternheit vor dergleichen Gefahren, in ihre Natur; durch welche Schwäche dieses Geschlecht das männliche rechtmäßig zum Schütze für sich auffordert.
2. Da sie auch die feineren Empfindungen, die zur Kultur gehören, nämlich die der Geselligkeit und Wohlanständigkeit, einflößen wollte, machte sie dieses Geschlecht zum Beherrscher des männlichen, durch seine Sittsamkeit, Beredtheit in Sprache und Mienen, früh gescheut, mit Ansprüchen auf sanfte höfliche Begegnung des männlichen gegen dasselbe, so daß sich das letztere, durch seine eigene Großmut, von einem Kinde unsichtbar gefesselt, *und* wenngleich dadurch eben nicht zur Moralität selbst, doch zu dem, was ihr Kleid ist, dem gesitteten Anstände, der zu jener die Vorbereitung und Empfehlung ist, gebracht sah.

Die Frau will herrschen, der Mann beherrscht sein (vornehmlich vor der Ehe). Daher die Galanterie der alten Ritterschaft. – Sie setzt früh in sich selbst Zuversicht zu gefallen. Der Jüngling besorgt immer zu mißfallen und ist daher in Gesellschaft der Damen verlegen (geniert). – Diesen Stolz des Weibes, durch den Respekt, den es einflößt, alle Zudringlichkeit des Mannes abzuhalten, und das Recht, Achtung vor sich, auch ohne Verdienste, zu fordern, behauptet sie schon aus dem Titel ihres Geschlechts. – Das Weib ist weigernd, der Mann bewerbend; ihre Unterwerfung ist Gunst. – Die Natur will, daß das Weib gesucht werde; daher mußte sie selbst nicht so delikat in der Wahl (nach Geschmack) sein, als der Mann, den die Natur auch gröber gebaut hat, und der dem Weibe schon gefällt, wenn er nur Kraft und Tüchtigkeit zu ihrer Verteidigung in seiner Gestalt zeigt; denn wäre sie in Ansehung der Schönheit seiner Gestalt ekel und fein in der Wahl, um sich verlieben zu können, so müßte sie sich bewerbend, er aber sich weigernd zeigen; welches den Wert ihres Geschlechts, selbst in den Augen des Mannes, gänzlich herabsetzen würde. – Sie muß kalt, der Mann dagegen in der Liebe affektenvoll zu sein scheinen. Einer verliebten Ausforderung nicht zu gehorchen, scheint dem Manne, ihr aber leicht Gehör zu geben, dem Weibe schimpflich zu sein. – Die Begierde der letzteren, ihre Reize auf alle feine Männer spielen zu lassen, ist Koketterie; die Affektation, in alle Weiber verliebt zu scheinen, Galanterie; beides kann ein bloßes zur Mode gewordenes Geziere, ohne alle ernstliche Folge sein: so wie das Cicisbeat, eine affektierte Freiheit des Weibes in der Ehe, oder das gleichfalls ehedem in Italien gewesene Courtisanenwesen (in der historia concilii Tridentini heißt es unter andern: erant ibi etiam 300 honestae meretrices, quas cortegianas vocant); von dem man erzählt, daß es mehr geläuterte Kultur des gesitteten öffentlichen Umgangs enthalten habe, als die der gemischten Gesellschaften in Privathäusern. – Der Mann bewirbt sich in der Ehe nur um seines Weibes, die Frau aber um aller Männer Neigung; sie putzt sich nur für die Augen ihres Geschlechts aus Eifersucht *andre Weiber* in Reizen oder im Vornehmtun zu übertreffen; der Mann hingegen für das weibliche; wenn man das Putz nennen kann, was nur so weit geht, um seiner Frau durch seinen Anzug nicht Schande zu machen. Der Mann beurteilt weibliche Fehler gelind, die Frau aber (öffentlich) sehr strenge, und junge Frauen, wenn sie die Wahl hätten, ob ihr Vergehen von einem männlichen oder weiblichen Gerichtshöfe abgeurteilt werden solle, würden sicher *den ersten* zu ihrem Richter wählen. – Wenn der verfeinerte Luxus hoch gestiegen ist, so zeigt sich die Frau nur aus Zwang sittsam und hat kein Hehl zu wünschen, daß sie lieber Mann sein möchte, wo sie ihren Neigungen einen größern und freieren Spielraum geben könnte; kein Mann aber wird ein Weib sein wollen.

Sie fragt nicht nach der Enthaltsamkeit des Mannes vor der Ehe; ihm aber ist an derselben auf selten der Frauen unendlich viel gelegen. – In der Ehe spotten Weiber über Intoleranz (Eifersucht) der Männer überhaupt: es ist aber nur ihr Scherz; das unverehlichte Frauenzimmer richtet hierüber mit großer Strenge. – Was die gelehrten Frauen betrifft: so brauchen sie ihre Bücher etwa so wie ihre Uhr, nämlich sie zu tragen, damit gesehen werde, daß sie eine haben; ob sie zwar gemeiniglich still steht oder nicht nach der Sonne gestellt ist.

Weibliche Tugend oder Untugend ist von der männlichen, nicht sowohl der Art als der Triebfeder nach, sehr unterschieden. – Sie soll geduldig, er muß duldend sein. Sie ist empfindlich, er empfindsam. – Des Mannes Wirtschaft ist Erwerben, die des Weibes Sparen. – Der Mann ist eifersüchtig wenn er liebt; die Frau auch ohne daß sie liebt; weil so viel Liebhaber, als von andern Frauen gewonnen worden, doch ihrem Kreise der Anbeter verloren sind. – Der Mann hat Geschmack für sich, die Frau macht sich selbst zum Gegenstande des Geschmacks f ü r j e d e r m a n n . – »Was die Welt sagt, ist wahr, und was sie tut, gut«, ist ein weiblicher Grundsatz, der sich schwer mit einem Charakter, in der engen Bedeutung des Worts, vereinigen läßt. Es gab aber doch wackere Weiber, die in Beziehung auf ihr Hauswesen einen dieser ihrer Bestimmung angemessenen Charakter mit Ruhm behaupteten. – Dem Milton wurde von seiner Frau zugeredet, er solle doch die ihm nach Cromwells Tode angetragene Stelle eines lateinischen Sekretärs annehmen, ob es zwar seinen Grundsätzen zuwider war, jetzt eine Regierung für rechtlich zu erklären, die er vorher als widerrechtlich vorgestellt hatte; »Ach«, antwortete er ihr: »meine Liebe: Sie und andere Ihres Geschlechts wollen in Kutschen fahren, ich aber – muß ein ehrlicher Mann sein«. — Die Frau des Sokrates (vielleicht auch die Hiobs) wurden durch ihre wackern Männer eben so in die Enge getrieben, aber männliche Tugend behauptete sich in ihrem Charakter, ohne doch der weiblichen das Verdienst des ihrigen, in dem Verhältnis worein sie gesetzt waren, zu schmälern.

PRAGMATISCHE FOLGERUNGEN

Das weibliche Geschlecht muß sich im Praktischen selbst ausbilden und disziplinieren; das männliche versteht sich darauf nicht.

Der junge Ehemann herrscht über seine ältere Ehefrau. Dieses gründet sich auf Eifersucht, nach welcher der Teil, welcher dem anderen im Geschlechtsvermögen unterlegen ist, vor Eingriffen des anderen Teils in seine Rechte besorgt ist und dadurch sich zur willfährigen Begegnung und Aufmerksamkeit gegen ihn zu bequemen genötigt sieht. – Daher wird jede erfahrene Ehefrau die Heirat mit einem jungen Manne, auch nur von gleichem Alter, widerraten; denn im Fortgange der Jahre altert doch der weibliche Teil früher als der männliche, und wenn man auch von dieser Ungleichheit absieht, so ist auf die Eintracht, welche sich auf Gleichheit gründet, nicht mit Sicherheit zu rechnen und ein junges verständiges Weib wird mit einem gesunden aber doch merklich älteren Manne das Glück der Ehe doch besser machen. –

Ein Mann aber, der sein Geschlechtsvermögen vielleicht schon vor der Ehe lüderlich durchgebracht hat, wird der Geck in seinem eigenen Hause sein; denn er kann diese häusliche Herrschaft nur haben, sofern er keine billigen Ansprüche schuldig bleibt.

Hume bemerkt, daß den Weibern (selbst alten Jungfern) Satiren auf den E h e s t a n d mehr verdrießen als die *Sticheleien* auf ihr Geschlecht. - Denn mit diesen kann es niemals Ernst sein, da aus jenen allerdings wohl Ernst werden könnte, wenn man die Beschwerden jenes Standes recht ins Licht stellt, deren der Unverheuratete überhoben ist. Eine Freigeisterei in diesem Fache müßte aber von schlimmen Folgen für das ganze weibliche Geschlecht sein; weil dieses zu einem bloßen Mittel der Befriedigung der Neigung des anderen Geschlechts herabsinken würde, welche aber leicht in Überdruß und Flatterhaftigkeit ausschlagen kann. - Das Weib wird durch die Ehe frei; der Mann verliert dadurch seine Freiheit.

Die moralischen Eigenschaften an einem, vornehmlich jungen, Manne vor der Ehelichung desselben auszuspähen, ist nie die Sache einer Frau. Sie glaubt ihn bessern zu können; eine vernünftige Frau, sagt sie, kann einen verunarteten Mann schon zurechte bringen; in welchem Urteile sie mehrenteils sich auf die kläglichste Art betrogen findet. Dahin gehört auch die Meinung jener Treuherzigen: daß die Ausschweifungen dieses Menschen vor der Ehe übersehen werden können, weil er nun an seiner Frau, wenn er sich nur noch nicht erschöpft hat, hinreichend für diesen Instinkt versorgt sein werde. - Die guten Kinder bedenken nicht: daß die Lüderlichkeit in diesem Fache gerade im Wechsel des Genusses besteht, und das Einerlei in der Ehe ihn bald zur obigen Lebensart zurückführen werde.

Wer soll dann den oberen Befehl im Hause haben? denn nur Einer kann es doch sein, der alle Geschäfte in einen, mit dieses seinen Zwecken übereinstimmenden, Zusammenhang bringt. - Ich würde in der Sprache der Galanterie (doch nicht ohne Wahrheit) sagen: die Frau soll herrschen und der Mann regieren; denn die Neigung herrscht und der Verstand regiert. – Das Betragen des Ehemanns muß zeigen: daß ihm das Wohl seiner Frau vor allem anderen am Herzen liege. Weil aber der Mann am besten wissen muß, wie er stehe und wie weit er gehen könne: so wird er, wie ein Minister seinem bloß auf Vergnügen bedachten Monarchen, der etwa ein Fest oder den Bau eines Palais beginnt, auf dieses seinen Befehl zuerst seine schuldige Willfährigkeit dazu erklären; nur daß z.B. für jetzt nicht Geld im Schatze sei, daß gewisse dringendere Notwendigkeiten zuvor abgemacht werden müssen u.s.w., so daß der höchstgebietende Herr alles tun kann was er will, doch mit dem Umstande, daß diesen Willen ihm sein Minister an die Hand gibt.

Da sie gesucht werden soll (denn dies will die dem Geschlecht notwendige Weigerung), so wird sie doch in der Ehe selbst allgemein zu gefallen suchen müssen, damit, wenn sie etwa junge Witwe würde, sich Liebhaber für sie finden. - Der Mann legt alle solche Ansprüche mit der Eheverbindung ab. - Daher ist die Eifersucht, aus dem Grunde dieser Gefallsucht der Frauen, ungerecht.

Die eheliche Liebe aber ist ihrer Natur nach intolerant. Frauen spotten darüber zuweilen, oder, wie bereits oben bemerkt worden, im Scherz; denn bei dem Eingriffe Fremder in diese Rechte duldend und nachsichtlich zu sein, müßte Verachtung des weiblichen Teils und hiemit auch Haß gegen einen solchen Ehemann zur Folge haben.

Daß gemeiniglich Väter ihre Töchter und Mütter ihre Söhne verziehen, und unter den letzteren der wildeste Junge, wenn er nur kühn ist, gemeiniglich von der Mutter verzogen wird: das scheint seinen Grund in dem Prospekt auf die Bedürfnisse beider Eltern in ihrem Sterbefall zu haben; *denn* wenn dem Manne seine Frau stirbt, so hat er doch an seiner ältesten Tochter eine ihn pflegende Stütze; stirbt der Mutter ihr Mann ab, so hat der erwachsene wohlgeartete Sohn die Pflicht auf sich, und auch die natürliche Neigung in sich, sie zu verehren, zu unterstützen und ihr das Leben als Witwe angenehm zu machen.

(Kant : "Anthropologie in pragmatischer Hinsicht")

Salomon M a i m o n (1743 – 1800)

"Auch ich kann mich des Glücks rühmen, mit der Königin der Wissenschaften, mit der Philosophie, seit einigen Jahren einen vertrauten Umgang zu haben; habe alle ihre Schritte beobachtet, und, um ihren Karakter recht zu studieren, mich in alle ihre Launen geschickt. Sie hat mir auch ihre Gunstbezeugungen nicht gänzlich versagt; und trotz der Eifersucht manch ihrer Liebhaber, sich zu meinem Vortheil erklärt. Einige ihrer vorgeblichen Liebhaber machen ihr zwar die Cour, aber wie die Folge gelehrt hat, nicht ihrer Person, sondern ihres Vermögens wegen? Andere taten es ihrer Töchter (Moral, Theologie) wegen, auf die sie Jagd machten. Meine Liebe hingegen zu ihr war immer rein und hatte nichts anderes als ihren Besitz zum Zweck. Was hat diese ehrwürdige Dame nicht alles von den Launen der Menschen erfahren müssen? Einige ihrer Liebhaber, die ihre Reize nicht zu schätzen wußten, ließen sie (nach Art der Wilden) die schwersten Hausarbeiten verrichten. Andere wiederum, auf ihre Reize eifersüchtig, schlössen sie (nach Art der Morgenländer) in ihre Zimmer ein, so daß sie vor langer Weile verschmachten mußte. Einige, die nicht aus eigener Wahl, sondern aus Mangel eines besseren Zeitvertreibes einige Zeit ihren Umgang geflogen und denen sie daher ihre Gunstbezeugungen verweigern müßte, stießen sie von sich mit Verachtung und gingen darin so weit, daß sie selbst die bisher vorgegebenen, ihnen von ihr zugeschickten Liebesbriefchen für untergeschoben und von würdigern Liebhabern gestohlen erklärten. Politiker schickten sie als eine lüderliche Person ins Zuchthaus. Schöne Geister, wie ihnen die Laune ankam, besangen entweder ihre Reize (doch ohne sie zu kennen) oder machten darüber Satyren usw. Aber diese himmlische Muse ist über alles übertriebene Lob sowohl als über ungerechten Tadel erhaben. Überzeugt, daß selbst ihre Mängel ihre Vollkommenheiten erhöhen, will sie so gekannt seyn, wie sie wirklich ist; sie verträgt so wenig Eifersucht wie Gleichgültigkeit."

"Neue Logik und Theorie des Denkens", 1. Brief des Philaletes an Aenesidemus, 1794. – Berlin 1912, Seite 272 f.)

Georg Wilhelm Friedrich HEGEL (1770 - 1831)

"Das wahrhafte Wesen der Liebe besteht darin, das Bewusstsein seiner selbst aufzugeben, sich in einem anderen Selbst zu vergessen, doch in diesem Vergehen und Vergessen sich erst selbst zu haben und zu besitzen."

(„Vorlesungen zur Ästhetik")

„Das Wahre ist so der bacchantische Taumel, an dem kein Glied nicht trunken ist ... Das Ganze ist das Wahre ..." „Das Tiefe, das der Geist von innen heraus ... treibt ... und die Unwissenheit dieses Bewußtseins, was das ist, was es sagt, ist dieselbe Verknüpfung des Hohen und Niedrigen, welche an dem Lebendigen die Natur in der Verknüpfung des Organs seiner höchsten Vollendung, des Organs der Zeugung, und des Organs des Pissens naiv ausdrückt ."

(„Phänomenologie des Geistes", 1807)

„Nur in der Liebe allein ist man eins mit dem Objekt, es beherrscht und wird nicht beherrscht... Das Leben ist die Verbindung der Verbindung und der Nichtverbindung."

„Das Allgemeine ist daher die freie Macht; es ist es selbst und greift über ein Anderes über; aber nicht als ein Gewaltsames, sondern das vielmehr in demselben ruhig und bei sich ist. Wie es die freie Macht genannt worden, so könnte es auch die freie Liebe und schrankenlose Seligkeit genannt werden, denn es ist ein Verhalten seiner zu dem Unterschiedenen nur als zu sich selbst; in dem selben ist es zu sich selbst zurückgekehrt." ("Wissenschaft der Logik")

„Was am Lebendigen als solchem die Gattung ist, das ist am Geistigen die Vernünftigkeit."

Liebe heißt überhaupt das Bewußtsein meiner Einheit mit einem anderen, so daß ich für mich nicht isoliert bin, sondern mein Selbstbewußtsein nur als Aufgebung meines

Fürsichseins gewinne und durch das Mich-Wissen, als der Einheit meiner mit dem anderen und des anderen mit mir. Die Liebe ist aber Empfindung, das heißt die Sittlichkeit in Form des Natürlichen; im Staate ist sie nicht mehr: da ist man sich der Einheit als des Gesetzes bewußt, da muß der Inhalt vernünftig sein, und ich muß ihn wissen. Das erste Moment in der Liebe ist, daß ich keine selbständige Person für mich sein will und daß, wenn ich dies wäre, ich mich mangelhaft und unvollständig fühle. Das zweite Moment ist, daß ich mich in einer anderen Person gewinne, daß ich in ihr gelte, was sie wiederum in mir erreicht. Die Liebe ist daher der ungeheuerste Widerspruch, den der Verstand nicht lösen kann, indem es nichts Härteres gibt als diese Punktualität des Selbstbewußtseins, die negiert wird und die ich doch als affirmativ haben soll. Die Liebe ist das Hervorbringen und die Auflösung des Widerspruchs zugleich: als die Auflösung ist sie die sittliche Einigkeit.

Wegen der ursprünglichen Identität der Formation liegt den männlichen und weiblichen Geschlechtsteilen derselbe Typus zugrunde, nur daß in den einen oder den anderen der eine oder der andere Teil das Wesentliche ausmacht: bei dem Weibe notwendig das Indifferente, bei dem Manne das Entzweite, der Gegensatz.

Man versteht auf diese Weise die Umbildung des einen Geschlechts in das andere vollkommen. Wie im Manne der Uterus zur bloßen Drüse herabsinkt, so bleibt dagegen der männliche Testikel beim Weibe im Eierstocke eingeschlossen, tritt nicht heraus in den Gegensatz, wird nicht für sich, zum tätigen Gehirn, und der Kitzler ist das untätige Gefühl überhaupt. Im Manne hingegen haben wir dafür das tätige Gefühl, das aufschwellende Herz, die Bluterfüllung der *Corpora cavernosa* und der Maschen des schwammigen Gewebes der Urethra; dieser männlichen Bluterfüllung entsprechen dann die weiblichen Blutergüsse. Das Empfangen des Uterus, als einfaches Verhalten, ist auf diese Weise beim Manne entzweit in das produzierende Gehirn und das äußerliche Herz. Der Mann ist also durch diesen Unterschied das Tätige; das Weib aber ist das Empfangende, weil sie in ihrer unentwickelten Einheit bleibt.

Die *Zeugung* muß man nicht auf den Eierstock und den männlichen Samen reduzieren, als sei das neue Gebilde nur eine Zusammensetzung aus den Formen oder Teilen beider Seiten, sondern im Weiblichen ist wohl das materielle Element, im Manne aber die Subjektivität enthalten. Die *Empfängnis* ist die Kontraktion des ganzen Individuums in die einfache, sich hingebende Einheit, in seine Vorstellung, der Same diese einfache Vorstellung selbst, - ganz *ein* Punkt, wie der Name und das ganze Selbst. Die Empfängnis ist also nichts anderes als dies, daß das Entgegengesetzte, diese abstrakten Vorstellungen zu *einer* werden.

Frauen können wohl gebildet sein, aber für die höheren Wissenschaften, die Philosophie und für gewisse Produktionen der Kunst, die ein Allgemeines fordern, sind sie nicht gemacht. Frauen können Einfälle, Geschmack, Zierlichkeit haben, aber das Ideale haben sie nicht. Der Unterschied zwischen Mann und Frau ist der des Tieres und der Pflanze: das Tier entspricht mehr dem Charakter des Mannes, die Pflanze mehr dem der Frau, denn sie ist mehr ruhiges Entfalten, das die unbestimmtere Einigkeit der Empfindung zu seinem Prinzip erhält. Stehen Frauen an der Spitze der Regierung, so ist der Staat in Gefahr, denn sie handeln nicht nach den Anforderungen der Allgemeinheit, sondern nach zufälliger Neigung und Meinung. Die Bildung der Frauen geschieht, man weiß nicht wie, gleichsam durch die Atmosphäre der Vorstellung, mehr durch das Leben als durch das Erwerben von Kenntnissen, während der Mann seine Stellung nur durch die Errungenschaft des Gedankens und durch viele technische Bemühungen erlangt. Das eine Extrem, der allgemeine sich bewußte Geist, wird mit seinem anderen Extrem, seiner Kraft und seinem Element, mit dem *bewusstlosen* Geiste, durch die *Individualität* des Mannes zusammengeschlossen.

Dagegen hat das *göttliche* Gesetz seine Individualisierung oder der *bewußtlose* Geist des Einzelnen sein Dasein an dem Weibe, durch welches als die *Mitte* er aus seiner Unwirklichkeit in die Wirklichkeit, aus dem Unwissenden und Ungewußten in das bewusste Reich herauftritt. Die Vereinigung des Mannes und des Weibes macht die tätige Mitte des Ganzen und das Element aus, das, in diese Extreme des göttlichen und menschlichen Gesetzes entzweit, ebenso ihre unmittelbare Vereinigung ist, welche jene beiden ersten Schlüsse zu demselben Schlüsse macht und die entgegengesetzte Bewegung [:] der Wirklichkeit hinab zur Unwirklichkeit - des menschlichen Gesetzes, das sich in selbständige Glieder organisiert, herunter zur Gefahr und Bewährung des Todes - und des unterirdischen Gesetzes herauf zur Wirklichkeit des Tages und zum bewussten Dasein, deren jene dem Manne, diese dem Weibe zukommt, in eine vereinigt.

Das menschliche Gesetz also in seinem allgemeinen Dasein, das Gemeinwesen, in seiner Betätigung überhaupt die Männlichkeit, in seiner wirklichen Betätigung die Regierung, *ist, bewegt* und *erhält* sich dadurch, daß es die Absonderung der Penaten oder die selbständige Vereinzelung, in Familien, welchen die Weiblichkeit vorsteht, in sich aufzehrt und sie in der Kontinuität seiner Flüssigkeit aufgelöst erhält. Die Familie ist aber zugleich überhaupt sein Element, das einzelne Bewußtsein allgemeiner betätigender Grund. Indem das Gemeinwesen sich nur durch die Störung der Familienglückseligkeit und die Auflösung des Selbstbewußtseins in das allgemeine sein Bestehen gibt, erzeugt es sich an dem, was es unterdrückt und was ihm zugleich wesentlich ist, an der Weiblichkeit überhaupt seinen inneren Feind. Diese — die ewige Ironie des Gemeinwesens – verändert durch die Intrige den allgemeinen Zweck der Regierung in einen Privatzweck, verwandelt ihre allgemeine Tätigkeit in ein Werk dieses bestimmten Individuums und verkehrt das allgemeine Eigentum des Staats zu einem Besitz und Putz der Familie. Sie macht hierdurch die ernsthafte Weisheit des reifen Alters, das, der Einzelheit - der Lust und dem Genüsse sowie der wirklichen Tätigkeit - abgestorben, nur das Allgemeine denkt und besorgt, zum Spotte für den Mutwillen der unreifen Jugend und zur Verachtung für ihren Enthusiasmus, erhebt überhaupt die Kraft der Jugend zum Geltenden, — des Sohnes, an dem die Mutter ihren Herrn geboren, des Bruders, an dem die Schwester den Mann als ihresgleichen hat, des Jünglings, durch den die Tochter, ihrer Unselbständigkeit entnommen, den Genuß und die Würde der Frauenschaft erlangt. –

Die Verhältnisse der *Mutter* und der *Frau* aber haben die Einzelheit teils als etwas Natürliches, das der Lust angehört, teils als etwas Negatives, das nur sein Verschwinden darin erblickt; teils ist sie eben darum etwas Zufälliges, das durch eine andere ersetzt werden kann. Im Hause der Sittlichkeit ist es nicht *dieser* Mann, nicht *dieses* Kind, sondern *ein Mann, Kinder überhaupt,* — nicht die Empfindung, sondern das Allgemeine, worauf sich diese Verhältnisse des Weibes gründen. Der Unterschied seiner Sittlichkeit von der des Mannes besteht eben darin, daß es in seiner Bestimmung für die Einzelheit und in seiner Lust unmittelbar allgemein und der Einzelheit der Begierde fremd bleibt; dahingegen in dem Manne diese beiden Seiten auseinandertretcn, und indem er als Bürger die *selbstbewußte* Kraft der *Allgemeinheit* besitzt, erkauft er sich dadurch das Recht der *Begierde* und erhält sich zugleich die Freiheit von derselben. Indem also in dies Verhältnis der Frau die Einzelheit eingemischt ist, ist seine Sittlichkeit nicht rein; insofern sie aber dies ist, ist die Einzelheit *gleichgültig,* und die Frau entbehrt das Moment, sich als *dieses* Selbst im Anderen zu erkennen ,...

(„Phänomenologie des Geistes", 1807)

Ludwig Feuerbach (1804 – 1872)

"Gott und Mensch sind gegeneinander wie Mann und Weib - ein von Luther und überhaupt den Christen häufig gebrauchtes Gleichnis ... Wo das Weib tätig ist, bin ich untätig, wo es etwas ist, da bin ich nichts. Was du in Gott hast, das hast du allerdings nicht in und an dir selbst, aber gleichwohl hast du es ... nicht so, wie dein Arm, dein Bein

dein ist, aber so wie dein Weib dein ist. Es ist dein nicht als Eigenschaft in dir, sondern als Gegenstand, aber als ein Gegenstand, der nicht zufällig, sondern wesentlich ein Gegenstand für dich ist, denn er hat, was dir fehlt, gehört also zu dir selbst ... so unentbehrlich als die Speise dem Hunger, der Trank dem Durste, das Weib dem Manne. "
(Gesammelte Werke, Bd. 9, Berlin 1967, S. 363).

"Die Liebe ist der wahre ontologische Beweis vom Dasein eines Gegenstands außerhalb unserem Kopfe - und es gibt keinen anderen Beweis vom Sein als die Liebe, die Empfindung überhaupt ... Gott ist kein sinnliches Wesen ... Das Geheimnis unmittelbaren Wissens ist die Sinnlichkeit."

"Zwei Menschen gehören zur Erzeugung des Menschen - des geistigen so gut wie des physischen: die Gemeinschaft des Menschen mit dem Menschen ist das erste Prinzip und Kriterium der Wahrheit imd Allgemeinheit."
(Kleine Schriften, Frankfurt 1966, S. 203).

„Zum Denken gehören ursprünglich Zwei. Das Denken ist ein geistiger Begattungsakt."

" In der Befriedigung der anderen Triebe ... brauche ich das Objekt lediglich zu meinen Zwecken ... Aber im Geschlechtstrieb erfülle ich mich als Teil, der eben deshalb seine Ergänzung sucht; ich suche zwar zuvörderst auch nur den Genuß, aber ich kann nicht genießen, ohne mich selbst ... zum Mittel des Genusses für das Objekt zu machen. Der Geschlechtstrieb hebt die Selbsttätigkeit des Individuums auf ... der Begattungsakt ist die Selbstrealisation der Gattung. Die Gattung überhaupt ist, was die Menschen aneinander fesselt ... Das Familienband ist stärker als das Band, welches den Menschen an seine Existenz knüpft. Die Familienmitglieder können nicht sein ohne einander."

"Der natürliche menschliche Sohn ist an und für sich ein Mittelwesen zwischen dem männlichen Wesen des Vaters und dem weiblichen der Mutter; er ist gleichsam noch halb Mann, halb Weib, indem er noch nicht das volle, rigorose

Selbständigkeitsbewußtsein hat, welches den Mann charakterisiert, und mehr zur Mutter als zum Vater sich hingezogen fühlt. Die Liebe des Sohnes zur Mutter ist die erste Liebe des männlichen Wesens zum weiblichen. Die Liebe des Mannes zum Weibe, des Jünglings zur Jungfrau empfängt ihre religiöse - ihre einzig wahre religiöse - Weihe in der Liebe des Sohns zur Mutter. Die Mutterliebe des Sohnes ist die erste Sehnsucht, die erste Demut des Mannes vor dem Weibe... Dem Vater ist der Sohn eingeboren, aber dem Sohne die Mutter. Dem Vater ersetzt der Sohn das Bedürfnis der Mutter, aber nicht der Vater dem Sohne. Dem Sohne ist die Mutter unentbehrlich... Warum begab sich also der Sohn in einen weiblichen Schoß? Warum anders, als weil der Sohn die Sehnsucht nach der Mutter ist ... ? Zwar weilt der Sohn nur neun Monde lang unter dem Obdach des weiblichen Herzens, aber die Eindrücke, die er hier empfängt, sind unauslöschlich. Die Mutter kommt dem Sohne nimmer aus dem Sinne und Herzen. Wenn daher die Anbetung des Sohnes Gottes kein Götzendienst, so ist auch die Anbetung der Mutter Gottes kein Götzendienst. Schämt sich Gott nicht, einen Sohn zu haben, so braucht er sich auch nicht einer Mutter zu schämen ... Die höchste und tiefste Liebe ist die Mutterliebe. Der Vater tröstet sich über den Verlust des Sohnes; er hat ein stoisches Prinzip in sich. Die Mutter dagegen ist untröstlich; die Mutter ist die Schmerzenreiche, aber Trostlosigkeit die Wahrheit der Liebe. Wo der Glaube an die Mutter Gottes sinkt, da sinkt auch der Glaube an den Sohn Gottes und den Gott-Vater. Der Vater ist nur da eine Wahrheit, wo die Mutter eine Wahrheit ist. Die Liebe ist an und für sich weiblichen Geschlechts und Wesens. Der Glaube an die Liebe Gottes ist der Glaube an das weibliche als ein göttliches Prinzip. Liebe ohne Natur ist ein Unding, ein Phantom. An der Liebe erkennt die heilige Notwendigkeit und Tiefe der Natur!"

Karl Marx (1818 – 1883)

»Das produktive Leben ist aber das Gattungsleben. Es ist das Leben erzeugende Leben.«

»Das unmittelbare, natürliche, notwendige Verhältnis des Menschen zum Menschen ist das Verhältnis des Mannes zum Weibe. In diesem natürlichen Gattungsverhältnis ist das Verhältnis des Menschen zur Natur unmittelbar sein Verhältnis zum Menschen, wie das Verhältnis zum Menschen unmittelbar sein Verhältnis zur Natur, seine eigene natürliche Bestimmung ist. In diesem Verhältnis erscheint also sinnlich, auf ein anschaubares Faktum reduziert, inwieweit dem Menschen das menschliche Wesen zur Natur oder die Natur zum menschlichen Wesen des Menschen geworden ist. Aus diesem Verhältnis kann man also die ganze Bildungsstufe des Menschen beurteilen. Aus dem Charakter dieses Verhältnisses folgt, inwieweit der Mensch als Gattungswesen, als Mensch sich geworden ist und erfaßt hat; das Verhältnis des Mannes zum Weib ist das natürlichste Verhältnis des Menschen zum Menschen. In ihm zeigt sich also, inwieweit das menschliche Wesen ihm zum natürlichen Wesen, inwieweit seine menschliche Natur ihm zur Natur geworden ist.«

»Also die Gesellschaft ist die vollendete Wesenseinheit des Menschen mit der Natur, die wahre Resurrektion der Natur, der durchgeführte Naturalismus des Menschen und der durchgeführte Humanismus der Natur.«

Vom Kopf auf die Füße: »In Hegels Geschichtsphilosophie, wie in seiner Naturphilosophie, gebiert der Sohn die Mutter, der Geist die Natur... das Resultat den Anfang.« .

»Eine zu verschwenderische Natur hält den Menschen an ihrer Hand wie ein Kind am Gängelband. Sie macht seine eigene Entwicklung nicht zu einer Naturnotwendigkeit. Nicht das tropische Klima mit seiner überwuchernden Vegetation, sondern die gemäßigte Zone ist das Mutterland des Kapitals.«

»... flüchtet vor der geschichtlichen Tragödie, die ihm drohend zu nahe rückt, in die angeblich reine Natur, d. h. in die blöde Bauernidylle und predigt den Kultus des Weibes, um seine eigene weibische Resignation zu bemänteln.«

»Die verzauberte, verkehrte und auf den Kopf gestellte Welt, wo Monsieur le Capital und Madame la Terre als soziale Charaktere, und zugleich unmittelbar als bloße Dinge ihren Spuk treiben.«

»Der Schatzbildner opfert dem Goldfetisch seine Fleischeslust. Er macht Ernst mit dem Evangelium der Entsagung.«

»Indem aber für den sozialistischen Menschen die ganze sogenannte Weltgeschichte nichts anderes ist als die Erzeugung des Menschen durch die menschliche Arbeit, also das Werden der Natur für den Menschen, so hat er also den anschaulichen, unwiderstehlichen Beweis von seiner Geburt durch sich selbst, von seinem Entstehungsprozeß.«

»... daß die Philosophie weltlich und die Welt philosophisch wird. Philosophie und Studium der wirklichen Welt verhalten sich zueinander wie Onanie und Geschlechtsliebe.«

»Proletarier aller Länder, vereinigt euch!«

»Als Gattungsbewußtsein bestätigt der Mensch sein reelles Gesellschaftsleben.«

Marx spricht von der »naturwüchsigen Teilung der Arbeit, die ursprünglich nichts war als Teilung der Arbeit im Geschlechtsakt...«

»Innerhalb der. Familie, weiterentwickelt eines Stammes, entspringt eine naturwüchsige Teilung der Arbeit aus den Geschlechts- und Altersverschiedenheiten, also auf rein physiologischer Grundlage...«.

»Der Mensch ist unmittelbar Naturwesen. Als Naturwesen und als lebendiges Naturwesen ist er teils mit natürlichen Kräften, mit Lebenskräften ausgerüstet, ein tätiges Naturwesen; diese Kräfte existieren in ihm als Anlagen und Fähigkeiten, als Triebe; teils ist er als natürliches, leibliches, sinnliches, gegenständliches Wesen ein leidendes, bedingtes und beschränktes Wesen, wie es auch das Tier und die Pflanze ist, d.h. die Gegenstände seiner Triebe existieren außer ihm... Daß der Mensch ein leibliches, naturkräftiges, lebendiges, wirkliches, sinnliches, gegenständliches Wesen ist, heißt, daß er wirkliche, sinnliche Gegenstände zum Gegenstand seines Wesens, seiner Lebensäußerung hat oder daß er nur an wirklichen, sinnlichen Gegenständen sein Leben äußern kann. Gegenständlich, natürlich, sinnlich sein und sowohl Gegenstand, Natur, Sinn außer sich haben oder selbst Gegenstand, Natur, Sinn für ein drittes sein, ist identisch.«

»Sobald ich einen Gegenstand habe, hat dieser Gegenstand mich zum Gegenstand ... Sinnlich sein ist leidend sein. Der Mensch als ein gegenständliches sinnliches Wesen ist daher ein leidendes und, weil sein Leiden empfindendes Wesen, ein leidenschaftliches Wesen. Die Leidenschaft, die Passion ist die nach seinem Gegenstand energisch strebende Wesenskraft des Menschen ... denn das Leiden, menschlich gefaßt, ist ein Selbstgenuß des Menschen.«

„Ich lebe aber vollständig von der Gnade eines anderen, wenn ich ihm nicht nur die Unterhaltung meines Lebens verdanke, sondern wenn er noch außerdem mein Leben geschaffen hat, wenn er der Quell meines Lebens ist, und mein Leben hat notwendig einen solchen Grund außer sich, wenn es nicht meine eigene Schöpfung ist... Nun ist es zwar leicht, dem einzelnen Individuum zu sagen, was Aristoteles schon sagt: Du bist gezeugt von deinem Vater und deiner Mutter, also hat in dir die Begattung zweier Menschen, also ein Gattungsakt der Menschen den Menschen produziert."

„Du siehst also, daß der Mensch auch physisch sein Dasein dem Menschen verdankt. Du mußt also nicht nur die eine Seite im Auge behalten, den unendlichen Progreß, wonach du weiter fragst: Wer hat meinen Vater, wer seinen Großvater etc. gezeugt? Du mußt auch die Kreisbewegung, welche in jenem Progreß sinnlich anschaulich ist, festhalten, wonach der Mensch in der Zeugung sich selbst wiederholt, also der Mensch immer Subjekt bleibt."

»Eine Gesellschaftsformation geht nie unter, bevor alle Produktivkräfte entwickelt sind, für die sie weit genug ist, und neue höhere Produktionsverhältnisse treten nie an die Stelle, bevor die materiellen Existenzbedingungen derselben im Schoß der alten Gesellschaft ausgebrütet worden sind. Von diesem Augenblick an regen sich Kräfte und Leidenschaften im Gesellschaftsschoße, welche sich von ihr gefesselt fühlen.«

»Wenn du liebst, ohne Gegenliebe hervorzurufen, d.h. wenn dein Lieben als Lieben nicht die Gegenliebe hervorruft, wenn du durch deine Lebensäußerung als liebender Mensch dich nicht zum geliebten Menschen machst, so ist deine Liebe ohnmächtig, ein Unglück.«

Arthur Schopenhauer (1788 – 1860)

»Die Gattung ist die in die Zeit auseinandergezogene Idee Platos...«

»Das niedrig gewachsene, schmalschultrige, breithüftige und kurzbeinige Geschlecht das schöne nennen, konnte nur der vom Geschlechtstrieb umnebelte männliche Intellekt. Mit mehr Fug könnte man das weibliche Geschlecht das unästhetische nennen. Weder für Musik, noch für Poesie, noch bildende Künste haben sie wirklich und wahrhaft Sinn und Empfänglichkeit; sondern bloße Äfferei, aus Behuf ihrer Gefallsucht, ist es, wenn sie solche affektieren und vorgeben... das Weib ... ist ein subordiniertes Wesen ... eine Art Mittelstufe zwischen dem Kinde und dem Manne, als welcher der eigentliche Mensch ist... ihre an Verrücktheit grenzende Verschwendung ... ihre instinkthafte Verschlagenheit... ihr unvertilgbarer Hang zum Lügen ... Jeder läuft zuletzt schiffbrüchig und entmastet in den Hafen ein.«

»Die Liebe... ist der Wahn, welcher dem Dienste der Gattung die Maske eines egoistischen Zwecks vorsteckt.«

»... daß es (das Geschlechtsverhältnis) eigentlich der unsichtbare Mittelpunkt alles Tuns und Treibens ist und trotz aller ihm übergeworfenen Schleier überall hervorguckt. Es ist die Ursache des Krieges und der Zweck des Friedens, die Grundlage des Ernstes und das Ziel des Scherzes, die unerschöpfliche Quelle des Witzes, der Schlüssel zu allen Anspielungen und der Sinn aller geheimen Winke, aller unausgesprochenen Anträge und aller verstohlenen Blicke, das tägliche Dichten und Trachten der Jungen und oft auch der Alten, der stündliche Gedanke der Unkeuschen und die gegen seinen Willen stets wiederkehrende Träumerei des Keuschen, der allezeit bereite Stoff zum Scherz, eben nur, weil ihm der tiefste Ernst zum Grunde liegt. Das aber ist das Pikante, und der Spaß der Welt, daß die Hauptangelegenheit aller Menschen heimlich betrieben und ostensibel möglichst ignoriert wird. In der Tat aber sieht man dieselbe jeden Augenblick sich als den eigentlichen und erblichen Herrn der Welt, aus eigener Machtvollkommenheit, auf den angestammten Thron setzen und von dort herab mit höhnenden Blicken der Anstalten lachen, die man getroffen hat, sie zu bändigen, einzukerkern, wenigstens einzuschränken, und womöglich ganz verdeckt zu halten, oder doch so zu bemeistern, daß sie nur als eine ganz untergeordnete Angelegenheit des Lebens zum Vorschein komme. — Dies alles aber stimmt damit überein, daß der Geschlechtstrieb der Kern des Willens zum Leben, mithin die Konzentration alles Wollens ist; daher eben ich im Texte die Genitalien den Brennpunkt des Willens genannt habe. Ja, man kann sagen, der Mensch sei konkreter Geschlechtstrieb; da seine Entstehung ein Kopulationsakt und der Wunsch seiner Wünsche ein Kopulationsakt ist, und dieser Trieb allein seine ganze Erscheinung perpetuiert und zusammenhält... Wie nämlich der Geschlechtstrieb die heftigste der Begierden, der Wunsch der Wünsche, die Konzentration all unseres Wollens ist, ... — so finden wir, als physiologisches Korrelat dazu, im objektivierten Willen, also im menschlichen Organismus, das Sperma als die Sekretion der Sekretionen, die Quintessenz aller Säfte, das letzte Resultat aller organischen Funktionen, und haben hieran einen abermaligen Beleg dazu, daß der Leib nur die Objektivität des Willens, d. h. der Wille selbst unter der Form der Vorstellung ist.«

»Der Geschlechtstrieb ist anzusehen als der innere Zug des Baumes (der Gattung), auf welchem das Leben des Individuums sproßt... Ein Individuum kastrieren, heißt es vom Baum der Gattung, auf welchem es sproßt, abschneiden und so gesondert verdorren lassen: daher die Degradation seiner Geistes- und Leibeskräfte.«

Friedrich N i e t z s c h e (1844 – 1900)

"MENSCHLICHES, ALLZUMENSCHLICHES":
Eine Kultur der Männer. - Die griechische Kultur der klassischen Zeit ist eine Kultur der Männer. Was die Frauen anlangt, so sagt Perikles in der Grabrede alles mit den Worten: sie seien am besten, wenn unter Männern so wenig als möglich von ihnen gesprochen werde. - Die erotische Beziehung der Männer zu den Jünglingen war in einem unserem Verständnis unzugänglichen Grade die notwendige, einzige Voraussetzung aller männlichen Erziehung (ungefähr wie lange Zeit alle höhere Erziehung der Frauen bei uns erst durch die Liebschaft und Ehe herbeigeführt wurde); aller Idealismus der Kraft der griechischen Natur warf sich auf jenes Verhältnis, und wahrscheinlich sind junge Leute niemals wieder so aufmerksam, so liebevoll, so durchaus in Hinsicht auf ihr Bestes *(virtui)* behandelt worden wie im sechsten und fünften Jahrhundert - also gemäß dem schönen Spruche Hölderlins »denn liebend gibt der Sterbliche vom Besten«. Je höher dieses Verhältnis genommen wurde, um so tiefer sank der Verkehr mit der Frau: der Gesichtspunkt der Kindererzeugung und der Wol-

lust - nichts weiter kam hier in Betracht; es gab keinen geistigen Verkehr, nicht einmal eine eigentliche Liebschaft. Erwägt man ferner, daß sie selbst vom Wettkampfe und Schauspiele jeder Art ausgeschlossen waren, so bleiben nur die religiösen Kulte als einzige höhere Unterhaltung der Weiber. - Wenn man nun allerdings in der Tragödie Elektra und Antigone vorführte, so *ertrug* man dies eben in der Kunst, obschon man es im Leben nicht mochte: so wie wir jetzt alles Pathetische im *Leben* nicht vertragen, aber in der Kunst gern sehen. - Die Weiber hatten weiter keine Aufgabe, als schöne, machtvolle Leiber hervorzubringen, in denen der Charakter des Vaters möglichst ungebrochen weiterlebte, und damit der überhand nehmenden Nervenüberreizung einer so hoch entwickelten Kultur entgegenzuwirken. Dies hielt die griechische Kultur verhältnismäßig so lange jung; denn in den griechischen Müttern kehrte immer wieder der griechische Genius zur Natur zurück.

WEIB UND KIND

Das vollkommene Weib. - Das vollkommene Weib ist ein höherer Typus des Menschen als der vollkommene Mann: auch etwas viel Selteneres. - Die Naturwissenschaft der Tiere bietet ein Mittel, diesen Satz wahrscheinlich zu machen. (377)

Freundschaft und Ehe. - Der beste Freund wird wahrscheinlich die beste Gattin bekommen, weil die gute Ehe auf dem Talent zur Freundschaft beruht. (378)

Fortleben der Eltern. - Die unaufgelösten Dissonanzen im Verhältnis von Charakter und Gesinnung der Eltern klingen in dem Wesen des Kindes fort und machen seine innere Leidensgeschichte aus. (379)

Von der Mutter her. - Jedermann trägt ein Bild des Weibes von der Mutter her in sich: davon wird er bestimmt, die Weiber überhaupt zu verehren oder sie gering zu schätzen oder gegen sie im allgemeinen gleichgültig zu sein. (380)

Die Natur korrigieren. - Wenn man keinen guten Vater hat, so soll man sich einen anschaffen. (381)

Väter und Söhne. - Väter haben viel zu tun, um es wieder gutzumachen, daß sie Söhne haben. (382)

Irrtum vornehmer Frauen. - Die vornehmen Frauen denken, daß eine Sache gar nicht da ist, wenn es nicht möglich ist, von ihr in der Gesellschaft zu sprechen. (383)

Eine Männerkrankheit. - Gegen die Männer-Krankheit der Selbstverachtung hilft es am sichersten, von einem klugen Weibe geliebt zu werden. (384)

Eine Art der Eifersucht. - Mütter sind leicht eifersüchtig auf die Freunde ihrer Söhne, wenn diese besondere Erfolge haben. Gewöhnlich liebt eine Mutter sich mehr in ihrem Sohne als den Sohn selber. (385)

Vernünftige Unvernunft. - In der Reife des Lebens und des Verstandes überkommt den Menschen das Gefühl, daß sein Vater Unrecht hatte, ihn zu zeugen. (386)

Mütterliche Güte. - Manche Mutter braucht glückliche, geehrte Kinder, manche unglückliche: sonst kann sich ihre Güte als Mutter nicht zeigen. (387)

Verschiedene Seufzer. - Einige Männer haben über die Entführung ihrer Frauen geseufzt, die meisten darüber, daß niemand sie ihnen entführen wollte. (388)

Liebesheiraten. - Die Ehen, welche aus Liebe geschlossen werden (die sogenannten Liebesheiraten), haben den Irrtum zum Vater und die Not (das Bedürfnis) zur Mutter. (389)

Frauenfreundschaft. - Frauen können recht gut mit einem Manne Freundschaft schließen; aber um diese aufrecht zu erhalten - dazu muß wohl eine kleine physische Antipathie mithelfen. (390)

Langeweile. - Viele Menschen, namentlich Frauen, empfinden die Langeweile nicht, weil sie niemals ordentlich arbeiten gelernt haben. (391)

Ein Element der Liebe. - In jeder Art der weiblichen Liebe kommt auch etwas von der mütterlichen Liebe zum Vorschein. (392)

Die Einheit des Orts und das Drama. - Wenn die Ehegatten nicht beisammen lebten, würden die guten Ehen häufiger sein. (393)

Gewöhnliche Folgen der Ehe. - Jeder Umgang, der nicht hebt, zieht nieder und umgekehrt; deshalb sinken gewöhnlich die Männer etwas, wenn sie Frauen nehmen, während die Frauen etwas gehoben werden. Allzu geistige Männer bedürfen ebenso sehr der Ehe als sie ihr wie einer widrigen Medizin widerstreben. (394)

Befehlen lehren. - Kinder aus bescheidnen Familien muß man ebenso sehr das Befehlen durch Erziehung lehren wie andere Kinder das Gehorchen. (395)

ALSO SPRACH ZARATHUSTRA:

Du bist jung und wünschest dir Kind und Ehe. Aber ich frage dich: bist du ein Mensch, der ein Kind sich wünschen *darf?*
Bist du der Siegreiche, der Selbstbezwinger, der Gebieter der Sinne, der Herr deiner Tugenden? Also frage ich dich.
Oder redet aus deinem Wunsche das Tier und die Notdurft? Oder Vereinsamung? Oder Unfriede mit dir?
Ich will, daß dein Sieg und deine Freiheit sich nach einem Kinde sehne. Lebendige Denkmale sollst du bauen deinem Siege und deiner Befreiung.
Über dich sollst du hinausbauen. Aber erst mußt du mir selber gebaut sein, rechtwinklig an Leib und Seele.
Nicht nur fort sollst du dich pflanzen, sondern hinauf! Dazu helfe dir der Garten der Ehe!

Einen höheren Leib sollst du schaffen, eine erste Bewegung, ein aus sich rollendes Rad - einen Schaffenden sollst du schaffen.
Ehe: so heiße ich den Willen zu zweien, das Eine zu schaffen, das mehr ist, als die es schufen. Ehrfurcht voreinander nenne ich Ehe als vor den Wollenden eines solchen Willens.
Dies sei der Sinn und die Wahrheit deiner Ehe, Aber das, was die Viel-zu-Vielen Ehe nennen, diese Überflüssigen – ach, wie nenne ich das?
Ach, diese Armut der Seele zu zweien! Ach, dieser Schmutz der Seele zu zweien! Ach, dies erbärmliche Behagen zu zweien!
Ehe nennen sie dies alles; und sie sagen, ihre Ehen seien im Himmel geschlossen.
Nun, ich mag ihn nicht, diesen Himmel der Überflüssigen! Nein, ich mag sie nicht, diese im himmlischen Netz verschlungenen Tiere!
Ferne bleibe mir auch der Gott, der heranhinkt, zu segnen, was er nicht zusammenfügte!
Lacht mir nicht über solche Ehen! Welches Kind hätte nicht Grund, über seine Eltern zu weinen?
Würdig schien mir dieser Mann und reif für den Sinn der Erde: aber als ich sein Weib sah, schien mir die Erde ein Haus für Unsinnige.
Ja, ich wollte, daß die Erde in Krämpfen bebte, wenn sich ein Heiliger und eine Gans miteinander paaren.
Dieser ging wie ein Held auf Wahrheiten aus, und endlich erbeutete er sich eine kleine geputzte Lüge. Seine Ehe nennt er's
Jener war spröde im Verkehre und wählte wählerisch. Aber mit einem Male verdarb er für alle Male seine Gesellschaft: seine Ehe nennt er's.
Jener suchte eine Magd mit den Tugenden eines Engels. Aber mit einem Male wurde er die Magd eines Weibes, und nun täte es not, daß er darüber noch zum Engel werde.
Sorgsam fand ich jetzt alle Käufer, und alle haben listige Augen. Aber seine Frau kauft auch der Listigste noch im Sack.

Viele kurze Torheiten - das heißt bei euch Liebe. Und eure Ehe macht vielen kurzen Torheiten ein Ende, als *eine* lange Dummheit.

Eure Liebe zum Weibe und des Weibes Liebe zum Manne: ach, möchte sie doch Mitleiden sein mit leidenden und verhüllten Göttern! Aber zumeist erraten zwei Tiere einander.

Aber auch noch eure beste Liebe ist nur ein verzücktes Gleichnis und eine schmerzhafte Glut. Eine Fackel ist sie, die euch zu höheren Wegen leuchten soll.

Über euch hinaus sollt ihr einst lieben! So *lernt* erst lieben! Und darum mußtet ihr den bittern Kelch eurer Liebe trinken.

Bitternis ist im Kelch auch der besten Liebe: so macht sie Sehnsucht zum Übermenschen, so macht sie Durst dir, dem Schaffenden!

Durst dem Schaffenden, Pfeil und Sehnsucht dem Übermenschen: sprich, mein Bruder, ist dies dein Wille zur Ehe? Heilig heißt mir solch ein Wille und solche Ehe. -

Also sprach Zarathustra.

Von alten und jungen Weiblein

Alles am Weibe ist ein Rätsel, und alles am Weibe hat *eine* Lösung: sie heißt Schwangerschaft.

Der Mann ist für das Weib ein Mittel: der Zweck ist immer das Kind. Aber was ist das Weib für den Mann?

Zweierlei will der echte Mann: Gefahr und Spiel. Deshalb will er das Weib, als das gefährlichste Spielzeug.

Der Mann soll zum Kriege erzogen werden und das Weib zur Erholung des Kriegers: alles andre ist Torheit. Allzusüße Früchte - die mag der Krieger nicht. Darum mag er das Weib; bitter ist auch noch das süßeste Weib.

Besser als ein Mann versteht das Weib die Kinder, aber der Mann ist kindlicher ah das Weib.

Im echten Manne ist ein Kind versteckt: das will spielen. Auf, ihr Frauen, so entdeckt mir doch das Kind im Manne!

Ein Spielzeug sei das Weib, rein und fein, dem Edelsteine gleich, bestrahlt von den Tugenden einer Welt, welche noch nicht da ist.

Der Strahl eines Sternes glänze in eurer Liebe! Eure Hoffnung heiße: »Möge ich den Übermenschen gebären!«

In eurer Liebe sei Tapferkeit! Mit eurer Liebe sollt ihr auf den losgehn, der euch Furcht einflößt.

In eurer Liebe sei eure Ehre! Wenig versteht sich sonst das Weib auf Ehre. Aber dies sei eure Ehre, immer mehr zu lieben, als ihr geliebt werdet, und nie die zweiten zu sein.

Der Mann fürchte sich vor dem Weibe, wenn es liebt: da bringt es jedes Opfer, und jedes andre Ding gilt ihm ohne Wert.

Der Mann fürchte sich vor dem Weibe, wenn es haßt: denn der Mann ist im Grunde der Seele nur böse, das Weib aber ist dort schlecht.

Wen haßt das Weib am meisten! - Also sprach das Eisen zum Magneten: »Ich hasse dich am meisten, weil du anziehst, aber nicht stark genug bist, an dich zu ziehen.«

Das Glück des Mannes heißt: ich will. Das Glück des Weibes heißt: er will.

»Siehe, jetzt eben ward die Welt vollkommen!« - also denkt ein jedes Weib, wenn es aus ganzer Liebe gehorcht.

Und gehorchen muß das Weib und eine Tiefe finden zu seiner Oberfläche. Oberfläche ist des Weibes Gemüt, eine bewegliche stürmische Haut auf einem seichten Gewässer.

Des Mannes Gemüt aber ist tief, sein Strom rauscht in unterirdischen Höhlen: das Weib ahnt seine Kraft, aber begreift sie nicht. -

Da entgegnete mir das alte Weiblein: »Vieles Artige sagte Zarathustra und sonderlich für die, welche jung genug dazu sind.

Seltsam ist's. Zarathustra kennt wenig die Weiber, und doch hat er über sie recht! Geschieht dies deshalb, weil beim Weibe kein Ding unmöglich ist."

Theodor W. A d o r n o (1903 – 1969)

»Nur wer es vermöchte, in der blinden somalischen Lust, die keine Intention hat und die letzte stillt, die Utopie zu bestimmen, wäre einer Idee von Wahrheit fähig, die standhielte.«
»... die Utopie, die einmal von der Liebe der Mutter zehrte.« ("Minima moralia", Nr. 2)
»Triumphierend darf die Psychoanalyse dem, der es beim Namen nennt, bestätigen, er habe halt einen Ödipuskomplex.«
»Entspannt wird auf dem Diwan vorgeführt, was einmal die äußerste Anspannung des Gedankens von Schelling und Hegel auf dem Katheder vollbrachte: die Dechiffrierung des Phänomens ... der Unterschied ist kaum geringer als der zwischen der Philosophie der Offenbarung und dem Gequatsche der Schwiegermutter.«
»An der Psychoanalyse ist nichts wahr als ihre Übertreibungen.«
»Kultur perhorresziert den Gestank, weil sie stinkt.«
»... Faszination, die von der Zone des Abdeckers, dem Aas, dem widerlich süßlichen Geruch der Verwesung, den anrüchigen Ausdrücken für jene Zone ausgeht ... Wem es gelänge, auf das sich zu besinnen, was ihn einmal aus den Worten Luderbach und Schweinstiege ansprang, wäre wohl näher am absoluten Wissen als das Hegelsche Kapitel, das es dem Leser verspricht, um es ihm überlegen zu versagen.«
» ... ein Ereignis aus Ernsttal, dem Leiningschen Besitz. Dort erschien eine Respektsperson, die Gattin des Eisenbahnpräsidenten Stapf, in knallrotem Sommerkleid. Die gezähmte Wildsau von Ernsttal vergaß ihre Zahmheit, nahm die laut schreiende Dame auf den Rücken und raste davon. Hätte ich ein Leitbild, so wäre es jenes Tier.«

»Vielmehr will sie (die Philosophie) buchstäblich in das ihr Heterogene sich versenken ... Sie möchte ihm so nah sich anschmiegen...«

»Die libidinösen Leistungen, die vom Individuum verlangt werden, das sich gesund an Leib und Seele benimmt, sind derart, daß sie nur vermöge der tiefsten Verstümmelung vollbracht werden können, einer Verinnerlichung der Kastration in der *extroverts*, der gegenüber die alte Aufgabe der Identifikation mit dem Vater das Kinderspiel ist, in dem sie eingeübt wurde.«

»Das Ganze ist das Unwahre.« »Totalität und Homosexualität gehören zusammen. Während das Subjekt zugrunde geht, negiert es alles, was nicht seiner eigenen Art ist... Am Ende sind die tough guys die eigentlich Effeminierten, die der Weichlinge als ihrer Opfer bedürfen, um nicht zuzugestehen, daß sie ihnen gleichen.«

„Der Kantianer Schiller ist um ebenso viel unsinnlicher wie sinnlicher als Goethe: umso abstrakter wie der Sexualität verfallener. Diese, als unmittelbares Begehren, macht alles zum Aktionsobjekt und damit gleich. »Amalie für die Bande« — darum bleibt Louise matt wie Limonade. Die Frauen Casanovas, die nicht umsonst oft Buchstaben anstatt Namen tragen, sind kaum voneinander zu unterscheiden, und auch nicht die Figurinen, die nach Sades mechanischer Orgel komplizierte Pyramiden stellen. Etwas von solcher sexuellen Rohheit, der Unfähigkeit zu unterscheiden, lebt aber in den großen spekulativen Systemen des Idealismus, allen Imperativen zum Trotz und kettet deutschen Geist und deutsche Barbarei aneinander."

„Bauerngier, nur mühsam von der Pfaffendrohung in Schach gehalten, verficht als Autonomie in der Metaphysik ihr Recht, alles Begegnende auf sein Wesen so umstandslos zu reduzieren wie Landsknechte die Frauen der eroberten Stadt. Die reine Tathandlung ist die auf den gestirnten Himmel über uns projizierte Schändung..."

(Zitate aus : "Minima moralilia", 1951)

Jean Paul S a r t r e (1905 – 1980)

»Das Sein und das Nichts — Versuch einer phänomenologischen Ontologie« (Paris 1943):

»Zudem ist in der Idee der Entdeckung, der Enthüllung, auch die Idee eines aneignenden Genusses enthalten. Das Sehen ist Genuß, sehen heißt deflorieren. Untersucht man die gewöhnlich gebrauchten Vergleiche, mit denen die Beziehung des Erkennenden zum Erkannten beschrieben wird, so stellt man fest, daß viele von ihnen sie wie eine Vergewaltigung durch den Anblick darstellen. Das nicht erkannte Objekt ist wie unbefleckt, jungfräulich gegeben, dem Weißen vergleichbar. Es hat sein Geheimnis noch nicht „verraten", der Mensch hat es ihm noch nicht „entrissen". All diese Bilder heben hervor, daß das Objekt nichts von den Forschungen und Instrumenten weiß, die auf es zielen: es ist sich nicht bewußt, erkannt zu werden, es lebt vor sich hin, ohne den Blick zu bemerken, der ihm nachspäht, wie eine Frau, die ein Wanderer im Bad überrascht. Dumpfe und deutlichere Bilder wie das der unverletzten Tiefen der Natur erinnern genauer an den Koitus. Man reißt der Natur die Schleier ab, man enthüllt sie (vgl. Schillers „Das verschleierte Bild zu Sais"); jede Untersuchung enthält stets die Idee einer Nacktheit, die man aufdeckt, indem man die sie bedeckenden Hindernisse beseitigt, wie Aktäon die Zweige zur Seite schiebt, um Diana im Bad besser zu sehen. Übrigens ist die Erkenntnis eine Jagd. Bacon nennt sie die Jagd Pans. Der Forscher ist der Jäger, der eine weiße Nacktheit überrascht und mit seinem Blick vergewaltigt... man jagt, um zu essen. Beim Tier entspringt die Neugier stets der Sexualität oder der Nahrungssuche. Erkennen heißt, mit den Augen essen..., im Erkennen zieht das Bewußtsein seinen Gegenstand an sich und verleibt ihn sich ein; die Erkenntnis ist Assimilierung ... In der naiven Vorstellungswelt ist immer wieder die Bedeutung des Symbols des unverdaulichen Verdautem festzustellen, der Stein im Straußenmagen, Jonas im Bauch des Walfisches. Es bezeichnet den Traum von einer nicht zerstörerischen Assimilierung... Diese unmögliche Synthese der Assimilierung und der bewahrten Unversehrtheit des Assimilierten trifft sich in ihren tiefsten Wurzeln mit den Grundtendenzen der Sexualität. Der körperliche „Besitz" bietet uns in der Tat das aufreizende und verführerische Bild eines dauernd besessenen und doch dauernd neuen Körpers, auf dem der

Besitz keine Spur hinterläßt... Zugleich aber träumt, wie wir sahen, der Liebende davon, sich mit dem geliebten Gegenstand zu identifizieren, obwohl er dessen Individualität wiederum bewahren will: der andere soll ich sein, ohne aufzuhören, der andere zu sein. Eben dasselbe liegt in der wissenschaftlichen Untersuchung vor: wie der Stein im Straußenmagen ist der erkannte Gegenstand ganz in mir, von mir assimiliert, in mich selbst verwandelt; gleichzeitig ist er aber undurchdringlich, unveränderlich, ganz glatt, in der teilnahmslosen Nacktheit eines geliebten, erfolglos erregten Körpers. Er bleibt außerhalb, und Erkennen heißt, außerhalb essen, ohne etwas zu verzehren. Man ersieht hieraus, wie die Tendenzen der Sexualität und der Ernährung miteinander verschmelzen und sich durchdringen, um den Aktäon-Komplex und den Jonas-Komplex zu erzeugen; man sieht, wie die Verdauung und die Sinnlichkeit sich in der Tiefe miteinander vereinigen, um die Begierde nach Erkenntnis entstehen zu lassen. Die Erkenntnis ist Eindringen und zugleich oberflächliche Liebkosung, Verdauung und distanzierte Betrachtung eines nicht zu verformenden Gegenstands, Erzeugung eines Gedankens durch dauernde Neuschöpfung und Gewahrwerdung der vollkommenen objektiven Unabhängigkeit dieses Gedankens. Der erkannte Gegenstand ist mein Gedanke als Sache. Und eben danach begehre ich zutiefst, sobald ich zu forschen beginne: meinen Gedanken als eine Sache zu erfassen und die Sache als meinen Gedanken.«

„Tagebücher 1939 – 1940" (dt. Hamburg 1984) :

„Man mußte durch den Zauber meiner Erfindungen, meiner Komödien, meiner Reden meiner Gedichte verführt werden und von hier aus dazu kommen, mich zu lieben."
"Und außerdem wollte ich Anführer sein, zumindest "Animator" ". (S.406) " ... wenn ich davon träumte, ein gebildeter Don Juan zu sein, der die Frauen durch die Kraft seiner schönen Reden umlegte ..." (S. 386)
"Ich hatte den Traum nicht verloren, mit Liebe über eine anmutige und müßiggehende Gemeinschaft zu herrschen."
„Ich weiß nicht, ob ich eine Zeitlang die Gesellschaft der Frauen nicht deshalb gesucht habe, um mich von der Last meiner Häßlichkeit zu befreien. " (S. 409 f.)

Weiterführendes vom Autor

„Martin Heidegger –
Versuch einer Psychoanalyse seines *Seyns*" (Essen 1993)

„Aphorismen zur Binsenweisheit von morgen"
(Essen 1995)

„Am schnellsten vermehrt sich die Unfruchtbarkeit –
Essays zur Multi-Kulturlosigkeit" (Oberhausen 1998)

„Objektivität durch Subjektivität oder umgekehrt? –
*Phänomenologischer Entwurf einer
dekonstruierten Erkenntnistheorie*" (Hamburg 1999)

„Künste und Wissenschaften als verlorene Paradiese –
Essays zur Bedeutung der Kultur-Idyllen"
(Norderstedt 2000)

„Philosophische Formelsammlung – *Ambivalente Gedankenexperimente und nachsokratische Fragmente*"
(Würzburg 2012)

„Gedankenlesen: Hirnforschung ohne Computertomographen – *Philosophie zwischen Wissenschaft, Kunst und Religion*", Deutscher Wissenschafts-Verlag
(Baden-Baden 2013)

„Die Liebhaber der Sophie –
Philosophiegeschichte in Philosophengeschichten"
(Norderstedt 2014)

„Ist *philosophical correctness* eine Kommunikationswissenschaft? – *Versuch über moderne Versuchungen*"
(2. überarbeitete Auflage, Norderstedt 2015)

„Aphorismen zur Zeitaltersweisheit –
Kopfverdreher, Kopfzerbrecher" (Norderstedt 2014)

„Zur Tiefenpsychologie der Philosophiegeschichte –
Kurze Geschichte der unbewussten Weltanschauungen",
3. überarbeitete und erweiterte Auflage
(Norderstedt 2015)

„Quanten, Quarks und Strings im Kopf –
Eintausend neue Aphorismen" (Norderstedt 2015)

„Die längste Leine trägt die Freiheit –
Faule Zaubersprüche" (Norderstedt 2015)

„Die meisten Aufrechten sind unter Gefallenen –
Dumme Sprüche und alte Spiele", (Norderstedt 2015)

„An sein Innerstes erinnert sich keiner –
Nicht ganz dichte Gedichte", (Norderstedt 2015)

„Mann und Frau befreien sich – voneinander"
Geschlechterkrieg oder Klassenkampf?
(Norderstedt 2015)

„Zur Dialektik und Phänomenologie
der Natur- und Kulturidyllen"
Philosophische Untersuchungen
(Norderstedt 2015)